TRISTAN ET ISEULT

Tristan et Iseult

RENOUVELÉ EN FRANÇAIS MODERNE
D'APRÈS LES TEXTES DES XIIe ET XIIIe SIÈCLES
PAR RENÉ LOUIS

LE LIVRE DE POCHE

Professeur de littérature française du Moyen Age à l'Université de Paris, René LOUIS est spécialisé dans l'étude des légendes épiques. Dès 1948, il a obtenu le Grand Prix Gobert de l'Académie des Inscriptions et Belles-Lettres pour son ouvrage monumental en trois tomes sur *La chanson de geste de Girart de Roussillon*. Il a précisé sa pensée dans un mémoire, publié en 1956 par l'Université de Saragosse : *L'épopée française et carolingienne*, et dans un numéro spécial de la revue *La Table Ronde*, paru en 1958 sous le titre *l'épopée vivante*. Il a collaboré avec le grand philologue espagnol Ramon Menéndez Pidal à l'édition française d'un livre qui est aussi un manifeste : *La chanson de Roland et la tradition épique des Francs* (1960). Menant de front les recherches sur l'art et la littérature du Moyen Age, il a découvert les fresques carolingiennes de Saint-Germain d'Auxerre et donné un livre devenu classique sur *Les églises d'Auxerre des origines au XIᵉ siècle* (1952). Dans le domaine des études celtiques et gallo-romaines, il a été le premier des directeurs régionaux des Antiquités historiques désignés en 1941 par Jérôme Carcopino; il dirige actuellement les fouilles et le musée des Fontaines Salées, au pied de la colline de Vézelay.

AVANT-PROPOS

Il peut paraître téméraire de présenter au public une reconstitution en français moderne du roman médiéval de *Tristan et Iseult* d'après l'ensemble des textes français ou étrangers des XIIe et XIIIe siècles : cette entreprise n'a-t-elle pas été tentée et réussie de façon mémorable dès l'année 1900 par Joseph Bédier ? Son renouvellement de la fameuse légende, non moins remarquable par la beauté du style et la sûreté du goût que par l'impeccable érudition de l'auteur, ne saurait être ni dépassé ni remplacé. Le succès éclatant du petit livre de Bédier, à travers lequel tant de générations ont découvert la merveilleuse histoire des amants de Cornouailles, n'a pourtant pas empêché plusieurs lettrés, comme André Mary, Robert Bossuat et Pierre d'Espezel, de tenter sur un autre mode et dans un autre style la résurrection du roman de Tristan : il faut bien avouer que l'accueil du public n'a été en rien comparable à celui dont Bédier avait bénéficié.

Je veux dire tout de suite qu'en acceptant l'offre de l'éditeur qui me demandait ce nouvel essai, je n'ai pas eu la ridicule ambition de rivaliser avec mon illustre maître sur un terrain où il demeure incomparable. J'ai voulu faire autrement que lui en me proposant un but différent et en suivant une autre méthode. Les textes anciens que j'ai utilisés sont naturellement les mêmes dont Bédier avait extrait les éléments qu'il a combinés, après les avoir plus ou moins retouchés, dans son harmonieuse mosaïque, mais je n'ai pas toujours retenu et utilisé les mêmes matériaux que lui; j'en ai conservé certains qu'il avait éliminés et j'en ai laissé de côté d'autres qu'il avait cru devoir mettre en œuvre. Le critère qui a présidé à mon choix n'est pas celui qui avait déterminé le sien. Joseph Bédier avait retenu de préférence les traits de mœurs et de civilisation, les manières de sentir, de vivre et de parler qui, dans les fragments de Béroul et de Thomas, dans les deux versions de *La Folie Tristan,* dans les passages les plus anciens du Roman en prose, dans les poèmes allemands d'Eilhart d'Oberg et de Gottfried de Strasbourg, dans la *Saga* norroise de frère Robert, dans le poème anglais de *Sir Tristrem* et dans quelques chapitres de *La Tavola ritonda,* répondaient le mieux à l'idéal chevaleresque et courtois du XIIᵉ siècle français. C'est que Bédier situait par hypothèse aux environs de 1120 l'apparition du premier roman français de *Tristan,* archétype de tous les textes conservés, dont il attribuait la création à un poète de génie, à jamais anonyme. Quand il se trouvait en présence de traits archaïques, vestiges évidents d'un état plus ancien de la légende et reflets d'une civilisation encore fruste, sauvage et parfois barbare, Bédier les conservait en les atténuant quand ils faisaient partie intégrante d'un épisode essentiel, comme *Brangien livrée aux serfs, Les copeaux gravés jetés dans la fontaine et courant par un canal à travers la chambre des femmes, Iseult livrée aux lépreux,* etc. Quand des épisodes de ce genre ne lui paraissaient pas indispensables à l'intelligence et à la continuité du récit, il les supprimait purement et simplement. Ainsi *La Harpe et la Rote* : à la suite d'une promesse imprudente, Iseult est cédée par le roi Marc à un riche étranger pour un air de harpe; *Les Faux sanglantes* : le roi Marc fait disposer dans le sol en terre battue de la chambre royale des pièges à loup, armés de faux aiguisées, autour du lit d'Iseult, pour la

garder de toute entreprise galante; *La salle aux images* :
Tristan, avec l'aide d'un géant, aménage la salle souterraine d'un tertre funéraire en une sorte de mémorial
où la statue d'Iseult la blonde, de grandeur naturelle,
se dresse, foulant aux pieds le nain Frocin, flanquée de
Brangien et du chien Husdent, précédée du Morholt
étendu mort au fond de sa barque et du dragon d'Irlande,
tandis que la porte est gardée par le géant Béliagog et le
lion protecteur des tombeaux.

Par une disposition d'esprit opposée, j'ai soigneusement
conservé et mis en valeur tous les traits de mœurs primi-
tifs ou barbares que recèlent les divers textes conservés. J'ai
éliminé autant que possible le décor chevaleresque et
courtois que je considère comme un travestissement tardif
de la légende primitive par les poètes français, allemands
et anglais des XIIe et XIIIe siècles. Non pas certes que
j'aie la prétention de reconstituer le poème originel de
Tristan, tel qu'il est né et s'est développé, à mon sens, au
cours du haut Moyen Age, entre le VIIIe et le XIe siècle,
dans diverses régions de la Grande-Bretagne qui étaient
de peuplement et de tradition celtiques : il est évident
qu'une telle reconstitution est impossible et que ce serait
une pure chimère que de s'y essayer. Je me suis proposé
plus modestement et sans me faire d'illusions sur le degré
de certitude auquel je pouvais parvenir, de reconstruire
par l'imagination, sur la base de quelques indices qui nous
sont parvenus, une forme du conte antérieure à la civilisation féodale et chevaleresque des XIe et XIIe siècles.
Il s'en suit que l'essai que je présente ici au public n'est
pas une œuvre d'érudition ni une entreprise proprement
scientifique; je n'ai cherché à réaliser qu'une œuvre d'art,
œuvre de lettré et non de savant, dans laquelle l'imagination serait simplement guidée et soutenue par les résul-
tats souvent fragiles et partiels, de la recherche critique et
de l'histoire littéraire. Ce renouvellement moderne a été
écrit pour le grand public, non pour les spécialistes des
lettres médiévales; je serais pourtant enchanté si les initiés
pouvaient y prendre le même plaisir que les profanes.

COMMENT LE RENOUVELLEMENT DE JOSEPH BÉDIER REFLÈTE
À LA FOIS LES CONCEPTIONS PERSONNELLES DE L'AUTEUR ET
LES GOÛTS LITTÉRAIRES À LA MODE AUX ENVIRONS DE 1900.

Le jugement critique le plus pertinent que je connaisse
sur le *Tristan* de Bédier a été publié par Albert Pauphilet, professeur à la Sorbonne et directeur de l'Ecole
Normale Supérieure, dans son livre posthume, *Le Legs
du Moyen Âge* [1]. Je tiens d'autant plus à citer ce qu'il
dit du but poursuivi par Bédier et de la méthode employée
par lui que je me suis autorisé ici de l'exemple de mon
prédécesseur pour prendre les mêmes libertés que lui,
bien que dans un esprit différent.

« Cette incomparable légende, écrit Pauphilet,... a connu
de nos jours l'une des résurrections les plus réussies de
notre littérature. C'est l'œuvre de J. Bédier, un des maîtres des études médiévales en France. Son *Roman de
Tristan et Iseult* se dit simplement « renouvelé », mot
qui laisse deviner, dans son imprécision, un traitement
assez arbitraire des vieux textes. Bédier était un artiste,
il aimait les beaux contes. Dans les diverses versions du
roman de *Tristan,* qu'il explorait en savant, mais qu'il
appréciait en poète, il découvrait des beautés qu'il n'avait
pas envie de sacrifier à quelque doctrine préconçue. Quel
Tristan était le plus pur ? Mais quel plus capable de
plaire aux modernes ? L'archétype ou le « courtois »,
Béroul ou Thomas ? Bédier ne voulut pas prendre parti;
ou plus exactement, il prit pour système de n'en pas
avoir. Loin de chercher, comme le prétend G. Paris, à
refaire ce qui nous manque de la version de Béroul, il ne
respecta même pas toujours ce que nous en possédons;
il prit tout ce qui lui plaisait sans souci de reconstitution
plausible. Le poète et l'homme de goût l'emportaient
ainsi sur le savant. C'est un conte exquis, mais tel que

1. Melun, librairie d'Argences, 1950, pp. 138-140.

le Moyen Age ne l'a jamais connu : le *Tristan* d'un
jongleur du xixᵉ siècle.

« La grande difficulté d'un pareil éclectisme était d'accorder des épisodes d'inspiration opposée, de contraindre
à se combiner des récits qui souvent avaient été faits pour
s'exclure. Il ne pouvait y parvenir qu'en enlevant aux uns
et aux autres leurs écarts les plus originaux, en les ra-
menant à une certaine moyenne. Ces choix, réductions et
corrections, c'est à proprement parler la création de
Bédier; c'est ainsi qu'il a pu faire un livre où tout est
authentique, et qui pourtant est de lui-même plus qu'on
ne croirait. »

Approuvant et faisant miennes ces judicieuses observa-
tions d'Albert Pauphilet, je reconnais ne m'être jamais
astreint, au cours de ma reconstitution personnelle du
plus ancien *Tristan,* à suivre systématiquement l'un
quelconque des témoins conservés de la tradition : j'ai
pris, en toute occasion, mon bien là où je le trouvais,
tantôt chez Béroul, tantôt chez Thomas et, pour les
épisodes où ils nous font défaut l'un et l'autre, j'ai puisé
à ma convenance et en toute liberté aussi bien dans
Eilhart d'Oberg que dans Gottfried de Strasbourg, la
Saga norroise, *Sir Tristrem* ou, beaucoup plus rarement,
dans le Roman en prose, tardif et presque toujours
aberrant. Je confesse de plus avoir emprunté souvent à
Joseph Bédier des transcriptions ou adaptations si heureuses de tel ou tel passage des textes conservés qu'il eût
été vain et décevant de les refaire après lui; je reconnais
ici ma dette à son égard et j'aurai bien garde de chercher
à en dissimuler l'étendue. D'autres fois, poussant plus
loin l'audace, j'ai inséré, dans la trame du récit, des
circonstances, des explications ou des discours que je ne
trouvais dans aucun des textes médiévaux, mais j'ai cru
pouvoir les suppléer par une sorte d'induction ou d'intuition, pour rétablir plus complètement l'enchaînement
des faits et en faciliter l'intelligence; si je me suis trompé
dans cet effort de restauration divinatoire, j'en assume
volontiers la responsabilité et je n'invoque comme excuse

que mon désir de faciliter à mes lecteurs l'accès au monde mystérieux de la légende primitive.

L'un des grands soucis de Joseph Bédier a été naturellement de respecter d'un bout à l'autre du récit le caractère propre qu'il avait choisi de donner à chacun des protagonistes du roman. Or ce choix capital dictait pour ainsi dire au moderne renouveleur sa ligne de conduite dans le traitement qu'il allait faire subir aux éléments divers et disparates que lui fournissaient les textes médiévaux. Les caractères que Bédier a attribués à Tristan, à Iseult et au roi Marc sont-ils conformes à ce que nous en révèlent les témoins les plus dignes de foi? Résultent-ils au contraire d'une option plus ou moins arbitraire de Bédier? Ecoutons, là encore, la pertinente réponse d'Albert Pauphilet :

« Qu'il empruntât les aventures de son Tristan à Béroul ou à Thomas, ou à un de leurs imitateurs allemands, il lui a tout d'abord gardé une certaine courtoisie, une élégance de chevalier mélancolique : Tristan est tendre et respectueux. Il lui a prêté ensuite, ainsi qu'à Iseult, une ferveur idéaliste : cet amour si passionné semble, sauf en de rares circonstances très chastement éludées, ne lier que des âmes. C'était un des points où l'accord des traditions était le plus malaisé; la figure d'Iseult, surtout, pouvait en être fort changée. Enfin, et c'est le trait le plus visible, il a fait ses héros constamment plaintifs et douloureux. Certes ils le sont, plus ou moins, dans toutes les versions; mais de là à répandre sur toute la légende ce ton meurtri et pathétique, à y sacrifier les plus vigoureuses beautés de Béroul, il y avait loin. La transformation est grave : un ou deux exemples vont le montrer.

« On se souvient de l'admirable scène du Grand Pin ou du Rendez-vous nocturne, où les deux amants, découvrant chacun de son côté qu'ils sont épiés, échangent des paroles habiles et se tirent de peine non sans peur. Bédier traduit bien cette scène, l'abrégeant des redites, ce qui est bien, mais supprimant aussi une réflexion cynique d'Iseult *(je me suis débrouillée)*, ce qui est fâcheux et commence à changer l'atmosphère. Mais il y a ensuite dans Béroul une scène extraordinaire : le roi entre chez Iseult, la questionne pour voir si elle va lui dire la vérité. L'autre, bien entendu, n'a garde de mentir, et affecte le ton de la confession sans détour; ravi, le roi avoue son embuscade. C'est une scène réaliste, dure, où est pris celui qui croyait prendre, et où Iseult, avec Brangien, apparaissent comme des maîtresses en fourberie. Il n'y a plus ici l'ombre de pathétique, mais un âpre comique. Or, de cette dernière scène, Bédier n'a pas gardé un mot; l'épisode se termine chez lui sur une manière d'action de grâces, un peu larmoyante, de Brangien et Iscult, et sur les protestations de tendresse du roi Marc. Ce n'est plus qu'un trio de belles âmes sensibles qui s'attendrissent de la fin d'un malentendu. On ne saurait faire rendre, à une traduction en apparence exacte, un son plus infidèle.

« On tirerait des conclusions analogues de l'examen de l'épisode de la justification d'Iseult. Là aussi Bédier disposait d'un texte incomparable de Béroul. On y voyait, plus encore que dans le Rendez-vous épié, la ruse, le cynisme des deux amants, d'Iseult surtout. Car c'était elle qui préparait, avec une lucidité sans scrupule, cet extraordinaire serment à double sens qui pour tout le monde devait l'innocenter, sans pourtant mentir. La scène finale, l'assemblée près du gué, était réaliste, colorée, goguenarde et violente : cavalcades royales, beaux équipements et culbutes dans la boue; Tristan méconnaissable, qui bouffonne et soudain tue; Iseult, avec ses airs de candeur, osant un geste impudique [1], plaisantant du miséreux qui l'a portée, et enfin riant sous sa guimpe du massacre d'un ennemi. Tout cet épisode est un de nos plus

---

1. Par « geste impudique » Pauphilet désigne sans doute l'attitude d'Iseult quand, montée à califourchon sur le dos de Tristan, elle passe la main sous le manteau du faux lépreux et tâte son corps, soi-disant pour voir s'il est robuste et vigoureux, et aussi pour explorer le contenu de sa besace. Le caractère « impudique » de ce geste ne paraîtra pas évident à des lecteurs d'aujourd'hui.

riches joyaux. C'était le moment ou jamais de traduire avec piété, avec souplesse, de ne rien laisser perdre de ce trésor unique. Or qu'a fait Bédier? Un amalgame, où les vigueurs de Béroul s'affadissent pour s'accorder aux mièvreries de Gottfried (disciple de Thomas); un conte décoratif et édifiant. La fin abandonne même complètement Béroul et tourne au récit hagiographique, à la vie de saint, avec ce miracle du fer rouge, accompli par la plus obstinée pécheresse ! Béroul se contentait d'un serment équivoque : l'exagération de l'effet, qui charge Dieu même d'innocenter l'imposture, est d'un mauvais remanieur. Gottfried lui-même, après avoir conté cette histoire, s'en scandalise; Bédier la conte et ne s'en scandalise pas; il baigne le tout dans son style d'une bonhomie archaïsante. »

Qu'on veuille bien le noter, je ne fais pas miennes dans le détail les critiques un peu trop acerbes de Pauphilet et je rejette même catégoriquement l'étrange allégation d'après laquelle l'amour décrit par Bédier semblerait, « sauf de rares circonstances très chastement éludées, ne lier que des âmes ». J'estime au contraire que le succès prodigieux de l'adaptation moderne de Bédier est dû avant tout à l'évocation frémissante qu'il a osée, en dépit de la pudeur extrême de l'expression, des plus troublantes ivresses de la chair, notamment à la fin de la scène du philtre et dans *La voix du rossignol*. D'autre part, Bédier avait parfaitement le droit d'opérer un choix parmi les circonstances multiples du récit de Béroul en omettant celles qui ne lui paraissaient pas essentielles à la marche du récit. Moi-même, je n'ai pas hésité à laisser de côté le meurtre par Tristan de l'un de ses ennemis qui vient après le serment de Blanche Lande et qui me paraît surcharger inutilement l'action en reprenant un thème — celui de la vengeance — déjà plusieurs fois exploité. Ceci dit, je n'en suis que plus à l'aise pour reconnaître avec Pauphilet que Bédier a supprimé tout ce qui faisait apparaître la faiblesse et la crédulité du roi Marc, type accompli de mari berné, en face de la duplicité

effrontée, voire de l'insolence bouffonne des deux amants.
Amputations regrettables certes, mais auxquelles Bédier
était contraint dès lors qu'il avait décidé, une fois pour
toutes, de présenter de la première page à la dernière, un
roi Marc digne, noble et généreux et des amants sans
cesse en proie à un douloureux débat entre la loi morale
et l'amour défendu.

En cela, Bédier était de son temps; il a, sans aucun
doute, subi l'influence de l'opéra de Richard Wagner,
Tristan und Isolde (1865) qui présentait déjà un roi
Marc solennel et magnanime et des amants douloureux et
plaintifs pour lesquels l'amour ne se réalisait pleinement
que dans la mort. L'analyse de Pauphilet devient plus
juste et plus pénétrante quand elle montre dans le *Tristan*
ressuscité en 1900 un contemporain d'Henri de Régnier,
d'Anna de Noailles, de Jean Moréas, de Maurice Maeter-
linck et de la *Princesse lointaine* de cet Edmond Rostand
auquel Bédier devait succéder à l'Académie française. C'est
sans doute cette ambiance symboliste, aujourd'hui passa-
blement démodée, qui « date », aux yeux des lecteurs
de notre temps, l'œuvre de Bédier et qui légitime peut-être
notre tentative d'adapter l'antique récit au goût du public
moderne.

« Pour comprendre le singulier travail de Bédier, poursuit Albert Pauphilet, il faut le placer à son temps, dans
l'ambiance où il a été fait, le rapprocher du mouvement
poétique de la fin du XIXe siècle. L'équivoque de son
Iseult amoureuse et liliale, barbare et pieuse, c'est bien
de ce temps-là. Moyen Age symboliste, Iseult au *Jardin
de l'Infante,*... sœur quelque peu des Mélisande et des
Mélissinde de Tripoli. Le roman de Bédier est sans doute
un peu trop uniformément idéaliste, trop en figures de
vitrail; il nous évoque un Moyen Age tout vertueux,
noble et fidèle, dont les violences ne sont que justice
et où l'amour ne sourit pas.

« Mais pourquoi n'ajouterais-je pas que tel qu'il était,
malgré et plutôt à cause de son inexactitude même, ce
fut un des grands livres de notre jeunesse ? Nous y regar-

dons de plus près maintenant, mais alors nous n'avions pas souci de Béroul; le conte « d'amour et de mort » avait en soi de quoi préfigurer les destinées exceptionnelles et douloureuses où se croyait condamnée toute jeune âme effleurée par l'amour. Et par le détour du pessimisme moderne, il nous ramenait tout de même au Moyen Age. Il offrait à nos crédulités le plaisir trouble de reconnaître dans un très vieux récit nos plus intimes velléités, et dans l'engouement nostalgique qui porta bon nombre d'entre nous vers le Moyen Age, il y avait quelque désir de nous retrouver nous-mêmes. »

Peut-on concevoir pour un livre de cette sorte plus grand éloge que celui-là ? Si ce *Tristan* de Bédier fut vraiment, pour toute une génération du début de ce siècle, « le grand livre de notre jeunesse », comme le pensait Albert Pauphilet, il faut qu'il ait introduit dans la littérature française contemporaine des accents jamais entendus auparavant et dont le charme n'est pas près de s'évanouir. Pour moi, je m'estimerais assez récompensé de mes peines si la jeunesse d'aujourd'hui ne restait pas insensible à la beauté de l'antique légende que j'ai tenté de lui présenter sous une forme nouvelle, peut-être plus proche des goûts et des aspirations du monde moderne.

RENÉ LOUIS.

NAISSANCE DE TRISTAN

En des temps fort anciens, après la chute de l'empire romain, mais avant le couronnement de Charlemagne comme empereur d'Occident, le roi Marc régnait sur la Cornouailles. Il résidait tantôt à Lantïen, manoir situé dans la paroisse de Saint-Samson, tantôt dans la ville forte de Tintagel dont le port s'ouvrait sur la côte occidentale de la Cornouailles.

Marc était issu d'une antique lignée; peut-être descendait-il d'un ancêtre mythique identifié à un dieu de forme animale dont il avait hérité des oreilles de cheval qu'il dissimulait soigneusement sous un bonnet. Le nom même de Marc signifiait « cheval » en langue celtique.

Le roi était arrivé à l'âge mûr sans avoir pris femme, mais l'une de ses sœurs avait un fils, le duc Audret, auquel il accorda pendant longtemps toute sa confiance. Sa plus jeune sœur, Blanchefleur, n'était pas encore mariée.

Marc était noble, souvent généreux, loyal, courageux mais irascible, impressionnable et d'humeur changeante, capable d'une violence extrême et même de cruauté dans ses emportements soudains. Il tenait une place honorable dans les combats quand il lui fallait commander son armée, mais il excellait surtout à la chasse, son occupation préférée. Parmi les nobles cornouaillais, ses vassaux, qui lui devaient conseil et aide, il en était plusieurs qui prétendaient souvent lui imposer leurs volontés et qui, pour le contraindre à suivre leurs désirs, n'hésitaient pas à le menacer de rébellion : si Marc ne se soumettait pas à leurs exigences, ils se retiraient dans leurs châteaux construits sur des rochers élevés, clos de hautes palissades et de fossés profonds, et ils prenaient les armes contre lui. Marc n'était pas homme à les heurter de front et il lui arrivait plus d'une fois de s'incliner devant les menaces de ces féodaux turbulents sur lesquels son autorité demeurait précaire. Il préférait parfois leur céder, quitte à reprendre ensuite l'avantage sur eux par la ruse et en gagnant du temps.

Marc eut souvent à se défendre contre les attaques d'autres rois dont les terres étaient voisines des siennes et qui faisaient des incursions en Cornouailles. Mais telle était sa renommée de noblesse et de valeur que plusieurs princes et barons venaient se placer dans sa clientèle et combattre pour lui. Tel fut le cas de Rivalen, fils du roi de Loonois. Il avait si fière allure et se distinguait par de tels exploits qu'il retint l'attention de Blanchefleur, la plus jeune sœur de Marc. Elle était belle et gracieuse, de noble maintien, louable et désirable entre toutes, courtoise et bien enseignée; certes, il n'était pas dans toute la Grande-Bretagne une rose de telle grâce et de telle fraîcheur. Un jour qu'elle avait vu Rivalen jouer avec d'autres vassaux, elle était tombée en un tel trouble et en des soucis dont

elle était si peu coutumière qu'elle avait peine à
comprendre elle-même les mouvements de son cœur.
Ce jour-là, elle reconnut que Rivalen surpassait
tous les autres jeunes gens par l'adresse et la vaillance; quand elle entendit les hommes et les femmes louer sa hardiesse et son courage, quand elle
eut longtemps contemplé sa dextérité à chevaucher
et à jouter, toute sa pensée s'en fut vers lui et tout
son désir. Bientôt, tous deux portent un même souci
et un même secret : elle l'aime de fin cœur et lui
de loyal vouloir. Les deux jeunes gens excellaient
à se ménager des entretiens sans attirer sur eux nul
blâme : ni le roi ni personne à la cour n'en soupçonnait rien. Pourtant, comme Rivalen surpassait
tous les hauts hommes en toutes bonnes qualités,
s'il avait déclaré à Marc son désir d'épouser sa
sœur, le roi aurait volontiers consenti à leur union.
Bien mieux, sans que Rivalen lui en ait jamais rien
dit, le roi semblait parfois favoriser ses rencontres
avec Blanchefleur.

A quelque temps de là, Rivalen fut blessé dans
un combat au service de Marc et ses hommes le
transportèrent à Tintagel pour y être soigné. Blanchefleur, d'après ce qu'elle entendait dire, croyait
que les jours de son ami étaient en danger, mais
elle n'osait pas montrer sa douleur en public de
peur de découvrir son amour. Elle aurait voulu du
moins rendre visite au blessé avant qu'il ne mourût.
Elle usa de tant de prudence et d'adresse que personne ne la vit entrer dans la chambre. Elle alla
droit vers le blessé, s'assit sur le lit où il gisait et
bientôt, d'amour et de deuil à la fois, elle se pâma.
Quand elle se ranima, elle prit son ami entre ses
bras et lui donna des baisers; ses lèvres lui rendirent

la joie et la force. Rivalen la pressa longuement
contre lui et c'est alors qu'elle conçut l'enfant dont
l'histoire fait le sujet de ce roman.

Soigné par les plus habiles médecins, Rivalen fut
bientôt guéri. Mais à peine avait-il recouvré la
santé que des messagers lui furent envoyés de son
pays : son père venait de mourir et il lui fallait
rentrer au plus vite en Loonois pour y régner à son
tour. Lorsque Rivalen, prêt à s'embarquer pour son
pays, vint prendre congé de Blanchefleur, elle lui
dit : « Doux ami, que de mal m'est advenu par
l'amour de vous ! Si Dieu ne vient à mon aide et
ne me tire d'embarras, je n'aurai plus jamais de joie,
car aux peines anciennes vont s'ajouter de nouvelles
misères. Vous parti, j'aurais pu essayer de reprendre
confiance et courage, mais, sachez-le, je porte un
enfant de vous; restée seule ici, il me faudra subir
seule le châtiment de ma faute. » Rivalen la fait
asseoir à ses côtés, essuie ses yeux et lui dit : « Amie,
j'ignorais ce que vous venez de m'apprendre; maintenant que je le sais, je veux que vous veniez avec
moi dans mon pays et je vous y ferai tout honneur
ainsi qu'il convient à la noblesse de notre amour. »

Rivalen, ayant pris congé du roi Marc, se hâta vers
sa nef à la nuit close et Blanchefleur, à la faveur de
l'obscurité, le rejoignit en secret. Déjà ses compagnons s'y étaient rassemblés, prêts à l'appareillage;
ils dressent le mât, hissent les voiles, le vent leur
est propice. Ils arrivent sans encombre dans le
port de Kanoël.

Rentré dans son pays où il succédait à son père
défunt, Rivalen trouva sa terre en grand péril, car
le duc Morgan avait profité de la mort du vieux roi
et de l'absence de son fils pour envahir une fois de

plus le Loonois. Rivalen manda le maréchal de sa
cour, Rouault le Foitenant, qu'il savait fidèle et
dévoué entre tous. Il lui fit confidence de ce qui
était advenu, à lui-même et à son amie Blanchefleur. « Sire, dit le maréchal, je vois que vous n'avez
cessé de croître en prix et en valeur. Vous ne pouviez
rencontrer nulle femme de plus haut parage que la
sœur du roi Marc. Ecoutez donc mon conseil : pour
ce qu'elle vous a fait de bien, donnez-lui récompense. Quand nous aurons mené notre guerre à bonne
fin, une fois délivrés des embarras que nous cause le
duc Morgan, vous célébrerez des noces grandes et
riches et vous la prendrez publiquement en légitime
mariage devant votre parenté et votre baronnage.
Mais dès maintenant, épousez-la devant l'Eglise au
vu des clercs et des laïcs comme le veut la loi de
Rome. Par là vous accroîtrez votre honneur. » Ainsi
fit Rivalen et quand il eut pris Blanchefleur à femme
épousée, il la confia à la sauvegarde du Foitenant
tandis que lui-même rejoignait son armée.

Rouault conduisit la jeune épouse en un fort
château et l'y hébergea chez lui à grand honneur
ainsi qu'il convenait à son rang. Rivalen n'était pas
encore revenu de la guerre que sa femme mettait
au monde un fils, mais elle mourut en lui donnant
le jour. Avant de mourir, Blanchefleur avait remis
à Rouault le Foitenant un anneau précieux que lui
avait donné le roi Marc et qui venait de leurs com-
muns ancêtres : cet anneau devait être remis à
l'enfant quand il aurait grandi, en souvenir de sa
mère et de son lignage maternel.

Quand Rivalen, quelques semaines plus tard, revint
victorieux de la guerre, il éprouva une cruelle douleur et tomba d'abord dans un profond désespoir.

Après avoir rendu les honneurs funèbres à la chère
morte, il envoya des messagers au roi Marc pour lui
annoncer à la fois ses noces avec Blanchefleur et
comment celle-ci était morte en donnant naissance
à un garçon. Puis il fit baptiser l'enfant sans aucune
démonstration publique de joie et lui donna le nom
celtique de « Drustan » : les conteurs et la tradition
populaire l'ont transformé en « Tristan » pour
mieux signifier la tristesse de ses parents au moment
de sa naissance, tristesse qui n'était qu'un présage
des épreuves que le destin réservait au nouveau-né.

II

LES ENFANCES DE TRISTAN

TRISTAN, durant ses premières années, fut nourri
par des servantes dans la maison de son père. Quand
il eut sept ans révolus, Rivalen jugea que le temps
était venu de le reprendre aux femmes et il le
confia à un sage écuyer nommé Gorvenal, qui se
chargea de son éducation. Tristan apprit à courir,
sauter, nager, monter à cheval, tirer à l'arc, combattre à l'épée, manier l'écu et la lance. Il excella
bientôt dans l'art de vénerie et de fauconnerie, expert
à reconnaître les qualités et les défauts d'un cheval,
les vertus d'un fer bien trempé et l'art de tailler le
bois. Il y joignit le chant et le jeu des instruments,
car il jouait à merveille de la harpe et de la rote,
et composait des lais à la manière des chanteurs
bretons. Chose plus rare, il imitait à s'y méprendre
le chant du rossignol et des autres oiseaux.

Il venait d'atteindre ses quinze ans quand son
père, le roi Rivalen, fut tué dans un guet-apens
par son ennemi acharné le duc Morgan. L'orphelin
fut recueilli et protégé des atteintes de l'ennemi
de son père par le sénéchal Rouault le Foitenant qui
l'accueillit dans sa propre maison avec Gorvenal et
prit soin de lui comme de ses propres enfants. Bien-

tôt, Gorvenal jugea cette retraite insuffisante pour
la sécurité de l'adolescent : il décida de quitter avec
lui le Loonois et de se rendre par mer en Cornouailles afin de placer Tristan sous la sauvegarde
de son oncle, le roi Marc. Le jeune homme désirait
d'un grand désir entrer au service de son oncle dont
il avait si souvent entendu parler par son père et
par les plus hauts hommes de son entourage. Toutefois, il demanda à son maître Gorvenal de ne pas
révéler à Marc qu'il était le fils de Blanchefleur. Il
voulait gagner l'estime et la bienveillance du roi
par lui-même et par sa seule valeur. Pour rien au
monde, il n'eût accepté de devoir la faveur du roi
à la naissance et à la parenté. Le sage Gorvenal y
consentit volontiers.

Comme ils approchaient de Tintagel, ils rencontrèrent une troupe de chasseurs qui avaient réduit
un cerf aux abois. Quand la bête eut fléchi sur les
jarrets, l'un des veneurs la servit de l'épieu, puis il
entailla la gorge pour la trancher. Tristan, étonné à
ce spectacle, s'écria : « Que fais-tu là ? Sied-il de
découper si noble bête comme un porc égorgé ?
Est-ce donc la coutume de ce pays ? — Etranger,
répondit le veneur, que trouves-tu donc à blâmer
en ce que je fais ? Je détache d'abord la tête de ce
cerf, puis je trancherai son corps en quatre quartiers
que nous porterons, pendus aux arçons de nos
selles, pour les présenter au roi Marc, notre seigneur.
Ainsi, dès les temps les plus anciens, firent toujours
les hommes de Cornouailles. Si pourtant tu connais
des coutumes plus louables, enseigne-nous-les. »
Tristan prit le couteau que le veneur lui tendait,
se mit à genoux, dépeça la bête, puis il préleva le
mufle, la langue, les organes mâles qu'on nomme

daintiers, et la veine du cœur. Les chasseurs et leurs
valets, penchés sur lui, le regardaient faire, surpris
et charmés. « Tu sais de belles coutumes, dit le
veneur. En quelle terre les as-tu apprises ? Dis-
nous, je te prie, ton pays et ton nom. — On me
nomme Tristan et j'ai appris ces coutumes au royaume de Loonois. » Puis, après une pause, il ajouta
par ruse : « Mon père est un marchand. J'ai été
enlevé par des pirates de Norvège, avec mon maître
que voici, mais la tempête a brisé sur les récifs la
nef qui nous portait et c'est ainsi que nous avons
abordé sans le vouloir en ce pays. Si vous m'acceptez
dans votre troupe, je vous suivrai volontiers à la
cour du roi Marc, votre seigneur. Le veneur reprit :
« Je m'étonne qu'en la terre de Loonois les fils de
marchands sachent ce qu'ignorent ici les fils des
plus nobles vassaux. Viens avec nous, puisque tu
le désires, et sois le bienvenu. » Tristan leur apprit
alors comment ils devaient se ranger deux par deux
pour chevaucher en belle ordonnance, selon la
noblesse des pièces de venaison que chacun porterait, dressées sur des fourches de bois. Ils aperçurent
bientôt le château de Tintagel qui s'élevait fièrement
au-dessus de la mer, fort et beau, prémuni par ses
hauts remparts contre tout assaut. La maîtresse tour,
jadis bâtie par les géants, était faite de blocs de pierre
grands et bien taillés dans le grès et le granit. Le cortège franchit la porte que gardaient douze hommes
d'armes.

Après que le maître veneur lui eut conté l'aventure, Marc admira le bel arroi du cortège et le cerf
bien dépecé. Mais surtout, il admirait le jeune étranger et ne cessait de le regarder. Le soir, quand les
tables furent desservies, un jongleur gallois, maître

en son art, s'avança dans la salle parmi les barons
assemblés et chanta des lais en s'accompagnant sur
la harpe. Quand il eut achevé, Tristan prit la harpe
à son tour et, pour remercier son hôte, chanta si
bellement que les barons s'émerveillaient de l'entendre. Le lai terminé, le roi garda longtemps le
silence. « Fils, dit-il enfin, béni sois-tu, car Dieu
aime les bons chanteurs : leurs voix pénètrent le
cœur des hommes et leur fait oublier maint deuil
et mainte souffrance. Tu es venu pour ma joie en
cette demeure, reste longtemps près de moi. — Sire,
dit Tristan en s'inclinant devant lui, je vous servi-
rai volontiers comme votre harpeur, votre veneur et
votre homme lige. » Ainsi fut fait; et durant trois
années, Tristan suivit Marc dans toutes ses chasses.
La nuit, il couchait souvent dans la chambre royale,
parmi les privés et les fidèles. Pour lui apprendre
les usages propres au royaume de Cornouailles,
Marc le confia à son sénéchal, le sage Dinas de Lidan,
lequel se prit d'amitié pour le jeune homme. Quand
Tristan atteignit sa vingtième année, Marc lui fit
don d'armes magnifiques et lui assigna l'un des plus
hauts rangs dans son armée.

III

L'ÉPIEU EMPOISONNÉ DU MORHOLT

Un grand péril menaçait la terre du roi Marc. Le Morholt d'Irlande était arrivé à Tintagel sur une nef chargée de ses compagnons. C'était un guerrier redouté, d'une taille gigantesque. Le roi d'Irlande, qui avait épousé sa sœur, experte magicienne, l'envoyait réclamer à Marc un tribut. Ce tribut avait été imposé à la Cornouailles près d'un siècle auparavant à la suite d'une guerre malheureuse. En vertu de ce traité, les Irlandais pouvaient lever sur la Cornouailles une première année trois cents livres de cuivre, une deuxième année trois cents livres d'argent fin et une troisième année trois cents livres d'or, mais quand venait la quatrième année, ils emportaient trois cents jeunes garçons et trois cents jeunes filles, de l'âge de quinze ans, tirés au sort entre les familles de Cornouailles. Or, depuis une quinzaine d'années, le roi Marc avait refusé de payer ce tribut; aussi les envoyés du Morholt vinrent-ils le sommer de leur livrer les trois cents garçons et les trois cents filles pour servir au bon plaisir des seigneurs irlandais. Si un champion du roi Marc s'offrait à combattre le géant seul à seul et l'emportait sur lui, la Cornouailles serait libérée du tribut.

Grande fut la douleur des gens de Cornouailles.
Partout s'élevaient des cris de deuil. Les mères se
lamentaient à haute voix : « Enfants, que n'êtes-
vous morts dès votre naissance ou dans votre première enfance plutôt que de voir ceux d'Irlande
vous emmener comme des serfs ! Mer félone et
cruelle, vent déloyal, pourquoi n'avez-vous pas, par
ouragans et par tempêtes, noyé tous ces Irlandais
dans les flots ? »

Tristan apprit les exigences du Morholt; il vit
que les seigneurs baissaient la tête, cloués sur place
par la peur et qu'ils ne soufflaient mot. Il forma
alors le dessein de demander au roi Marc d'être son
champion contre le cruel géant. Il sollicita les
conseils de Gorvenal : « Fils, lui dit son maître, tu
parles avec sens et courage, mais le Morholt est tel
combattant qu'il n'a son pareil dans le monde entier,
et tu es jeune. » Pourtant, Gorvenal finit par céder
aux instances de Tristan et tous deux tombèrent
d'accord qu'il importait avant tout d'obtenir le
consentement du roi. Marc résista d'abord, puis se
laissa fléchir mais, avant de prendre sa décision et
de la déclarer devant tous, il convoqua le conseil
de ses barons.

A ce moment, le Morholt lui-même fit irruption
dans la salle où se tenait le conseil : il pensait que
les enfants étaient déjà choisis et que les Cornouaillais, effrayés par les menaces de ses messagers, allaient
les lui remettre sans discussion. Tristan se leva;
d'une voix calme et d'un air tranquille, il demanda
au roi Marc de lui accorder comme un don insigne,
la faveur de livrer la bataille à l'Irlandais : « Sire,
et vous, seigneurs cornouaillais, le Morholt prétend
avoir le droit d'emporter vos enfants, mais je veux

prouver par bataille qu'il n'a nul tribut à recevoir
de vous. » Marc, lié par sa promesse, approuva
publiquement le projet de Tristan.

Furieux, le Morholt se dresse : il a le front haut
et dépasse tous les autres de la taille. Il dit d'une
voix sonore : « J'entends ce que l'on a dit par
folie et que vous avez dessein de ne point vous acquitter du tribut. J'accepte donc que l'un de vous me
combatte seul à seul et que, si je ne fais triompher
par les armes notre droit au tribut, vous en soyez
pleinement dispensés. Et puisque l'un d'entre vous
est si hardi que d'oser m'affronter et de relever
mon défi, que celui-là reçoive le gant que je lui
tends ! »

Tristan n'était pas loin de lui. Il avait fière allure,
et un beau corps. Il s'avança vers le Morholt, prit
le gant et dit : « Morholt, je suis celui-là ! » Les
Irlandais, d'abord stupéfaits, se reprirent ensuite
et proclamèrent qu'ils n'accepteraient cet adversaire
inconnu que s'il était d'aussi bon lignage que leur
seigneur. Alors, Tristan s'écria : « Si votre seigneur
est fils de roi, je le suis aussi; le roi Rivalen de
Loonois fut mon père, le roi Marc est mon oncle, car
je suis né de sa sœur Blanchefleur et j'ai nom
Tristan ! »

Devant cette révélation imprévue, le roi Marc
fut plongé à la fois dans la joie de retrouver un
neveu et dans l'angoisse de risquer aussitôt de le
perdre. Il voudrait chasser le doute qui l'étreint
tout en souhaitant que le jeune homme eût dit
vrai ! Mais Gorvenal s'avance à son tour : « Sire,
Tristan a dit la vérité, et pour preuve, voici un
anneau précieux que vous aviez jadis donné à votre
sœur Blanchefleur et que Tristan a reçu de Rouault

le Foitenant, sénéchal du feu roi Rivalen. Votre
sœur le lui avait confié en mourant, avec la mission
de le remettre un jour à son fils quand il serait sorti
de l'enfance. » Le roi prit le joyau et reconnut
l'anneau, héritage de ses ancêtres : il était d'or et
serti de pierres précieuses. Alors, Marc fit signe à
Gorvenal de s'approcher de lui et lui dit à voix
basse : « Certes, je vois bien que vous me dites
maintenant la vérité; mais pourquoi m'avoir abusé
d'abord en m'affirmant que Tristan était fils d'un
marchand de Loonois ? — Il est vrai, sire, que
c'était là une fable, mais non point un mensonge,
car ni Tristan ni moi-même n'avons jamais eu l'intention de vous tromper sur ce point. Ce n'était
là qu'une ruse, inventée par votre neveu, car il
entendait ne gagner vos bonnes grâces et votre amitié que par ses seuls mérites, sa prouesse et son
fidèle service : voilà pourquoi il a voulu, dans un
premier temps, vous laisser ignorer l'étroite parenté qui le liait à vous. » Marc, d'un geste de la
main, fit comprendre qu'il était satisfait de cette
réponse et qu'il comprenait la conduite de son
neveu. Cependant, il espérait pouvoir encore le
détourner d'une entreprise qu'il estimait, quant à
lui, non seulement périlleuse, mais téméraire et
entachée de démesure. Toutes ces représentations
n'eurent aucun effet sur la détermination de Tristan :
il démontra à son oncle la nécessité de venger l'honneur de la Cornouailles et de libérer le royaume
d'un tribut honteux et intolérable. Finalement,
Marc se résigna à confirmer le don qu'il avait accordé
à Tristan, avant même qu'il n'ait reconnu en lui
son neveu, d'affronter le Morholt en combat singulier. Comme signe sensible de cet honneur et en

gage d'investiture, le roi remit à Tristan, devant toute l'assistance, une épée de grand prix, forgée naguère par un célèbre forgeron et qui avait appartenu au propre père de Marc.

Selon une antique coutume celtique, il fut convenu entre le Morholt et Tristan que le combat aurait lieu un certain jour, à une certaine heure et en un certain lieu : dans l'île Saint-Samson qui se trouvait en face de Tintagel et à peu de distance de la côte. Cette île était couverte d'arbres aux épaisses frondaisons et nul être vivant n'y habitait, si bien que personne ne se trouverait là pour assister au combat ou pour tenter de forcer le destin en portant secours à l'un ou l'autre des adversaires. Ainsi Dieu seul déciderait de la fortune des armes et manifesterait de quel côté était le droit. Tous les conseillers du roi ratifièrent cet accord.

Au matin du jour fixé, Tristan se présente dans le palais du roi; Marc lui lace le heaume, lui ceint l'épée, le recommande à Dieu; tout le peuple prie pour le preux. Tristan, un peu avant l'heure fixée, monte seul dans une petite barque et, à force de rames, la pousse vers l'île. Le Morholt, de son côté, a quitté son navire et prend place sur une autre barque pour rejoindre Tristan dans l'île tandis que les autres Irlandais restent à leur bord pour attendre de loin l'issue du combat. Tristan saute sur le rivage et, du pied, repousse sa barque vers la mer. Le géant, au même instant, amarre la sienne à un tronc d'arbre. « Pourquoi, dit le Morholt, n'as-tu pas amarré ta barque comme j'ai fait de la mienne ? — A quoi bon ? répond Tristan; pour amener le vaincu mort ou blessé à mort, une seule barque suffira au vainqueur ! » La foule des Cor-

nouaillais massée sur le rivage tient les yeux fixés
sur le lieu de la bataille et cherche à en deviner les
péripéties. Le Morholt, admirant la prouesse et la
vaillance de son adversaire, lui offre un accord :
« Renonce à la bataille : je te donnerai en échange
mon amitié et je partagerai avec toi mes trésors. »
Tristan refuse avec dédain. Tous deux engagent
le combat à pied, farouchement dressés l'un contre
l'autre, et brandissent leurs épieux. « Sache-le, dit
le Morholt pour effrayer Tristan, chaque blessure
que fait mon épieu est mortelle; la pointe en est
empoisonnée par art de magie et tu ne trouveras nul
médecin pour te guérir. » Pour toute réponse, Tristan assène un rude coup sur le haubert du géant,
mais son fer ne peut en disjoindre les mailles. Le
Morholt riposte par un terrible coup de son épieu :
traversant la cuirasse du preux, la pointe empoisonnée s'enfonce dans la hanche et pénètre jusqu'à
l'os, mais la hampe se brise et vole en éclats sous
la force du choc. Tristan saisit aussitôt son épée,
le Morholt dégaine la sienne et les deux lames s'entre-
croisent avec des éclairs que la foule parfois aperçoit du rivage. Tout à coup, l'épée de Tristan heurte
avec une telle violence le casque du géant que la
lame tranche le métal et s'enfonce dans le crâne.
Tristan cherche à l'en arracher, mais alors qu'il la
secoue de toute son énergie, l'acier grince et se
brise; la lame est ébréchée et un fragment d'acier
reste enfoncé dans le crâne du géant. Blessé à mort,
le Morholt s'enfuit avec un cri terrible et vient s'abattre sur le rivage à la vue de ses hommes restés sur
leur navire. Tristan le poursuit de ses railleries :
« Voilà donc que tu as conquis le tribut de Cornouailles ! Emporte-le; jamais plus tu ne viendras

le réclamer ! » Cependant, le Morholt est recueilli par ses compagnons qui le hissent, respirant encore, sur leur nef et font voile avec lui vers l'Irlande.

Tristan, de son côté, monta sur la barque du Morholt, la détacha du rivage et mit le cap vers la côte. Quand le peuple de Cornouailles la vit se profiler sur la mer, il reconnut l'esquif du géant irlandais, mais, comme la barque émergeait au sommet d'une vague, elle montra un guerrier qui se dressait à la proue, les bras en croix : c'était Tristan. Aussitôt, vingt barques s'élancèrent à sa rencontre et les jeunes hommes se jetaient à la nage pour lui faire escorte. Le preux, d'un bond, s'élança sur la grève et les mères se jetaient à genoux pour baiser ses chausses. Marc l'accueillit avec des transports de joie et l'emmena aussitôt dans son palais, mais Tristan y était à peine entré que sa vigueur juvénile était vaincue à son tour par la force du venin et qu'il tombait sans connaissance.

LA BARQUE SANS VOILE NI RAMES

Les serviteurs du roi s'empressèrent de relever Tristan et le portèrent en un lit, dans l'une des chambres du palais. Les plus habiles médecins furent appelés à son chevet, mais ce fut en vain qu'ils examinèrent la plaie profonde qu'il portait au côté : elle était noire et fétide et il n'était pas malaisé de deviner qu'elle avait été faite par une arme empoisonnée. Aucun physicien ne put découvrir la nature du venin ni porter remède au mal qu'il causait. Bientôt les douleurs devinrent si vives que le preux ne pouvait fermer l'œil, ni la nuit, ni le jour; il en perdit le boire et le manger et devint maigre et faible. Une puanteur si odieuse s'exhalait de ses plaies que nul ne pouvait rester longtemps près de lui; seuls le fidèle Gorvenal et Dinas de Lidan se tenaient auprès de sa couche. Le roi Marc lui-même espaçait ses visites ou se contentait de prendre des nouvelles du blessé.

Tristan, voyant que l'odeur de ses plaies importunait les familiers du palais, ne voulut être à charge à personne : il se fit transporter dans une cabane que Gorvenal, sur sa demande, avait fait construire à l'écart, sur le rivage de la mer. Là, couché seul

devant les flots sur lesquels il laissait errer ses regards,
Tristan attendait la mort. Pourtant, la hardiesse
de son cœur lui inspira la pensée et le désir de
tenter l'aventure sur la mer : il lui souvint des
antiques récits, populaires chez les Celtes, qui
montraient des héros malheureux se confiant au
hasard des courants et des tempêtes et abordant
dans des îles lointaines et merveilleuses où des fées
et des êtres magiques guérissaient, par des charmes
puissants, maladies et blessures. Il conjura alors
le roi Marc de lui accorder ce don : partir, au-
delà des mers, vers des rivages inconnus — il ne
savait où — pour éprouver si Dieu lui accorderait,
au terme d'un long voyage, la guérison qu'il espérait
encore.

Le roi Marc, d'abord effrayé de l'audace de ce
projet, fit des difficultés pour consentir au désir
de Tristan. Puis, comme il voyait que ses refus contra-
riaient son neveu et semblaient aggraver son mal,
il céda à ses instances, d'accord avec Gorvenal. Tristan fut déposé, comme il en avait exprimé le vœu,
dans une simple barque, sans voile ni rames ni gou-
vernail, seul, sans aucun compagnon. Il n'avait à la
portée de sa main que quelques aliments et sa
bonne harpe dont il n'avait cessé de jouer depuis
sa blessure, car le chant et le son des instruments
étaient devenus son unique consolation. Quand les
préparatifs furent achevés, Gorvenal et le sénéchal
Dinas de Lidan, réprimant leurs larmes, poussèrent
vers la haute mer le frêle esquif où ils venaient de
déposer leur ami. La barque disparut peu à peu à
l'horizon.

Sept jours et sept nuits, les flots l'entraînèrent
sans répit, au gré des vents et des courants. Parfois,

Tristan harpait pour apaiser son angoisse et charmer
sa douleur. Un matin, à l'aube, il s'aperçut que la
houle l'avait poussé vers une terre qu'il n'avait encore jamais vue. Des mariniers qui jetaient leurs
filets, intrigués par le chant mélodieux qui venait
de cette barque à la dérive, voulurent éclaircir le
mystère : ils se rapprochèrent et découvrirent un
blessé couché au fond de l'embarcation et qui semblait épuisé. Il leur demanda quel était ce pays
où la mer l'avait jeté. « C'est l'Irlande », répondirent-
ils et, désireux de lui porter secours, ils remor-
quèrent sa barque jusqu'au port voisin de Weisefort,
résidence du roi Gormond. Grand fut l'émoi de
Tristan en voyant que Dieu l'avait dirigé vers la
patrie du Morholt, dont la sœur, puissante magicienne, résidait au palais de son époux, le roi
Gormond. Mais il n'était plus possible désormais de
reculer et, puisqu'il avait voulu tenter l'aventure,
il fallait la tenter jusqu'au bout. Au risque d'être
reconnu par les anciens compagnons du Morholt
comme le vainqueur et le meurtrier du géant, Tristan se laissa conduire par les mariniers jusqu'au
palais du roi. Gormond voulait voir et entendre
le harpeur étranger, venu d'au-delà de la mer, dont
les chants avaient émerveillé les marins sur le port.
Etendu sur une civière, Tristan répondit aux questions du roi : « Sire, je suis un jongleur breton. Mon
nom est Tantris. J'avais pris passage sur un navire
norvégien. Des pirates ont attaqué l'équipage pour
s'emparer de la cargaison. Au cours de l'abordage,
j'ai reçu une grave blessure et je n'ai dû mon salut
qu'à une petite barque sans voile ni rames ni gou-
vernail, sur laquelle j'ai pu me hisser avec ma
chère harpe. » Le roi Gormond déclara aussitôt

qu'il voulait faire soigner le blessé et que la reine, son épouse, trouverait sans nul doute les remèdes aptes à le guérir.

Aucun des assistants ne reconnut dans le prétendu Tantris le valeureux combattant de l'île Saint-Samson et le tueur du Morholt, tant le venin avait déformé ses traits et affaibli son corps. La reine Iseult, à la prière de son mari, se mit en peine de soigner le blessé. La magicienne, qui avait elle-même préparé le poison pour y tremper la pointe de l'épieu de son frère, découvrit sans peine le traitement efficace pour détruire l'effet du venin qu'elle avait distillé. Elle fit poser sur la plaie un emplâtre qu'il garda tout le jour et qui eut vite fait de supprimer la puanteur; puis elle ouvrit la blessure et enleva toute la chair morte, retira avec soin le venin qui y restait encore, et la chair vive reprit meilleur aspect. La nuit venue, elle plaça sur la plaie des herbes salutaires qui, en peu de temps, firent disparaître l'enflure et l'infection.

Quand le soi-disant jongleur entra en convalescence, la reine, selon l'usage du temps, confia le soin de son hôte à sa fille, Iseult alors âgée de douze ans, dont la chevelure blonde avait l'éclat de l'or. La belle enfant remplit de bonne grâce tous les devoirs de l'hospitalité à l'égard de l'habile ménestrel que le roi Gormond avait recueilli sous son toit. Elle tenait compagnie à l'hôte de son père tout au long du jour, pansait sa blessure et lui appliquait les remèdes prescrits par la reine. Tantris, en échange, jouait pour la distraire des lais bretons d'aventure et d'amour en s'accompagnant sur la harpe. Mieux encore, il enseignait à la jeune fille l'art de toucher les instruments et de chanter à plaisir de voix. La royale enfant en semblait ravie et se montrait l'élève docile et enjouée du chanteur errant.

Cependant, comme l'étranger avait retrouvé peu à peu la vigueur de son corps et la beauté de ses traits, le jour vint où il courut le risque d'être reconnu par les compagnons du Morholt et de subir de leur part de terribles représailles. Il n'en pouvait douter quand il entendait la blonde Iseult lui raconter sans méfiance le retour en Irlande du cadavre de son oncle, cousu par ses hommes dans une peau de cerf. Du crâne du géant, on avait extrait le fragment détaché de l'épée de son vainqueur et la reine le gardait précieusement dans un écrin, comme une relique de son frère. Tristan comprit alors qu'il devait disparaître au plus vite. Un navire marchand s'apprêtait à quitter le port : il y prit passage avec l'accord des mariniers et fit voile avec eux loin de l'Irlande. Quelques semaines plus tard, il abordait en Cornouailles. Jeunes et vieux lui firent accueil et se réjouirent comme s'il revenait d'entre les morts.

V

LA FILLE AUX CHEVEUX D'OR

Tristan, glorieux vainqueur du Morholt, guéri
contre toute espérance de son affreuse blessure, tenait
désormais le premier rang à la cour de Marc. Le roi
avait résolu en son cœur de le prendre pour héritier et de lui léguer son royaume. Il avait pris son
parti de vieillir sans enfant et il avait renoncé au
mariage.

Plusieurs des barons qui vivaient dans l'entourage
de Marc ne tardèrent pas à deviner son dessein, qu'ils
croyaient, à tort, inspiré par Tristan. Les plus
acharnés étaient quatre barons que l'envie avait
dressés contre le preux et dont la haine ne reculait
devant aucune félonie. C'est pourquoi on les appelait « les barons félons ». Le pire de ces jaloux
n'était autre qu'Audret, lui aussi neveu de Marc,
et qui avait longtemps nourri l'espoir de recueillir
la succession de son oncle; son espoir déçu s'était
mué en fureur contre celui qu'il considérait comme
son heureux rival. Les trois autres félons se nom-
maient Guenelon, Gondoïne et Denoalen. Souvent,
ils s'entretenaient en secret de ce qu'ils prenaient
pour des manœuvres intéressées de Tristan et ils
disaient entre eux : « Cet homme néfaste est un

magicien et un suppôt de Satan. Sa guérison est
inexplicable par des moyens naturels, car sa blessure était de celles dont un homme ne revient pas.
Sa victoire stupéfiante sur le Morholt, sa mystérieuse
navigation sur une barque sans voile ni rames,
voilà déjà qui suppose une intervention diabolique.
Ne l'avons-nous pas vu, atteint d'une blessure incu-
rable, presque agonisant, et le voici maintenant
frais et dispos, le corps intact et le cœur arrogant !
Il faut qu'il ait commerce avec les esprits infernaux
et possède le secret des arts maléfiques. Pour sûr
il en usera un jour contre ceux qui, comme nous,
l'ont abandonné au temps de sa détresse : tôt ou
tard il se vengera, si nous ne prenons les devants. »
Ainsi les quatre félons semaient les soupçons autour
d'eux; et ceux qui, à leur exemple, s'étaient désinté-
ressés de Tristan quand il était en péril de mort,
tremblaient pour leur vie. « Si Tristan devient un
jour notre seigneur légitime, ajoutaient les félons,
il aura tous les droits sur nous. Il faut donc obtenir
que le roi se marie. »

Un jour, ils se rendirent tous ensemble à la cour
et exposèrent à Marc que l'intérêt du royaume et
des hommes de Cornouailles exigeait qu'il prît femme sans plus tarder en vue d'avoir un héritier. S'il
ne se mariait pas, jeune encore comme il était, avec
une femme qui puisse lui donner un successeur, il
exposerait la Cornouailles à des troubles et à des
guerres. Quelqu'un pourrait prétendre sans droit
régner sur sa terre. « Aussi, ajoutaient-ils, à aucun
prix nous ne continuerons à vous servir si vous ne
suivez pas notre avis. » Le roi leur dit : « Seigneurs, je vous remercie de votre intention amicale
car vous voulez accroître mon honneur et ma louange.

A vrai dire, vous n'avez point de troubles à redouter à ma mort. Dieu nous a donné un bon héritier, que Dieu le garde vivant, c'est Tristan. Aussi longtemps qu'il vivra, vous le savez, nulle femme épousée ne portera couronne en cette cour. » Marc ajouta que cette affaire ne concernait que lui-même et que le roi était libre, comme n'importe lequel de ses vassaux, de contracter mariage ou, si cela lui convenait mieux, de s'en abstenir. Alors les félons trouvèrent en Tristan lui-même un allié inattendu : pour mieux prouver qu'il n'avait jamais incité son oncle, par intérêt personnel, à renoncer au mariage, il joignit ses instances à celles de ses ennemis. Il tenta de persuader le roi qu'il devait, tandis qu'il en avait le pouvoir, procréer un légitime héritier et prévenir toutes les disputes autour de sa succession. Marc, n'osant tenir tête à tous ses vassaux ligués contre lui, voulut se donner le temps de la réflexion : « Seigneurs, leur dit-il, laissez-moi le loisir de préparer ma réponse. Revenez me voir dans un délai de quarante jours et je vous ferai connaître ma décision. »

Quand vint le jour fixé, le roi était en proie au souci. Seul dans la grand salle de son château, sur le point de recevoir les barons, il cherchait encore un moyen d'éluder leur requête. A cet instant, par une baie ouverte sur la mer, deux hirondelles entrèrent en poussant de petits cris et en se disputant un long cheveu blond de femme que l'une d'elles tenait dans son bec; puis, brusquement, effarouchées par un geste du roi, les deux intruses s'éloignèrent à tire-d'ailes, non sans avoir laissé tomber dans la salle le magnifique cheveu, plus fin et plus luisant qu'un fil d'or. Marc se pencha et le prit avec précaution entre ses doigts; il le considéra longuement, l'admira, et un brusque trait de lumière traversa son esprit.

Lorsque Tristan entra, suivi des autres barons, il les regarda un instant avec un sourire malicieux et leur dit : « Réjouissez-vous, seigneurs ! je veux suivre votre conseil et j'ai résolu, tout bien pesé, de prendre femme. Sachez que je n'en veux pas d'autre que celle à qui appartient ce cheveu d'or. Une hirondelle qui venait de la mer me l'a apporté en son bec et c'est un heureux présage que je ne veux point négliger. » En disant ces mots, il leur tendait le cheveu entre ses doigts et faisait jouer sur le beau fil d'or un rayon de soleil.

Les barons se sentirent raillés et comme bafoués par le roi : sous couleur d'accomplir leur désir, il leur désignait par dérision une femme introuvable. « Ce stratagème, disaient-ils entre eux, est une nouvelle invention de Tristan pour mieux s'assurer l'héritage de son oncle. » Tristan, quant à lui, ne cessait de contempler le cheveu d'or et sa vue éveillait dans son âme un plaisant souvenir. Parmi toutes les filles blondes qu'il avait vues, venues des pays du Nord, aucune — il en était sûr — n'avait des cheveux aussi semblables à un fil d'or, sauf une seule : Iseult la fille du roi d'Irlande, celle qui l'avait soigné naguère dans le palais de son père, le roi Gormond, et à laquelle il avait appris le jeu des instruments. Tandis que les autres barons continuaient à s'exclamer et à échanger à voix basse des propos hostiles à Tristan, celui-ci se tourna vers le roi Marc et lui dit : « Ma foi, sire, s'il faut vous dire la vérité, je connais une seule fille dont les cheveux sont semblables à ce cheveu d'or : c'est Iseult

la blonde, la fille unique du roi d'Irlande. Vous savez assez comment je l'ai connue en son pays, ainsi
que son père et sa mère. Parmi toutes les filles de
roi qu'il m'a été donné de rencontrer, elle est, sans
conteste, la plus belle et la mieux enseignée. Elle
excelle dans le chant et le jeu des instruments et
elle a appris de sa mère les vertus secrètes des
herbes, des fleurs et des racines, en sorte qu'il n'est
point de meilleur médecin que cette jeune fille. Je
le dis pour en avoir fait moi-même l'expérience. »
Marc lui répondit : « Tu n'ignores pas, beau neveu,
que, depuis des siècles, l'inimitié et la haine règnent
entre l'Irlande et la Cornouailles et qu'elles ont
suscité entre les deux peuples de sanglantes guerres.
Si ce cheveu d'or appartient vraiment à la jeune
Iseult, comment espérer que le roi Gormond consente
jamais à me donner sa fille en mariage ? Si j'envoie
des messagers pour demander la main d'Iseult, je
crains que son père ne les tue honteusement, sans
même prendre la peine de me répondre. Un tel
affront me vaudrait moquerie et honte. »

Le sénéchal Dinas de Lidan intervint alors :
« Sire, il advient assez souvent que des rois engagent
entre eux de longues guerres, à grand dommage,
à grande perte d'hommes; puis, rejetant colère
et haine, ils muent l'inimitié en paix et en amour,
en mariant à des princes, jadis leurs ennemis, leurs
filles ou leurs sœurs. Iseult est l'unique enfant du
roi Gormond. Si nous pouvions conclure heureuse-
ment ce mariage et cette alliance, les choses pourraient prendre un tour si favorable que peut-être
vous régneriez un jour sur l'Irlande. »

Le roi répondit : « Si ce projet pouvait être exé-
cuté à mon honneur, je ne voudrais d'autre femme

qu'Iseult, car Tristan m'a loué grandement en elle
la courtoisie, le sens et toutes les qualités conve-
nables à une femme. Songez donc au moyen de me
l'obtenir. » Dinas reprit : « Sire, personne au monde
ne peut vous l'obtenir, sauf Tristan, votre neveu :
au cours de son voyage à l'aventure, c'est par le roi
Gormond qu'il a été recueilli et, s'il a été guéri de
son affreuse blessure, ce fut assurément par la reine
et sa fille. S'il veut y mettre sa peine, il conquerra
sûrement la jeune fille, par ruse ou par prouesse. »

Les félons entendent que le sénéchal Dinas de
Lidan propose d'envoyer Tristan en Irlande pour
demander en mariage, au nom du roi Marc, la
fille du roi Gormond. Les jaloux demeurent per-
plexes et ne savent quel visage prendre. Ils escomp-
tent secrètement que Tristan, s'il entreprend ce
nouveau voyage, plus qu'aventureux, chez les pires
ennemis de la Cornouailles, n'en reviendra jamais.
Toutefois, une inquiétude les poursuit : ce diable
d'homme, ce magicien, n'allait-il pas, là encore,
réussir contre toute humaine espérance et revenir triomphant, paré d'un nouveau prestige ?

Tristan, de son côté, comprend que, s'il refusait
d'entreprendre la quête de la jeune fille, il four-
nirait aux félons un nouveau prétexte pour l'accuser de convoiter pour lui-même l'héritage du roi.
Alors, il répond avec grand sens et de bon cœur :
« Sire, il ne me convient pas d'éluder cette entreprise puisque j'y suis le mieux préparé. Certes, je
connais l'Irlande et ses habitants, je connais le
roi, ses principaux barons, la reine et la jeune
Iseult, mais j'ai tué le frère de la reine : si je vais
là-bas pour demander que sa fille vous soit donnée
et si le roi apprend qui je suis, il ne me laissera

pas revenir vivant. Pourtant, parce que je désire
que vous puissiez avoir un légitime héritier, je veux
entreprendre cette quête et, pour accroître votre
renom, accomplir, ce que Dieu permettra, selon ce
qui sera en mon pouvoir. Et si, par malheur, je
ne puis conquérir Iseult, je ne reviendrai jamais à
votre cour. » Puis il ajouta : « Sire, confiez-moi ce
cheveu, je veux le faire entrelacer dans l'étoffe de mon
bliaut tissé d'orfroi et je suis sûr que son éclat l'em-
portera sur celui du métal le plus pur. Faites-moi
équiper, si telle est votre volonté, une belle nef,
afin que je puisse m'embarquer avec cent jeunes
hommes de votre terre. » Le roi y consentit de bon
cœur.

Tristan prit Gorvenal avec lui pour cette traversée. Comme compagnons, il choisit à la cour du roi
cent jeunes vassaux de noble famille, parmi les
plus hardis et les plus preux; il se procura les meil-
leures armes et de bons chevaux. La nef fut bien
pourvue de vivres, de boissons, d'argent; ils la char-
gèrent de bon froment, de fourrures, de fleur de
farine, de miel et de vin. Le chargement achevé, ils
voguent pour porter leur message à leurs ennemis.
Mais Tristan hésite encore s'il demandera la jeune
fille ou s'il l'attirera à son bord par quelque ruse
pour l'enlever. S'il la demande, il risque un refus
brutal; et comment l'enlever par la force à un père
si puissant ? Il en discute avec ses compagnons, mais
aucun d'eux ne sait lui donner conseil; tous gémis-
sent d'avoir été désignés pour une entreprise aussi
périlleuse.

Tristan traverse la mer d'Irlande en grand doute
et souci. Il décide que ses compagnons et lui se
feront passer pour des marchands et qu'ils atten-

dront, pour agir, d'avoir trouvé quelque stratagème.
Nuit et jour, ils naviguèrent. Tristan apprit que
Gormond, le roi d'Irlande, se trouvait à Weisefort.
Ils jetèrent l'ancre devant le port : c'était, pour les
gens de Cornouailles, la terre périlleuse entre toutes.
Tristan envoya deux de ses compagnons, vêtus de
cotes de bure et de capes de camelin grossier, dans
le palais du roi Gormond avec mission d'obtenir un
sauf-conduit pour vendre leurs marchandises. Les
deux messagers saluèrent le roi courtoisement et lui
dirent : « Sire, nous sommes des marchands qui
portons nos denrées de terre en terre pour gagner
de l'argent. Nous avons chargé notre vaisseau en
Bretagne et nous voulions atteindre la Flandre,
mais des vents contraires nous ont poussés jusqu'ici.
On nous a dit, dans le port, que les denrées se
vendaient bien en ce pays. Si nous obtenons de
vous l'autorisation de vendre notre vin, notre froment et nos étoffes, nous ancrerons notre nef dans le
port et nous ferons du commerce avec vos sujets.
Si vous n'y consentez pas, sire, nous remettrons à
la voile pour gagner un autre pays. » Le roi répondit :
« Je vous donne permission et liberté de trafiquer sur
cette terre en paix et à loisir. Nul ne vous y cherchera noise, nul ne vous y fera tort. Vous trouverez ici le meilleur accueil et vous serez libres de
repartir quand il vous plaira. » Les messagers re-
mercièrent le roi, lui firent des présents et rentrèrent sur la nef. Là, avec leurs compagnons, ils
passèrent le jour à se divertir, à jouer aux échecs et
aux tables et à deviser entre eux.

LA VICTOIRE SUR LE DRAGON D'IRLANDE

L<small>E</small> lendemain, à leur réveil, Tristan et ses compagnons entendirent des cris horribles d'hommes et de femmes s'élever dans les rues de Weisefort : tout le peuple courait vers la mer comme pour fuir un mystérieux danger. Cette terreur était causée par un dragon qui infestait le pays; chaque jour, il descendait dans la ville et y causait de grands ravages. Tous ceux qu'il pouvait atteindre, il les tuait dans les flammes qu'il vomissait. Dans tout le royaume, il n'était personne qui fût assez fort ni assez preux pour oser lui tenir tête; dès qu'on l'entendait approcher, tous, nobles, bourgeois et vilains, fuyaient à l'envi pour éviter la mort.

Le roi Gormond avait fait proclamer par toute sa terre que, s'il se trouvait un homme assez hardi pour tuer le dragon, il lui donnerait sa fille en mariage et la moitié de son royaume, pourvu qu'il fût de naissance noble. Il avait confirmé cet engagement par des lettres scellées et les avait fait lire en tous lieux par des hérauts. Beaucoup, alléchés par cette promesse, avaient tenté l'entreprise, mais le dragon les avait tués et il ne restait plus personne pour oser l'attendre sur la route qu'il suivait; les plus aguerris lâchaient pied aussitôt et se cachaient.

Tristan, voyant fuir les Irlandais, les questionna
et apprit d'eux ce qu'il en était du dragon et de la
récompense promise à qui le tuerait. Il s'enquit du
repaire où le monstre gîtait la nuit, parmi des
rochers, et de l'heure où il descendait vers la ville.
Puis, il attendit jusqu'au soir du premier jour sans
rien dire à personne de son dessein, et il prépara
lui-même pour le combat son destrier et ses armes.
Le lendemain, aux premières lueurs du jour, le dragon, selon sa coutume, s'élança en direction de la
ville. Tristan, dès qu'il entendit le cri strident de la
bête, chevaucha à sa rencontre et nul de ses compagnons ne s'en aperçut. Sur son chemin, il rencontra
une troupe d'hommes armés qui fuyaient de toute
la vitesse de leurs chevaux; il saisit l'un d'eux par
ses cheveux roux et le contraignit à s'arrêter. Celui-
là lui apprit que le monstre les suivait et lui dit :
« Retournez d'où vous venez, sinon le dragon ne va
pas tarder à vous tuer. » Tristan passa outre à ce
conseil de couard et se porta au-devant du monstre.

Le dragon avait deux cornes au front, les oreilles
longues et velues, les yeux étincelants à fleur de tête
tels des charbons ardents, le mufle haut dressé
comme celui d'une guivre, la langue hors de la
gueule, crachant de toutes parts le feu et le venin,
le corps écailleux, des griffes de lion et la queue
d'un serpent. Le monstre a vu Tristan : il rugit et
enfle tout son corps. Le preux rassemble ses forces
et, se couvrant de son écu, broche son destrier avec
une telle vigueur que le coursier, tout hérissé de
peur, bondit pourtant contre la bête. La lance de
Tristan heurte les écailles et vole en éclats. Aussitôt le preux tire son épée, la brandit et en assène
un coup terrible sur la tête du dragon, mais sans

même entamer le cuir. Le monstre a senti l'atteinte :
il lance ses griffes contre l'écu, les y enfonce et en
fait voler les attaches. La poitrine découverte, Tristan le requiert encore de l'épée et le frappe sur les
flancs d'un coup si violent que l'air en retentit.
Vainement : il ne peut l'entamer. Alors, le dragon
vomit par les naseaux un double jet de flammes : le
haubert de Tristan noircit comme charbon, son cheval s'abat et meurt. Mais aussitôt relevé, Tristan
enfonce la pointe de son épée dans la gueule du
monstre : elle, y pénètre toute et lui transperce le
cœur. Le dragon pousse une dernière fois son cri
horrible et meurt. Quand Tristan le vit mort, il lui
coupa la langue jusqu'à la racine, car il voulait la
conserver comme un trophée de victoire, et il la
dissimula dans sa chausse, entre la chair et l'étoffe.
Puis, tout étourdi par la fumée âcre qui l'étouffait,
il marcha pour y boire vers un étang dont les eaux
calmes luisaient dans la vallée, près d'un bois. Quand
il fut au bord de l'eau, la langue s'échauffa contre
son corps. Le venin qui s'en échappait infecta son
sang et paralysa ses membres. Son corps devint
faible, livide et tuméfié. Dans les hautes herbes qui
bordaient le marécage, le héros tomba inanimé. Il
resta là gisant, impuissant à s'aider lui-même si
quelque passant ne venait le secourir.

Or, le roi Gormond avait un sénéchal nommé Aguinguerran le Roux, outrecuidant et mauvais de cœur,
dissimulé, cauteleux, menteur et fourbe. Il prétendait aimer la jeune Iseult et, chaque jour, dans
l'espoir de l'obtenir pour femme, s'armait contre le
dragon. Dès qu'il voyait le monstre, il fuyait au
plus vite et si lâchement que, si on lui avait offert
à ce moment tout l'or de l'Arabie, il n'aurait pas

même tenté de se retourner. Aguinguerran était le
fuyard que Tristan, sur le chemin de l'aventure, avait
arrêté en le saisissant par les cheveux. Les autres
fuyards étaient les hommes du sénéchal. Au bout de
quelque temps, Aguinguerran osa rebrousser chemin
pour voir ce qui s'était passé. Il trouva le cadavre
du dragon et ne vit pas le cavalier qui l'avait arrêté
et interrogé, mais seulement son écu abandonné par
terre et son destrier mort; il pensa qu'avant de mourir, le monstre avait tué le cheval et dévoré le cavalier. Alors, il trancha de son épée la tête du dragon afin de la présenter au roi Gormond et de réclamer pour lui-même le beau salaire promis. Il
retourna vers la ville et y entra au galop en tenant
au bout de son bras la tête sanglante du dragon et
en criant : « Je l'ai tué ! Je l'ai tué ! »

Quand il fut entré dans la grand'salle du palais,
il dit au roi : « Sire, j'ai délivré le royaume, vengé
tes hommes et ton dommage, paye-moi maintenant,
donne-moi Iseult ta fille; c'est la récompense qui
me revient si tu ne veux pas te honnir en reniant
ta parole ! » Le roi, voyant la tête du monstre, ne
refusa pas de faire droit à la requête du sénéchal,
mais, surpris qu'un tel couard eût accompli une si
grande prouesse, il lui imposa un délai : « Je veux
assembler le conseil de mes barons avant de te
donner réponse et de tenir, s'il y a lieu, ce que j'ai
promis. » Quand la nouvelle se répandit que la
princesse lui serait donnée et qu'on vint dans les
chambres des femmes l'apprendre à Iseult, elle fut
remplie d'angoisse et de douleur, car elle n'avait
qu'aversion et mépris pour le sénéchal : lui eût-on
offert en présent de noces l'empire du monde, elle
n'aurait pu l'aimer. Elle dit à sa mère : « Jamais

je ne consentirai à ce que veut mon père : je n'épouserai pas cet homme! Non, Dieu ne me veut pas
tant de mal qu'il me force à le prendre ! Je me
tuerai d'un coup de couteau plutôt que de subir
cette honte d'être livrée à la merci d'un fourbe et
d'un couard ! D'où lui seraient venus courage, force
et prouesse devant le monstre, puisqu'il s'est toujours montré craintif et lâche devant les hommes ?
C'est un mensonge qu'il invente pour que je lui
sois livrée. Mère, sortons ensemble : Allons voir
le cadavre du monstre; il nous faut retrouver, mort
ou vivant, celui qui l'a tué. — Puissions-nous y
réussir, belle fille ! »

Elles sortirent du château par une porte dérobée
qui donnait sur le verger, accompagnées seulement de leur valet Périnis et de Brangien, leur servante. Du verger, un étroit sentier les conduisit dans
la campagne où elles trouvèrent enfin le dragon mort
mort et le cheval, étendu sur le sable, tout brûlé et
noirci. « Dieu sait, dit Iseult, que le sénéchal n'a
jamais monté ce cheval ! Il n'est ni ferré ni harnaché selon la coutume d'Irlande... L'étranger à qui
ce cheval appartient est, sans nul doute, celui qui
a tué le dragon; mais qui sait ce qu'il est devenu ? »
Iseult avec sa mère chercha tant qu'elle découvrit
le héros pâmé au bord de l'étang, parmi les hautes
herbes. Il respirait encore. « Nous avons trouvé ! »
s'écria Iseult. Quand les deux femmes eurent donné
à l'inconnu les premiers soins, il revint à lui, ouvrit
les yeux et leur dit : « Seigneur Dieu ! jamais je
n'ai senti tel assoupissement ! Qui êtes-vous ? Où
suis-je ? — Ne crains rien, répondit la reine, ce mal,
s'il plaît à Dieu, n'empirera pas. » Périnis et Brangien emportèrent le blessé si secrètement dans la

chambre des femmes que nul ne s'en aperçut dans le palais. Là, Iseult et sa mère lui enlevèrent son armure et trouvèrent dans sa chausse la langue du dragon. La reine prépara des remèdes pour écarter le venin : elle plaça sur le corps du blessé un emplâtre puissant pour attirer le poison au-dehors et lui fit boire une infusion d'herbes efficaces dont il reçut un grand soulagement. Il n'avait d'autre médecin que la reine, assistée de la jeune Iseult qui le soignait et le servait.

VII

LA BRÈCHE DE L'ÉPÉE

Dans la chambre de la reine, Tristan est bien traité et soigné. Il recouvre peu à peu force et santé. La reine lui dit : « Ami, qui es-tu ? D'où es-tu venu ? Comment as-tu tué le dragon ? — Reine, je suis un vassal de Flandre et je parcours les terres étrangères pour y chercher aventure et prouesse. Quand je suis arrivé à Weisefort, j'ai entendu raconter les dommages que le dragon causait à tout votre peuple et je me suis armé, fermement résolu à l'affronter et à le vaincre. Je voulais seulement éprouver contre un tel monstre ma force et mon endurance. Or il est advenu, par la volonté de Dieu, que je l'ai tué. Comme trophée de ma victoire, je lui ai coupé la langue et l'ai mise dans ma chausse afin de pouvoir la présenter au roi Gormond. Quand je me suis évanoui dans les herbes du marécage, j'ai bien cru ma mort venue; j'étais en si profonde pâmoison que je n'ai pas vu qui s'est approché de moi. »

La reine lui dit : « Ami, je suis la reine d'Irlande. Je suis venue à toi avec ma fille Iseult. Nous t'avons fait apporter ici en secret et nous avons écarté le venin de ton corps : te voilà guéri ! — Dame, que Dieu m'accorde de vous montrer ma reconnais-

sance pour votre aide, je veux désormais vous servir du mieux que je pourrai. — Nous te dirons
donc, ami, quelle récompense nous attendons de
toi : preux comme tu l'es, tu peux nous être d'un
grand secours. Notre sénéchal, Aguinguerran le
Roux, prétend qu'il est le tueur du monstre et que
ma fille Iseult doit lui être livrée en récompense avec
la moitié de ce royaume, ainsi que le roi, mon
époux, l'a promis. Mais Iseult, ma fille, refuse d'ap-
partenir au sénéchal, car il est un fou gonflé de
démesure, fourbe et de cœur pervers, sans foi, rusé
et envieux, haï de tous, couard et plein d'autres
vices honteux. Iseult se tuerait plutôt que de se
donner à lui. La courtoisie de ma fille et la vilenie
de cet homme sont choses qui ne peuvent aller
ensemble. C'est pourquoi il nous faut faire la preuve
devant le roi que le sénéchal n'a pas tué le dragon.
Toi qui es le tueur du monstre, si tu veux assu-
mer contre cet homme la défense de la jeune fille et
de tout le royaume, tu auras acquis grand renom sur
cette terre. De plus, si tu le veux, le roi te donnera
sans hésiter la fille et la terre qu'il a promises au
vainqueur. — Dieu le sait, répondit Tristan, pour
vous servir, je veux convaincre le sénéchal de mensonge et prouver qu'il n'a pas tué le dragon, car je
présenterai devant la cour la langue du monstre
que j'avais tranchée aussitôt après l'avoir tué. S'il
veut soutenir son dire par bataille, je défendrai
Iseult contre lui et il ne l'obtiendra pas, car il la
réclame à tort, par mensonge, vanterie et outrecuidance. »

   La reine s'éloigna alors, mais la jeune Iseult ne
cessa de servir Tristan de son mieux et de le pourvoir de tous les mets qui accroissent la vigueur du

corps. Sa force revenait insensiblement et son visage retrouvait de jour en jour sa mâle beauté. Un
jour que Tristan était assis dans une vasque de marbre antique, où il prenait un bain d'une eau salu-
taire, la jeune Iseult l'assistait, afin d'achever de
guérir le corps du vaillant. Elle regarda longuement
son visage et sa poitrine et pensa en elle-même : « Si
cet homme est aussi vaillant qu'il est beau, il saura
soutenir un rude combat contre le sénéchal. » Comme elle se penchait au-dessus de la baignoire, Tristan vit de près ses longs cheveux blonds; il admira
comme ils avaient la même couleur d'or que le
cheveu apporté à Marc par une hirondelle. Son
regard alla de la chevelure d'Iseult au cheveu qu'il
avait fait tisser dans son bliaut, suspendu près de
là. Dans sa joie, il se prit à sourire à l'idée qu'il
avait réussi dans cette quête, jugée `par d'autres
illusoire, de la fille au cheveu d'or.

La jeune fille s'aperçut de ce sourire, s'en
étonna et, par timidité juvénile, supposa que Tristan
se divertissait de sa maladresse. « Pourquoi ce noble
étranger a-t-il souri ? Ai-je fait, par manque d'éducation, quelque chose qui ne convenait pas ?
Ai-je négligé l'un des services qu'une jeune fille de
haut rang doit rendre à son hôte ? Peut-être aurais-
je dû prendre soin de laver le fer de son épée, encore
tout noirci par le sang impur du dragon ? » Elle
tire la dure lame du fourreau pour la laver et l'essuyer,
mais elle s'aperçoit qu'elle est largement ébréchée :
les contours de la brèche lui remettent aussitôt en
mémoire ceux du fragment d'acier que sa mère
avait naguère extrait du crâne du Morholt. Elle
hésite un instant, regarde encore la brisure de l'épée,
veut se délivrer de son doute. Elle va droit à l'écrin

où était enchâssé le fragment d'acier, l'en retire
et l'ajuste en tremblant à la brèche du métal : le
raccord était si parfait qu'à peine voyait-on la trace
de la brisure. Elle se précipite alors sur Tristan,
frémissante de colère, et, faisant tournoyer la grande
épée au-dessus de la tête du blessé, elle crie : « Misérable, tu es Tristan de Loonois, le meurtrier du
Morholt, mon cher oncle, et c'est avec cette épée
que tu lui as fendu le crâne ! Tu as su longtemps
te cacher, mais nul désormais ne croira plus tes
mensonges ! Meurs donc à ton tour par cette même
épée, afin que soit vengé le meurtre de mon oncle ! »

Tristan voulut faire un geste pour arrêter son
bras. En vain : son corps était encore engourdi et son
esprit seul restait agile. Il parla donc avec adresse : « Arrête, jeune fille ! Laisse-moi te dire quelques mots seulement ! Si tu es résolue à me tuer
sans défense dans ce bain, soit, je mourrai. Mais
pour t'épargner dans l'avenir de longs repentirs,
écoute-moi un instant, fille de roi ! Sache que tu
n'as pas seulement le pouvoir mais le droit de
me tuer : oui, tu as droit sur ma vie puisque deux
fois tu me l'as conservée et rendue. Une première
fois, quand je prétendais être un jongleur nommé
Tantris, avec ta mère, tu as guéri ma blessure. Ne regrette pas d'avoir guéri cette blessure : ne l'avais-je
pas reçue de ton oncle, le Morholt, en loyal combat ?
Je n'ai pas tué le Morholt par traîtrise : il m'avait
lancé son défi comme à tous les hommes de Cornouailles. Ne devais-je pas défendre mon peuple
et mon corps ? »

« Pour la seconde fois, tu viens de me sauver en
me relevant, inanimé, dans les roseaux du marécage,
après mon combat contre le dragon. Puisque, par

deux fois, tu m'as sauvé de la mort, tu peux me reprendre cette vie que tu m'as conservée. Tue-moi donc, si tu penses y gagner louange et gloire. Songe toutefois que j'ai accepté d'être ton champion; je me suis engagé à livrer bataille pour défendre ton honneur contre Aguinguerran le Roux. Quand tu seras couchée entre les bras du vaillant sénéchal, il te sera doux de songer à ton hôte blessé qui avait risqué sa vie pour te conquérir et que tu auras tué dans ce bain, sans qu'il ait pu faire un geste pour se défendre ! »

La jeune fille, en entendant ces mots, demeura un instant interdite, puis son bras hésitant laissa retomber lentement vers le sol l'épée qu'elle avait brandie. « J'entends, dit-elle, des paroles fallacieuses. Ne t'ai-je pas surpris à sourire en me regardant ? Certes, tu pouvais te moquer de moi quand tu voyais la nièce bien-aimée du Morholt occupée à te soigner dans ton bain comme une servante ! — Non, là n'était point la cause de mon sourire : ce qui le faisait naître sur mes lèvres, c'est la vue de tes cheveux blonds, tels qu'aucune femme n'en a jamais eu. Je les comparais au cheveu d'or qu'une hirondelle apporta d'outre la mer à mon oncle, le roi Marc de Cornouailles. Il l'a trouvé si beau, ce cheveu d'or, qu'il a juré devant ses barons qu'aucune femme ne serait son épouse si ce n'est celle à qui appartient ce cheveu. Je suis parti sur la mer aventureuse à la quête de cette femme et voici que je t'ai trouvée; c'est pourquoi j'ai souri. Vois ce cheveu cousu parmi les fils d'or de mon bliaut; la couleur des fils d'or a passé, l'or du cheveu ne s'est pas terni. » Iseult prit entre ses mains le bliaut de Tristan, elle y vit le cheveu d'or et chercha inutilement

à dissimuler son émoi. Puis l'indignation succéda à
son trouble : « Ainsi donc, tu m'as conquise en
tuant le dragon, mais au lieu de m'épouser comme
tu en aurais le droit, tu veux me livrer à ton seigneur, le roi Marc ! Connaîtrai-je le sort d'une
captive qu'un chef de guerre obtient lors du partage
du butin ? Ah ! sans doute, comme le Morholt voulait jadis emmener sur sa nef la fleur des jeunes hommes et des jeunes filles de Cornouailles pour servir au
bon plaisir des seigneurs irlandais, ainsi, à ton tour,
par représailles, tu as fait cette vanterie d'emporter sur ta nef comme une esclave, celle que le
Morholt chérissait entre les jeunes filles ! »

Iseult laissant Tristan dans le bain, sortit et rejoignit dans une autre chambre sa mère et sa servante Brangien, qui avait été, depuis sa plus
tendre enfance, la compagne de ses jeux et la con-
fidente de ses pensées. Voyant le trouble profond
d'Iseult, les deux femmes lui en demandèrent la
cause. Elle leur conta comment elle avait reconnu
dans le vainqueur du dragon, Tristan de Loonois,
meurtrier du Morholt, grâce à la brèche de son épée :
« Je l'aurais tué dans son bain de cette même épée
s'il n'avait arrêté mon bras par des paroles pleines
d'astuce et de ruse. » A cette nouvelle, la reine
elle-même entra dans une agitation indescriptible,
elle reprochait à Iseult d'avoir eu pitié du meurtrier de son oncle et protestait qu'elle-même allait
faire prompte et roide justice. Mais Brangien, la
sage, l'avisée, se joignit à Iseult pour apaiser le courroux de la reine : « Dame, disait-elle, une seule
chose importe à cette heure : que votre fille ne soit
point livrée au sénéchal couard pour la honte et le
malheur de toute sa vie. Tristan de Loonois, puisque

c'est lui le vainqueur du dragon, vous a donné
sa foi qu'il délivrerait Iseult des prétentions du sénéchal. N'est-ce point la seule chose qui compte pour
vous présentement ? Allons d'abord au plus urgent
et, quand Aguinguerran le Roux aura été confondu
et débouté, nous chercherons un moyen, quel qu'il
soit, d'empêcher qu'Iseult ne soit donnée contre son
gré au roi Marc de Cornouailles. » La reine d'Irlande
reconnut, comme sa fille, la sagesse du conseil de
Brangien. Toutes les trois rentrèrent ensemble dans
la chambre de la reine où Tristan, sorti de son bain,
se reposait sur un lit. Iseult, sans dire une parole,
s'approcha de lui et, devant la reine et Brangien,
en signe d'accord, le baisa sur les lèvres.

Peu après, la reine et sa fille allèrent trouver le
roi et lui annoncèrent qu'elles avaient enfin découvert le vrai tueur du monstre. Iseult tint à son père
ce langage : « Sire, nous avons recueilli dans la
chambre de la reine un homme prêt à prouver
qu'il a délivré votre terre du fléau et que votre
fille ne doit pas être abandonnée à un couard et, de
surplus, à un menteur. Toutefois, sire, accordez-nous
un don. — De grand cœur, dit le roi, puisque ma
femme et ma fille s'unissent pour me le demander !
— Promettez-nous de pardonner au tueur du monstre ses torts anciens, si grands soient-ils, et de lui
accorder votre paix. » Le roi ne se hâta pas de
répondre, car il avait coutume de réfléchir longuement avant de se décider, mais il finit par dire :
« Puisque vous le voulez ainsi, je vous octroie ce
don. » Iseult s'agenouilla à ses pieds et dit : « Père,
donnez-moi le baiser de paix et de pardon, en signe
que vous le donnerez pareillement à cet homme ! »
Et le roi fit ce que voulait sa fille. Il fut convenu que

la cour du roi siégerait le lendemain matin pour entendre les affirmations contradictoires du sénéchal et du tueur du monstre.

Pendant ce temps, depuis que Tristan avait furtivement quitté son navire pour combattre le dragon, Gorvenal et les cent compagnons, privés de toute nouvelle de leur seigneur, se désolaient de l'avoir perdu et cherchaient en vain à savoir où il était passé. Tristan leur envoya secrètement Périnis, le valet d'Iseult : il devait avertir Gorvenal et les autres Cornouaillais de se rendre à l'assemblée des barons d'Irlande, tous ensemble, le lendemain, parés et armés comme il convenait aux messagers d'un riche roi.

VIII

ISEULT CONQUISE POUR LE ROI MARC

LE lendemain, lors de l'assemblée, grande fut la surprise des Irlandais à l'aspect de ces seigneurs, inconnus de tous, magnifiques et silencieux. Un à un ils entrèrent, s'assirent sur un même rang, vêtus de cendal et de pourpre. Les Irlandais disaient entre eux : « Quels sont ces hommes que nous n'avons jamais vus ? D'où viennent ces étrangers ? » Mais les cent hommes d'armes se taisaient et ne bougeaient de leurs sièges. Iseult et sa mère entrèrent à leur tour, tenant par la main leur protégé A sa vue, tous les seigneurs cornouaillais se levèrent pour le saluer et lui faire hommage comme à leur chef.

D'emblée, Iseult fit renouveler par son père le serment de pardonner à l'inconnu s'il triomphait du sénéchal, tous ses méfaits anciens, quels qu'ils fussent. Puis sans autre préambule, elle révéla que son champion était Tristan de Loonois, le meurtrier du Morholt. En dépit des clameurs hostiles que provoqua cette annonce, le roi se considéra comme lié par sa promesse et accorda à Tristan, pour l'amour de sa fille, la rémission du meurtre du Morholt; la reine elle-même s'associa à ce pardon.

Iseult s'écria : « Roi, baise cet homme sur la bouche
ainsi que tu l'as promis. » Le roi le baisa sur la bouche
et les rumeurs s'apaisèrent.

Le sénéchal fut alors introduit; il présenta au
roi la tête du dragon et offrit de prouver par bataille
le bien-fondé de sa prétention à la récompense
promise. Alors Tristan se dressa contre lui et dit
à haute voix : « Regarde, félon, cette langue : lorsque j'ai tué le dragon, je l'ai coupée à la tête que
tu exhibes ! » Puis il se tourna vers les barons assemblés : « Seigneurs, si vous ne me croyez pas, prenez
cette tête entre vos mains et regardez dans la
gueule; la langue n'y est plus. Après cela si cet
homme ne veut pas avouer qu'il ment, qu'il prenne
ses armes et se prépare à combattre contre moi !
Je lui fournirai la preuve de son mensonge. » Le
roi se fit apporter la tête du monstre, et tous virent
que la langue en avait été arrachée. Le sénéchal,
à cette vue, se troubla, perdit contenance et fut
couvert de confusion tandis que des huées s'élevaient de toute la salle. Le front bas, il avoua son
forfait; sur-le-champ, le roi lui enleva sa charge
et le bannit à jamais de sa cour.

Quand le silence se fut rétabli, Tristan prit la
parole devant tous : « Seigneurs irlandais, il est
vrai que j'ai tué le Morholt en loyal combat : il
aurait pu me tuer, mais le sort des armes m'a été
favorable. Je n'ai donc pas à me disculper devant
vous. Mais j'ai franchi la mer pour vous offrir une
belle compensation : j'ai mis mon corps en péril
de mort et je vous ai délivré du monstre qui rava-
geait vos terres et vos villes. Voici que j'ai conquis
Iseult la blonde, la belle, et que je vais la recevoir
en récompense des mains du roi son père. L'ayant

conquise, je l'emporterai sur ma nef. Mais sachez,
seigneurs irlandais, que je ne l'épouserai pas moi-
même et que la fille du roi Gormond ne sera jamais
la femme de celui qui a vaincu et tué son oncle,
le Morholt. Non point, certes, que je fasse peu
de cas d'une si haute récompense et d'un si grand
honneur que de devenir le gendre du roi Gormond !
Si je ne prends pas Iseult la blonde comme femme,
ainsi que je pourrais y prétendre comme vainqueur
du dragon, c'est que j'ai reconnu en elle la belle
aux cheveux d'or dont une hirondelle a porté l'un
des cheveux jusqu'au château du roi Marc, à Tintagel et que mon seigneur a décidé d'épouser lui-
même. Je n'ai pris la mer que pour rechercher
la belle aux cheveux d'or et j'ai juré, si je la
trouvais, de l'amener au roi Marc qui ne veut
point d'autre épouse. Il me faut donc tenir mon
serment, seigneurs irlandais, et je n'y faillirai point.
Afin que par les terres d'Irlande et de Cornouailles
se répande non plus la haine mais l'amitié, Iseult
régnera sur les plus riches terres d'Angleterre avec
le roi son époux; il n'est au monde meilleur pays
ni homme plus courtois. Voyez ici cent vassaux
de haut parage prêts à jurer sur les reliques des
saints que le roi Marc vous mande paix et amitié,
que son désir est d'honorer Iseult comme sa femme
épousée et que tous les hommes de Cornouailles
la serviront comme leur dame et reine. »

On apporta à grand'joie les reliques des saints
dans des châsses d'orfèvrerie. Les cent hommes de
Cornouailles jurèrent, la main levée sur les corps
saints, que le roi Marc épouserait Iseult la blonde
en légitime mariage et qu'ils s'en portaient tous
garants en son nom. Le roi Gormond prit sa fille

par la main et demanda à Tristan s'il la conduirait
loyalement jusqu'au roi Marc. Devant ses cent
guerriers et devant les barons d'Irlande, Tristan le
jura.

Or, telle est l'humeur changeante des femmes :
la jeune Iseult, dont les yeux rayonnaient de la
joie la plus vive quand le sénéchal quittait la
salle sous les injures des assistants, montrait maintenant un visage assombri et des traits durcis par
la colère. Elle frémissait dans son cœur de honte
et d'angoisse puisque Tristan l'avait à peine déli-
vrée du sénéchal couard qu'il dédaignait de l'épouser lui-même et l'emportait avec lui sur sa nef,
pour la livrer à un vieux roi dont elle ne savait
rien. Certes, le beau conte du cheveu d'or n'était
qu'un mensonge inventé à plaisir pour justifier
son mépris ! Mais le roi Gormond, sans se laisser
détourner de son dessein par le courroux de sa
fille, posa solennellement la main droite d'Iseult
dans la main droite de Tristan et Tristan la retint
en signe qu'il se saisissait d'elle au nom du roi
Marc : « Je veillerai sans cesse sur elle, jusqu'au
jour où je l'aurai remise, comme un fidèle déposi-
taire, à son royal époux. » Dès lors, Iseult fut consi-
dérée par tous comme la femme du roi Marc et elle
commença à porter la guimpe qui était le signe
des femmes épousées.

Durant la semaine qui suivit, la reine d'Irlande,
aidée de la fidèle Brangien, prépara le trousseau
de sa fille en vue du grand voyage nuptial qui
devait la séparer d'elle pour toujours. Elle décida
que la jeune Iseult serait accompagnée par Brangien et par Périnis, le valet attaché à sa personne. Iseult elle-même ne participait pas aux

préparatifs du voyage et de la longue traversée : morne et silencieuse, elle refusait tout entretien avec Tristan, par qui elle se jugeait offensée et méprisée. Voyant l'humeur sombre de sa fille, la reine redoutait qu'elle ne fût malheureuse au château de Tintagel avec un mari qu'elle n'aurait accepté que contrainte et forcée par la volonté de son père. L'idée lui vint de recourir à la magie pour assurer l'union des deux futurs époux. Elle prépara un breuvage puissant avec des herbes et des fleurs qu'elle cueillit elle-même dans la forêt et sur les montagnes, à certaines heures propices du jour et de la nuit; en les mêlant à du vin, elle obtint un vin herbé, qui était un philtre d'amour, capable de faire naître la passion chez l'homme et la femme qui en boiraient. Mais elle employa de tels rites et de telles formules secrètes qu'elle conféra à ce vin herbé un pouvoir inouï : celui et celle qui partageraient ce breuvage devaient s'aimer de toutes leurs forces durant une période de trois ans, à tel point qu'ils ne pourraient supporter d'être éloignés l'un de l'autre plus d'une journée sans en pâtir gravement et plus d'une semaine sans risquer d'en mourir. Puis, elle remit à Brangien le coutret, soigneusement scellé à la cire, qui contenait le philtre d'amour : « Je veux que tu accompagnes ma fille Iseult en Cornouailles, toi que j'ai élevée avec elle et qui l'as servie fidèlement pendant toute son enfance : tu resteras près d'elle au château du roi Marc, à Tintagel, et tu continueras de la servir sa vie durant. En témoignage de l'estime que j'ai pour toi, Brangien, je vais te confier un secret et une mission : prends ce coutret de vin herbé et tiens-le caché dans un coffre à l'insu d'Iseult...

C'est un breuvage d'amour que j'ai composé moi-
même pour le bonheur de ma fille et de son futur
époux : prends-le donc et n'en parle à personne. Au
soir des noces, quand les deux époux seront entrés
dans le lit nuptial, tu viendras dans la chambre et
tu présenteras à chacun d'eux une coupe de ce vin
herbé pour qu'ils la boivent en même temps, d'un
seul trait. Et veille bien à ce que nul ne boive
de ce philtre, car il pourrait en advenir de grands
malheurs ! » Brangien répondit : « Dame, il en sera
fait comme vous l'ordonnez. »

Tristan avait demandé au roi Gormond une nef
irlandaise pour convoyer la sienne jusqu'à Tintagel : c'est sur cette nef qu'Iseult prit passage avec
ses servantes et une vaste tente fut dressée pour
elles sur le pont du navire. Seul parmi les hommes, Tristan y avait accès. Quand cette nef fut
prête, tous se dirigèrent vers le port, le roi et la
reine y accompagnèrent leur fille et, quand le vent
se leva, les deux vaisseaux cinglèrent ensemble vers
la haute mer. Sur le rivage, beaucoup d'hommes
et de femmes, nés dans le même pays qu'Iseult,
pleuraient de la voir s'éloigner, car ils l'aimaient
pour sa grâce et sa beauté.

IX

LE SORTILÈGE BU

Déjà les deux nefs, fendant les vagues écumeuses, sillonnaient la haute mer. Iseult, assise à l'écart sous le pavillon des femmes, regardait la côte d'Irlande s'effacer dans la brume. Des soupirs gonflaient sa poitrine et des larmes coulaient sur ses joues. Elle se lamentait de quitter son pays natal, ses parents et ses amis, pour voguer avec des hommes inconnus, sans savoir vers quelle destinée. Tristan la consolait, aussi doucement qu'il le pouvait, chaque fois qu'il la trouvait menant son deuil. Il le faisait avec le respect qu'un vassal doit à sa dame, car, si touché qu'il fût de sa beauté, il n'avait d'autre vouloir, le fidèle, que de lui être un réconfort en sa peine. Iseult lui répondait, avec dépit : « Laissez-moi ! Eloignez-vous ! Que vous m'êtes importun ! — Pourquoi vous suis-je importun ? — Parce que je vous hais. — Belle, pour quel méfait ? — Parce que, sans vous, je serais encore libre de soucis et de peines. C'est vous seul qui m'avez mise en ce deuil par ruse et duperie. Quelle male destinée vous a envoyé pour mon malheur de Cornouailles en Irlande ? Où m'emportez-vous ? Je ne sais... — Rassurez-vous, belle Iseult, vous vivrez à grand joie, reine puissante, sur une

riche terre ! Bientôt, je vous donnerai pour seigneur
un roi en qui vous trouverez chaque jour joie
et belle vie, bien, vertu, honneur. — Je ne sais,
en vérité, pourquoi vous me faites tous ces éloges
du roi Marc, votre oncle. Peu m'importe qu'ils
soient véridiques ou inventés à plaisir. Une seule
chose compte à mes yeux : le mépris que vous
montrez pour moi. — Quel mépris ? reprit Tristan —
Pourquoi me demandez-vous ce que vous savez
parfaitement ? Mon père était prêt à me donner
à vous en récompense, vous m'avez dédaignée et,
en prenant pour prétexte la fable du cheveu d'or,
vous avez demandé ma main, non pour vous, mais
pour votre oncle. » Tristan ne sut que répondre,
car il lui semblait superflu et irritant de reprendre
une nouvelle fois par le menu l'histoire des hirondelles, du cheveu d'or et de l'engagement solennel
pris envers Marc.

Cependant, les deux nefs couraient sur la mer;
jusque-là on avait eu bon vent et bonne traversée.
Pourtant, Iseult et les femmes de sa suite n'étaient
pas habituées aux fatigues des vents et des flots
et bientôt elles éprouvèrent des malaises dont elles
n'avaient pas l'expérience. La veille de la Saint-
Jean d'été les vents tombèrent; dans un ciel sans
nuages, le soleil dans tout son éclat faisait miroiter
les vagues. Une lourde chaleur accablait les hommes. Tristan fit aborder dans une île, et, lassés de
la mer, les hommes et les femmes descendirent
à terre pour s'ébattre sous les ombrages. Iseult
préféra demeurer sous le pavillon, en compagnie
de la seule Brangien : personne d'autre ne resta
sur le navire irlandais. C'est alors que la rusée
servante, voyant la reine s'enfermer farouchement

dans sa tristesse et son dépit, s'efforça de l'en faire
sortir par d'astucieuses paroles : « Pourquoi,
consumer les heures et les jours dans un sombre
chagrin ? Pourquoi redouter et maudire d'avance
votre union avec le roi Marc ? Vous n'y pouvez
rien changer puisque votre père en a souveraine-
ment décidé : il vous convient maintenant de tirer
le meilleur parti de cette nécessité et de faire,
contre mauvaise fortune bon cœur. » Iseult parut
agacée de ces propos et répliqua, non sans vivacité :
« A quoi bon me prêcher sottement la résignation
alors que tu n'as aucun moyen d'apaiser ma souffrance et de calmer mon inquiétude ? Cesse de
m'affliger par de vaines paroles ! — Soit, reprit
Brangien, je renonce à vous conseiller, mais laissez-moi vous dévoiler un secret qui devrait rendre
le calme à votre âme. La reine, votre mère, m'avait
fait promettre de ne le révéler à personne, pas
même à vous, mais l'état de désolation où je vous
vois me contraint à vous en faire part. Je ne trouve
pas d'autre moyen d'alléger votre peine. La reine,
avant notre départ, a confié à mes soins un boire
herbé qu'elle a préparé avec toute sa science de la
magie : c'est un philtre d'amour que je verserai
au roi Marc et à vous-même quand vous serez
entrés dans le lit nuptial. Vous le boirez ensemble
et, dès que vous l'aurez bu, vous vous aimerez de
toutes vos forces et de toute votre âme, d'un amour
impérieux et sans faille. Trois ans durant vous
n'aurez pas même le pouvoir de vous séparer plus
d'un jour sans en souffrir et plus d'une semaine
sans risquer d'en mourir. Telle est la force inouïe
de ce sortilège que tout chagrin d'amour sera par
lui banni de votre cœur et que vous vivrez désor-

mais, au royaume de Cornouailles, heureuse et
comblée de tous les biens. Renoncez donc à vous
torturer puisque votre bonheur est assuré d'avance
par la force invincible du vin herbé. » Cette brusque révélation plongea Iseult dans une telle stupeur
qu'elle demeura longtemps sans parler, absorbée
dans ses pensées, mais elle reprit finalement, avec
la même vivacité de ton : « Tu te fais de grandes
illusions si tu crois que je vais boire ce vin herbé
dont tu viens de m'apprendre l'existence, et le
partager avec le roi Marc au soir de mes noces.
Tu pourras bien nous le présenter, comme ma
mère te l'a ordonné; pour ma part, je ne lui ai
rien promis et elle ne m'a rien demandé. Je ne suis
donc pas tenue de boire cette liqueur magique et
je ne la boirai pas. Si je la partageais avec le roi
Marc, je me ferais la complice des manœuvres tor-
tueuses de Tristan. Non ! je n'entrerai pas dans
son jeu, je ne me plierai pas à ses volontés ! Le
roi Marc boira ce vin herbé sans nulle méfiance
quand tu le lui offriras, mais je t'en préviens : si
j'approche la coupe de mes lèvres, je n'en boirai
pas une seule goutte. Le sortilège n'aura aucun
effet sur moi. » Brangien lui repartit : « Dites-
moi, Iseult, si Tristan vous avait demandée pour
lui-même à votre père et s'il vous avait obtenue de
lui, auriez-vous accepté de boire le philtre d'amour
que votre mère m'aurait sans doute confié pareillement pour la nuit des noces ? C'est une chose que
je veux savoir : ne me la cachez pas ! » Iseult
balança un long moment, puis elle lui dit : « Je ne
puis te répondre ni oui ni non. Tu m'excèdes
par tes questions. Laisse-moi seule en paix ! » La
servante s'éloigna alors, mais elle savait désormais

que l'aversion apparente d'Iseult pour Tristan pro-
cédait, sans qu'elle en eût conscience, d'un désir
amoureux inavoué et déçu.

Peu après, voyant qu'Iseult était restée sur le
navire et refusait de prendre part aux divertissements sur l'île, Tristan vint sous son pavillon pour
la saluer et lui rendre visite. Comme, assis côte
à côte, ils échangeaient quelques propos, ils eurent
soif l'un et l'autre et se le dirent. Iseult appela
Brangien et lui commanda d'apporter du vin. Celle-
ci se hâta de gagner l'angle du pavillon où les
marins irlandais avaient déposé les coffres d'Iseult
et de sa suite. Dans l'un d'eux, elle prit le précieux
flacon, reconnaissable entre tous, où la reine d'Irlande avait versé le vin herbé. A cet instant, le
visage de la jeune fille s'éclaira d'un sourire furtif :
elle tenait en ses mains le plus sûr moyen de faire
naître l'amour en Tristan et de le lier à Iseult
pour toujours. Brangien déposa le flacon avec
une coupe d'argent ciselé sur une table à laquelle
Iseult s'était accoudée et elle lui dit d'un air
riant : « Reine Iseult, prenez ce breuvage qui a
été préparé en Irlande pour le roi Marc ! » Iseult
ne répondit pas et laissa faire la servante. Quant à
Tristan, il crut qu'il s'agissait d'un vin de choix
offert en cadeau au roi Marc. En homme courtois
et bien appris, il versa de ce breuvage dans la coupe
et le tendit à Iseult qui en but à sa soif. Quand elle
eut posé la coupe encore moitié pleine, Tristan la
saisit et la vida jusqu'à la dernière goutte.

Dès que les deux jeunes gens eurent bu de ce
vin, l'amour, tourment du monde, se glissa dans
leurs cœurs. Avant qu'ils s'en fussent aperçu, il les
courba tous deux sous son joug. La rancune d'Iseult

s'évanouit et jamais plus ils ne furent ennemis. Ils se sentaient déjà liés l'un à l'autre par la force du désir, et pourtant ils se cachaient encore l'un de l'autre. Si violent que fût l'attrait qui les poussait vers un même vouloir, ils tremblaient tous deux pareillement dans la crainte du premier aveu.

Quand Tristan sentit l'amour s'emparer de son cœur, il se souvint aussitôt de la foi jurée au roi Marc, son oncle et son suzerain, et il voulut reculer : « Non, se disait-il sans cesse, laisse cela, Tristan, reviens à toi, n'accueille jamais un dessein aussi déloyal. » Il songeait aussi : « Audret, Denoalan, Guenelon et Gondoïne, félons qui m'accusiez de convoiter la terre du roi Marc, ah ! je suis plus vil encore et ce n'est pas sa terre que je convoite. Bel oncle, qui m'avez recueilli orphelin avant même de reconnaître le sang de votre sœur, vous qui me pleuriez tandis que Gorvenal me portait dans la barque sans rames ni voile, que n'avez-vous, dès le premier jour, chassé l'enfant errant venu pour vous trahir ! » Mais son cœur le ramenait sans relâche à la même pensée d'amour. Souvent, il rassemblait son courage, comme fait un prisonnier cherchant à s'évader, et il se répétait : « Change ton désir, aime et pense ailleurs ! » Mais le lacet du veneur le serrait de plus en plus. Quant à Iseult, toute sa pensée n'était plus que l'amour de Tristan. Jusqu'au déclin du jour, durant de longues heures, ils se cherchèrent à tâtons comme des aveugles, malheureux quand ils gardaient le silence et languissaient séparés, plus malheureux encore quand, réunis, ils reculaient devant l'ivresse du premier baiser.

Iseult parla la première et de manière bien

féminine : c'est par de longs détours qu'elle s'approcha peu à peu de son ami : « Ah ! quand s'est
présentée l'occasion si propice de vous frapper
dans le bain, quand j'ai laissé retomber l'épée déjà
brandie, Dieu ! qu'ai-je fait ? Ce que je sais aujour-
d'hui, si je l'avais su alors, par ma foi je vous aurais
tué ! — Pourquoi, dit-il, belle Iseult ? Qu'est-ce
donc qui vous tourmente ? — Tout ce que je sais me
tourmente; tout ce que je vois me fait mal; le
ciel et la mer me tourmentent et mon corps et
ma vie. » Elle se pencha et appuya son bras sur
lui : ce fut sa première hardiesse. Ses yeux clairs
comme des miroirs s'embuèrent de larmes furtives,
sa poitrine se gonfla, ses douces lèvres frémirent,
elle inclina la tête. Il lui dit à voix basse : « Iseult,
vous seule et l'amour m'avez bouleversé et m'avez
pris mes sens. Me voici sorti de la route et si bien
égaré que jamais plus je ne la retrouverai. Tout
ce que mes yeux voient me semble sans prix.
Dans tout ce monde, rien n'est cher à mon cœur,
vous seule exceptée. » Iseult dit : « Seigneur, tel
êtes-vous pour moi. » Dans leurs beaux corps fré-
missaient la jeunesse et la vie. Alors que des feux
de joie s'allumaient dans l'île et que les marins
dansaient en chantant autour des flammes rou-
geoyantes, les deux ensorcelés, renonçant à lutter
contre le désir, s'abandonnèrent à l'amour.

Brangien, après avoir servi le vin à Iseult, avait
rejoint dans l'île les autres suivantes de la reine,
mais sa pensée était ailleurs. Quand elle revint
sur la nef irlandaise, elle vit sur un banc, à la
clarté des étoiles, le flacon de vin qu'Iseult y avait
laissé. Prenant alors le coutret, plus qu'à moitié
vide, elle courut le cacher à nouveau dans le coffre

où elle l'avait pris. C'est alors qu'elle distingua,
dans la pénombre, Iseult étendue sur son lit et Tristan qui la tenait entre ses bras. Elle feignit alors
la plus profonde surprise et poussa un grand cri,
comme si elle n'avait pas prévu et voulu ce qui
arrivait. Pour mieux abuser Tristan, elle se lamenta
à si haute et si dolente voix que le plus insensible
en aurait été touché : « Malheureux, arrêtez-vous
et revenez en arrière, si vous ' le pouvez encore !
Mais non, je le vois bien, par ma fatale méprise,
la force de l'amour vous entraîne ! C'est le vin
herbé qui vous possède, le breuvage que la reine
d'Irlande m'avait confié lors de notre départ. Seuls
le roi Marc et Iseult devaient le boire au soir de
leurs noces. Le diable s'est joué de moi et c'est à
vous deux que j'ai versé ce philtre magique quand
vous ne demandiez qu'à étancher votre soif. Par
ma faute vous avez puisé l'un et l'autre, dans le
hanap d'argent, l'ivresse et les tourments de l'amour. »
Mais les amants, tout absorbés par leurs mutuel-
les caresses, ne lui répondaient pas.

Sur ces entrefaites, Gorvenal, qui avait pris part
aux réjouissances des matelots, était revenu sur le
navire irlandais où il savait que Tristan tenait
compagnie à Iseult. Il se tenait devant le pavillon
des femmes au moment où Brangien confessait
aux amants sa prétendue méprise. Ainsi, le fidèle
écuyer de Tristan fut le seul avec Brangien à
connaître dès ce soir-là le secret du boire herbé
et l'amour qu'il avait fait naître entre Tristan et la
fille du roi d'Irlande. Nul n'en fut informé parmi
les marins des deux navires et aucune des femmes
irlandaises qui accompagnaient Iseult n'en eût le
moindre soupçon.

LA NUIT DE NOCES DU ROI MARC

Le lendemain de la Saint-Jean d'été, les deux navires remirent à la voile et voguèrent à nouveau
vers la Cornouailles. Les amants n'avaient aucune
peine à se rencontrer jour et nuit, mais leur joie
était mêlée d'inquiétude, car ils redoutaient que
leur secret ne fût surpris. Si le roi Marc venait à
découvrir leur faute, il ne manquerait pas de leur
infliger un châtiment inexorable. « Quand le roi
s'apercevra que je ne suis plus vierge, disait Iseult,
je subirai la peine que les lois de nos peuples
réservent à la femme adultère et qui est la même
que pour un traître : je serai brûlée vive et mes cendres seront dispersées aux quatre vents du ciel. »
Tristan lui répondait : « Et quand le roi Marc
s'en apercevra, il me tiendra assurément pour le
seul coupable possible, puisque j'avais pris l'engagement, en vous recevant des mains de votre père,
de veiller durant tout le voyage sur la sécurité
de votre personne et sur l'intégrité de votre corps !
Je puis donc, belle amie, redouter autant que vous
la colère de mon oncle et, si vous devez périr de
male mort, nous périrons ensemble. »

Alors que son cœur était agité de toutes ces

craintes et de mille pensées contradictoires, Iseult
eut l'idée d'une ruse pour cacher au roi sa faute.
Elle s'avisa de demander à Brangien, qui était
vierge encore, de prendre en secret et en silence
sa place dans le lit du roi au soir de la nuit des
noces. Les amants supplièrent Brangien avec tant
d'insistance qu'elle finit par vaincre ses répugnances :
elle se résigna à faire selon leur désir. Iseult lui
promit en échange de belles récompenses et qu'elle
vivrait à jamais près d'elle en grand honneur. Brangien ajouta : « Il est juste que je vous obéisse et
que je me soumette à votre volonté, car c'est moi
qui ai causé votre faute et je suis responsable de
la mort qui vous menace si votre forfait est découvert. Disposez donc de moi selon votre bon plaisir. »

Tout à coup retentirent les cris des mariniers :
« Terre ! Terre ! » A l'horizon, les côtes de la
Cornouailles étaient en vue et tous étaient heureux
de toucher au terme du voyage, hormis Iseult qui
appréhendait plus que tout de se trouver en face
du roi Marc, et Tristan, car, s'il avait été le maître
de sa destinée, il aurait vogué sans fin sur les
flots avec celle qui était désormais son charme
et sa joie.

Quand les deux navires furent entrés dans le
port de Tintagel, Tristan envoya aussitôt un
messager au château du roi Marc pour lui annoncer
que son neveu avait obtenu pour lui la main
d'Iseult la blonde, la belle aux cheveux d'or, et
qu'il la lui amenait. Le roi se réjouit fort à cette
nouvelle et vint, à la tête d'un brillant cortège,
accueillir son épouse sur le port. Tristan la prit
par la main et l'amena devant le roi qui la saisit
à son tour par la main en disant : « Belle, je vous

prends à cette heure pour femme et pour compagne,
comme Tristan, mon neveu et mon messager,
vous a reçue en mon nom des mains de votre
père. » Lorsqu'elle fut introduite dans la grand
salle du palais, au milieu de tous les vassaux, Marc
prit la parole : il loua les hirondelles qui, par
un merveilleux présage, lui avaient apporté le
cheveu d'or; il loua Tristan et les cent vassaux
qui, sur la mer aventureuse, étaient allés lui quérir
la joie de ses yeux et de son cœur.

A quelques jours de là, en présence du clergé
et de tous les barons, il célébra ses épousailles avec
la jeune Iseult. Quand le soir fut venu, l'épousée
quitta la salle du festin en compagnie de Brangien,
sa servante, et elles s'en vinrent, suivies de Tristan, jusqu'à la chambre du roi. Là, Brangien,
pour accomplir sa promesse, entra, dévêtue, dans
le lit, à la place d'Iseult et attendit patiemment la
venue du roi tandis qu'Iseult elle-même se retirait.
Alors Tristan retourna à la salle du festin où il
trouva Marc fort gai et quelque peu troublé par
les vapeurs du vin. L'ayant conduit à l'entrée de
la chambre royale, il dit au roi que la coutume
d'Irlande était d'éteindre toutes les lumières à
l'instant où l'époux rejoignait l'épouse dans le
lit nuptial. « Cette coutume est bonne et belle,
répondit Marc, qu'il en soit fait ainsi ! » Tristan
s'empressa d'éteindre tous les flambeaux et accompagna le roi jusqu'au lit où Brangien reposait
déjà. Elle était du même âge et de la même taille
qu'Iseult. Le roi s'étendit auprès de Brangien, la
prit entre ses bras, la pressa, nue, sur sa poitrine et, la
déflora.

Pendant ce temps, Iseult attendait dans l'ombre,

prêtant l'oreille, anxieuse et craignant que la ruse
ne fût découverte. Au bout d'une heure ou un
peu plus, le roi, étourdi par la boisson, s'endormit
profondément. Alors Brangien se laissa glisser peu
à peu hors de la couche et Iseult prit sa place avec précaution pour ne pas troubler le dormeur. Quand le
roi s'éveilla, vers le milieu de la nuit, il demanda
si l'on ne servirait pas aux nouveaux époux une
coupe de vin pour les réconforter, comme c'était
la coutume de ce temps-là. Brangien qui avait
prévu cette requête, s'empressa d'apporter une
coupe où elle avait versé ce qui restait de vin
herbé dans le flacon que la reine d'Irlande lui
avait confié. Marc, assis sur le lit, reçut la coupe
des mains de Brangien et en but la moitié, puis
il la passa à Iseult pour qu'elle en bût à son
tour, mais sans être vue de son époux, elle versa
sur le sol le vin herbé qui restait dans la coupe.
Pas une goutte, cette fois-là, n'effleura ses lèvres.

Quand Brangien se fut retirée en éteignant à
nouveau les lumières, aussitôt le philtre opéra sur
le roi. Une ardeur nouvelle réchauffa son cœur,
un frisson parcourut ses membres. Il tendit les
bras vers Iseult et l'enlaça. Le roi ne s'aperçut pas
qu'il étreignait, à l'approche du matin, une autre
compagne que celle qu'il avait tenue entre ses
bras aux premières heures de la nuit. Iseult, de
son côté, se montra docile au plaisir du roi. Comme
elle s'entendait à feindre, elle répondit à ses caresses; lui-même lui prodigua tant de tendresse que
la reine en conçut de la joie. Ils se divertirent à
maints propos agréables et plaisants; la nuit s'acheva
dans la gaieté.

Par la suite, Iseult se montra animée et joyeuse;

le roi l'aimait; riches et pauvres la louaient et l'honoraient. Aussi souvent qu'elle pouvait, elle revoyait en secret Tristan, mais comme elle était constamment placée sous sa garde, nul, dans les premiers temps de son mariage, ne conçut le plus léger soupçon.

XI

BRANGIEN LIVRÉE 'AUX SERFS

Iseult est reine et semble vivre en joie : elle a la
tendresse du roi Marc, les barons l'honorent et le
menu peuple la chérit. Elle passe le jour dans la
chambre des femmes, richement peinte et jonchée
de fleurs; elle a de précieux joyaux, des draps de
pourpre et des tapis venus de Thessalie. Iseult,
surtout, a ses vives, ses belles amours et Tristan
auprès d'elle à loisir, le jour et la nuit, car, ainsi
que le voulait la coutume chez les seigneurs de
ce temps-là, il couche dans la chambre du roi,
parmi les privés et les fidèles. Plusieurs mois
s'écoulèrent sans que personne ne soupçonnât les
amours de la reine : seuls, Brangien et Gorvenal
étaient dans le secret. Tristan savait qu'il pouvait
compter sur la discrétion sans faille de son fidèle
écuyer. Iseult était moins sûre du silence de Brangien; il lui arrivait de craindre qu'à la suite d'une
brouille, la servante ne laissât échapper des paroles
imprudentes et n'éveillât les soupçons du roi Marc
ou de son entourage. Brangien savait la vie de
la reine, Brangien la tenait à sa merci. Ainsi, la
peur affole la reine et voici qu'une idée monstrueuse
germe en son esprit, s'y installe et ne le quitte

plus : « Que Brangien disparaisse et je n'aurai plus rien à craindre ! »

Un jour que le roi Marc et Tristan chassaient au loin, Iseult fit venir deux serfs, qui étaient des forestiers du roi. Elle leur promit, s'ils la servaient docilement, de les affranchir et de leur donner tel poids d'or qu'ils pourraient vivre désormais sans souci. Tentés, ils se déclarèrent prêts à faire ce que la reine ordonnerait. « Voici, leur dit-elle, ce que j'attends de vous. J'ai ici une jeune fille qui m'a fait du tort et mérite un châtiment. Vous l'emmène-rez dans la forêt et vous la percerez de vos épieux; après quoi vous couperez sa langue et me l'appor-terez en signe certain de sa mort. Vous pouvez être assurés de ma générosité, vous recevrez, en plus de votre liberté, au moins soixante sous d'or. » Telle est la peur d'Iseult de perdre son amour qu'elle en devient cruelle et sans pitié. Puis elle feint d'être malade et commande à Brangien d'aller chercher, pour soulager son mal, des her-bes salutaires dans la forêt; elle lui donne les deux serfs pour la guider et la protéger de tout danger.

Brangien s'en fut donc avec les serfs et ils che-minèrent tant qu'ils parvinrent au plus profond des bois. L'un des serfs marchait devant elle, l'autre la suivait. Soudain, celui qui allait devant bran-dit son épieu comme pour l'en frapper. Brangien, ne pouvant ni avancer ni reculer, se mit à trem-bler de tous ses membres. Elle cria aussi haut qu'elle put, joignit les mains et conjura le serf de lui dire pour quel crime, pour quel méfait, elle allait être tuée. Le serf répondit : « Je l'ignore en vérité et c'est à toi de me l'apprendre : dès que tu me

l'auras appris, je te percerai de mon épieu. Qu'as-
tu donc fait à la reine Iseult pour qu'elle t'ait
destinée à une telle mort ? » Brangien répondit :
« Au nom de Dieu, laissez-moi vous confier
une chose avant ma mort, car je veux faire porter
un message à la reine Iseult. Lorsque vous m'aurez
massacrée, je vous en supplie, déclarez-lui que je n'ai
jamais commis aucun méfait à son égard hormis
un seul : quand nous partîmes d'Irlande, la
reine, sa mère, nous donna à chacune, pour notre
nuit de noces, une chemise, blanche comme neige.
Iseult revêtit la sienne dès le jour du départ.
Moi qui n'étais qu'une pauvre fille, achetée tout
enfant à des pirates norvégiens, j'ai conservé la
mienne de mon mieux. Iseult, à cause de la grande
chaleur, ne portait sur sa chemise qu'une tunique,
si bien qu'elle la déchira par mégarde. Au moment
de débarquer à Tintagel pour y épouser le roi
Marc, elle me supplia de lui prêter ma chemise
pour entrer dans le lit du roi car la sienne n'était
plus aussi blanche ni aussi intacte qu'il convenait.
J'avoue qu'il m'en coûta d'accéder à sa prière,
car, toute pauvre que je suis, j'aurais voulu conserver cette chemise pour moi-même. C'est pourquoi,
avant de lui céder, je me suis fait prier : cette
brève hésitation est la seule chose qu'Iseult puisse
me reprocher. Je sais, en mon âme et conscience,
que je n'ai commis nulle autre faute à son encontre.
Saluez-la donc au nom de Dieu et au mien, et
dites-lui que je la remercie pour tout le bien et tout
l'honneur qu'elle m'a fait depuis mon enfance
jusqu'à ce jour. Que Dieu, en sa bonté, la garde,
qu'il protège son corps et sa vie et que ma mort
lui soit pardonnée ! Je recommande à Dieu mon

âme. Quant à mon corps, il est à ta discrétion : tu peux frapper maintenant ! »

Les deux hommes se regardèrent l'un l'autre, émus par les larmes qui coulaient des yeux de la servante. Tous deux étaient pris de remords et s'en voulaient d'avoir promis d'accomplir ce meurtre. Ne pouvant rien découvrir en elle qui parût mériter la mort, ils tinrent conseil et tombèrent d'accord qu'il fallait lui laisser la vie. Ils attachèrent donc la fidèle Brangien à un arbre, bien au-dessus du sol pour empêcher les loups de se saisir d'elle et de la dévorer; ils espéraient, dans leur compassion et la droiture de leur cœur, pouvoir revenir plus tard la délivrer. Alors, ils trouvèrent dans les fourrés un lièvre qui s'était pris dans un piège; ils le tuèrent et lui coupèrent la langue pour la rapporter à la reine.

Quand Iseult les vit de retour, elle leur demanda aussitôt avec anxiété : « A-t-elle parlé avant de mourir ? — Oui, reine, elle a parlé. Elle a dit que vous étiez irritée contre elle pour l'unique offense qu'elle vous ait faite. Vous avez déchiré sur la mer une chemise blanche comme neige que vous apportiez d'Irlande, elle a hésité à vous prêter la sienne pour le soir de vos noces. C'est, disait-elle, son seul crime. — N'en a-t-elle pas dit davantage ? — Non, reine, elle vous a rendu grâces pour tous les bienfaits reçus de vous dès l'enfance, elle a prié Dieu de protéger votre corps et votre vie. Elle vous mande salut et amour. Reine, voici sa langue que nous vous apportons. » Iseult entra alors dans une violente colère : « Assassins, qui donc vous a dit de la tuer ? Rendez-moi Brangien, ma chère servante ! Ne saviez-vous pas qu'elle était

ma seule amie ? — Reine, répondit l'un des serfs,
on dit justement que femme change en peu de
temps. Nous l'avons tuée parce que vous nous
avez commandé de le faire — Misérables ! n'avez-
vous pas vu que je parlais sous l'effet de la colère ?
Ne deviez-vous pas longuement réfléchir et remettre à plus tard ? Hélas ! elle était ma chère compagne, la douce, la fidèle, la belle ! Je veux venger
sur vous sa mort. Je vous ferai écarteler par des
chevaux et brûler vos membres sur un bûcher si
vous ne me la rendez saine et sauve et telle que
je vous l'avais confiée ! » L'un des serfs répondit :
« Ma foi, reine, vous changez aisément de pensée.
Il n'y a pas même deux heures, vous nous ordon-
niez de la tuer, voici maintenant que vous voulez
nous perdre pour l'amour d'elle ! A dire vrai,
dame, votre servante est encore vivante, car nous
n'avons pas eu le courage de faire périr cette inno-
cente par crainte d'encourir les châtiments de Dieu !
Avec votre permission, nous vous la rendrons bientôt saine et sauve. » La reine permit à l'un des
serfs d'aller chercher Brangien dans la forêt et
fit garder l'autre étroitement afin de se venger sur
lui si son compagnon ne ramenait pas la jeune
fille.

Quand Brangien reparut au palais avec le forestier qui venait de la détacher de l'arbre, elle s'agenouilla devant la reine, lui demandant de lui pardonner ses torts; mais la reine était aussi tombée
à genoux devant elle, et toutes deux restèrent longuement embrassées. Jamais plus, depuis cet instant, la reine Iseult ne conçut le moindre doute
sur la fidélité de sa chère Brangien.

XII

LA JALOUSIE DE KARIADO

Tristan aimait Iseult d'amour immuable; elle, pareillement. Ils menaient leur vie en même guise, courtoise et avenante, et leur amour était de telle force qu'ils ne semblaient avoir qu'un cœur et une âme. Plusieurs, à la cour, le remarquèrent et il en fut parlé; mais personne ne savait les choses en toute assurance et l'on n'en disait rien que par ouï-dire.

Tristan avait pour compagnon et pour pair un vassal de noble famille nommé Kariado qui était de son âge et dont il partageait souvent le logis à l'intérieur du château de Tintagel. C'était un fidèle du roi Marc, toujours attentif à lui plaire, mais il enviait les faveurs dont il comblait son neveu. Or, une nuit qu'ils reposaient ensemble dans le même lit, dès que Kariado fut endormi, Tristan s'esquiva d'auprès de lui et sortit. Il était tombé de la neige et la lune brillait si clair qu'on se fût cru en plein jour. Tristan vint à la clôture du verger qui se trouvait sous la chambre des femmes : il écarta l'une des planches de la palissade par où il avait coutume de pénétrer. Brangien le prit par la main et le conduisit vers la reine

Iseult. D'une corbeille à recueillir les cendres,
elle fit un écran pour masquer la clarté du cierge
et dissimuler les ébats des amants. Puis, elle retourna
se coucher, oubliant de fermer la porte de la
chambre.

Cependant, Kariado eut un songe : il vit un
sanglier énorme s'élancer de la forêt, gueule béante;
il aiguisait ses défenses et se démenait si terriblement qu'il semblait vouloir tout ravager. L'animal
s'élança vers le château. Personne parmi les barons
de Marc n'osa lui tenir tête. Le sanglier courut
en grognant par le palais jusqu'à la chambre du
roi. Il franchit les portes, s'y précipita, déchira
et souilla de l'écume de sa gueule le lit de Marc
et ses ornements. Plusieurs hommes vinrent alors
à la rescousse, mais le roi lui-même n'osait rien
faire.

Kariado s'éveilla, angoissé par ce qu'il avait vu
et qu'il avait cru d'abord être vérité. Mais bientôt,
reconnaissant que ce n'était qu'un songe, il fut
curieux de savoir ce qu'il pouvait signifier. Il appelle
Tristan, son compagnon, pour lui en faire part.
Il tâte dans le lit et ne le trouve pas. Il se lève,
va à la porte et s'aperçoit qu'elle est ouverte.
Il suppose que Tristan est sorti cette nuit pour se
divertir en quelque lieu; mais pourquoi s'est-il
éloigné si mystérieusement, sans que l'on pût remarquer son départ, sans qu'il ait confié à personne
où il voulait aller ?

Kariado aperçoit la trace des pas sur la neige
et suit aisément cette piste car la lune donnait
pleine lumière. Parvenu au verger, il voit l'ouverture de la palissade par où Tristan s'était introduit.
Il arrive à la porte de la chambre des femmes et il

la trouve ouverte. Il lui vient en l'esprit que Tristan
est entré là pour l'amour de quelque servante;
mais dans le moment même où il s'arrête à cette
pensée, une autre le saisit : Tristan est entré là
pour l'amour de la reine. Enfin, Kariado entre dans
la chambre en grand silence et n'y trouve aucune
clarté : le cierge allumé ne donne qu'une faible
lueur, car la corbeille le recouvre. Kariado pénètre
plus avant, tâtant des mains les murs et les parois;
il fait tant qu'il parvient près du lit de la reine,
entrevoit que les amants y gisent ensemble et décou-
vre d'un coup tout le mystère. Il quitte la chambre
et s'en va, puis il se recouche plein de souci.
Bientôt Tristan revint à son tour et monta très
doucement dans le lit. Il garda le silence et l'autre
se tut, aucun ne souffla mot, ce qui leur était rarement advenu; ils n'étaient pas accoutumés à une
telle défiance. Tristan s'aperçut bientôt de cet
éloignement et comprit que Kariado soupçonnait
quelque chose en son cœur. Désormais, il surveilla
mieux ses faits et ses propos, mais trop tard, son
secret était dévoilé.

Le lendemain, Kariado prit le roi à part et lui
dit : « Sire, l'on conte à la cour, au sujet de Tristan et d'Iseult, maintes choses qui ne feraient
guère honneur à votre pays et à vos hommes. Je
vous avertis d'y prendre garde et d'y réfléchir :
il y va de votre repos et de votre honneur. »
Marc, le plus fidèle des hommes et le meilleur,
Marc le simple, s'étonna grandement : il se refusait
à obscurcir, fût-ce du plus léger soupçon, l'étoile
de sa joie, Iseult. Pourtant, il porta ses choses en
son cœur avec peine et douleur et fut désormais
aux aguets pour voir s'il pourrait découvrir quelque

indice. Il épiait sans cesse les actes et les paroles
de la reine, mais sans rien surprendre, car Tristan
avait mis Iseult sur ses gardes et l'avait avertie
des soupçons et de la jalousie de Kariado.

Enfin, le roi se résolut à éprouver la reine. Une
nuit qu'il reposait auprès d'elle, il lui dit avec une
feinte tristesse : « Dame, je veux faire un pèlerinage,
voyager hors de ma terre et, pour mon salut, visiter les lieux saints. Mais je ne sais à qui remettre
la garde de mon royaume. Que me conseillez-
vous ? Dites-moi sous quelle sauvegarde vous voulez
demeurer et je suivrai votre conseil. » Iseult répondit : « Comment pouvez-vous être en doute sur le
meilleur parti ? Qui doit me protéger sinon mon
seigneur Tristan ? Le mieux séant me semble être
que je sois mise en sa sauvegarde. Il peut défendre
votre terre et prendre soin de votre cour. Il est
le fils de votre sœur; il saura s'efforcer de maintenir
partout votre honneur et, par son service fidèle,
à la satisfaction de tous, il fera bonne garde sur
votre royaume. » Le roi fut troublé de ces paroles :
il s'en fut au matin vers Kariado et lui rapporta
son entretien avec la reine. Kariado lui répondit :
« Vous pouvez le reconnaître maintenant aux propos de la reine : elle aime Tristan d'un tel amour
qu'elle ne peut plus dissimuler. Il est étrange
que vous veuilliez supporter si longtemps une telle
honte et que vous ne chassiez pas Tristan loin de
vous. » Mais le roi demeurait hésitant et incertain
et ne se décidait pas encore à tenir pour vérité ce
que Kariado lui disait de Tristan.

Pendant ce temps, Iseult se leva, appela Brangien
et lui dit : « Belle amie, sache que j'ai appris une
bonne et très douce nouvelle : le roi veut faire un

voyage hors de son pays. Je dois, dans l'intervalle, demeurer sous la garde de Tristan, et nous prendrons ensemble plaisir et joie : s'en offense qui voudra ! — Dame, dit Brangien, d'où tenez-vous cette nouvelle et qui vous l'a dite ? » Iseult lui rapporte son entretien de la nuit avec le roi. Aussitôt Brangien reconnut la folie de la reine et lui dit : « Vous ne savez pas feindre ! Le roi vous a éprouvée et bien découverte, car vous ignorez l'art de dissimuler vos secrètes pensées. C'est Kariado qui a tout machiné avec le roi pour que vous vous trahissiez vous-même : il n'est pas malaisé de deviner, à le bien observer, qu'il est secrètement amoureux de vous et jaloux de Tristan. » Brangien donna des conseils à la reine et lui enseigna les propos qu'elle pourrait tenir au roi afin de se tirer de ce mauvais pas.

De son côté, sur le conseil de Kariado, le roi tenta d'éprouver Iseult une seconde fois. La nuit suivante, il la pressa tendrement contre son cœur et lui donna des baisers. « Amie belle, dit-il, rien ne m'est plus profondément cher que vous; et la pensée que nous allons nous séparer, Dieu qui est au ciel le sait bien, me ravit tout mon sens. » Mais elle vit aussitôt qu'il voulait l'éprouver comme il avait déjà fait. Elle dissimula à son tour et se mit à soupirer du plus profond du cœur : « Malheureuse, je suis née pour la peine et la douleur ! — Belle amie, demanda le roi, qu'avez-vous et pourquoi ces larmes ? » Iseult répondit : « Il y a bien des raisons à mes soucis, à mes peines intolérables, si vous ne voulez les alléger. J'avais cru que ce que vous m'aviez dit la nuit dernière n'était que plaisanterie et que vous prétendiez, par simple jeu,

vouloir voyager hors de votre pays. Je comprends
maintenant que vous parliez sérieusement. Malheureuse la femme qui aime si ardemment un homme !
Aucune femme ne devrait plus se fier à aucun
homme si vous voulez me quitter et m'abandonner
ici. Où me laisserez-vous ? Et lequel de vos fidèles
me protègera ? Pour l'amour de vous, j'ai quitté
tous mes soutiens : père et mère, parents et amis.
Jamais je ne trouverai consolation, ni le jour ni la
nuit, si je suis privée de votre amour. Par le nom
de Dieu, restez ou laissez-moi, chétive, partir avec
vous ! » Le roi Marc répondit : « Je ne veux pas
vous laisser seule, dame, puisque Tristan, mon
neveu, doit vous protéger et vous servir en toute
amitié et bienséance. Il n'est personne en mon
royaume que j'aime autant que lui, pour la grande
courtoisie avec laquelle il vous sert. — Je suis
bien malheureusement tombée, dit Iseult, si c'est
lui qui doit me protéger et me tenir sous sa garde !
Je sais ce qu'il faut penser de son empressement
à me servir et de ses bons sentiments : ce n'est
que fausseté et belles paroles. Il feint d'être mon
ami parce qu'il a tué mon oncle, et il me flatte
pour que je ne me venge pas de lui. Il peut pourtant tenir ceci pour certain : tous ses beaux semblants ne peuvent me consoler de la grande douleur,
de la honte et du tort qu'il a causés à moi et à ma
parenté. S'il n'était votre neveu, il y a grand temps
que je lui aurais fait éprouver ma colère. Je voudrais
ne jamais le voir, ne jamais lui parler. Mais c'est
un adage bien connu : un trait répréhensible
et commun chez les femmes est qu'elles n'aiment pas
les parents de leurs maris et qu'elles ne peuvent
les souffrir, ni jour ni nuit, auprès d'elles. J'ai

donc voulu écarter de moi ce blâme, et j'ai agréé
ses beaux semblants et son service. Mais je ne
veux plus désormais être abandonnée à son pouvoir. Je vous supplie plutôt, sire, de me laisser
partir avec vous. » Elle sut si bien abuser le roi
par ses paroles qu'il laissa tomber toute sa colère.
Il s'en fut trouver Kariado et lui assura qu'il n'y
avait nul amour entre la reine et Tristan. Mais
Kariado prit soin d'enseigner au roi, par grande
ruse, ce qu'il devait dire à Iseult pour l'éprouver
une troisième fois.

Donc, la nuit venue, Marc dit à la reine : « Mon
départ est chose bien arrêtée. Vous resterez sous
la garde de mes plus hauts hommes et de mes amis
qui vous serviront à grand honneur selon vos désirs
et comme il sied à votre rang. Mais puisqu'il ne
vous agrée pas que mon neveu Tristan vous offre
son service, je veux, par amour pour vous, le bannir
de ce pays. — Sire, répliqua Iseult, il ne faut pas
agir aussi durement. On irait disant que je vous
ai poussé à cette extrémité et que je haïssais votre
neveu pour le meurtre du Morholt. Par là, j'atti-
rerais sur moi le blâme. Or, je ne veux pas que
pour l'amour de moi vous preniez vos parents en
haine. Je ne suis qu'une femme : si une guerre éclate,
les ennemis auront vite fait de m'enlever votre
terre, car je n'ai pas la force de la défendre. Et
l'on ne manquera pas de dire que si j'ai fait chasser
Tristan, le plus fort soutien de votre pays, c'est
que je l'ai haï de si male haine qu'il ne pouvait
plus demeurer près de moi. Choisissez donc entre
ces deux partis : laissez-moi vous accompagner ou
bien laissez-lui la garde et la défense de votre terre. »

Ces paroles d'Iseult ranimèrent les doutes et les

soupçons qui torturaient le roi Marc. Pourtant, guidée par Brangien la sage, qui s'entendait à réparer les maladresses de sa maîtresse, celle-ci échappa encore au danger. Payant son seigneur de propos décevants, le flattant de vaines promesses, elle sut le persuader que Tristan ne lui était rien et qu'il fallait imputer à la seule médisance les accusations dont il s'était ému. Le roi Marc était trop épris de sa belle épouse pour douter de sa bonne foi. Kariado en prit son parti et renonça pour un temps à ses accusations contre Tristan. Cependant la jalousie s'était emparée de son cœur et il n'attendait plus qu'une occasion propice pour éloigner Tristan de la reine.

XIII

LA HARPE ET LA ROTE

Un jour que Tristan était parti à la chasse en
forêt avec Gorvenal et ses compagnons, une grande
et belle nef aborda au port de Tintagel. Un baron
d'Irlande la montait, la nef lui appartenait, et tout
ce qu'elle portait. Il était orgueilleux et avide
d'honneurs. Il chevaucha jusqu'à la cour de Marc
sur un destrier bien harnaché et paré, sans écu
ni lance, mais il portait sur le dos une harpe tout
incrustée d'or. Il salua d'abord le roi et la reine
Iseult. Celle-ci le reconnut aussitôt, car il l'avait
longtemps, sans succès, requise d'amour, et c'est
pour la revoir qu'il s'en venait d'Irlande en Cornouailles. Aussitôt, elle se pencha vers le roi et
lui dit en secret qui était ce noble irlandais, mais
elle ne crut pas opportun de lui révéler qu'il l'avait
longtemps aimée et courtisée. Cependant elle pria
le roi d'accueillir l'étranger avec honneur. Marc
fit comme elle le voulait : il invita son hôte à un
dîner et l'admit, en signe d'amitié, à manger dans
sa propre écuelle. Pendant tout le repas, l'Irlandais
garda sa harpe pendue à son cou et déclara qu'il
ne la déposerait à aucun prix, même pour faire
amitié ou honneur à qui que ce fût. Autour de

lui, les seigneurs raillaient entre eux l'homme à la harpe : mais lui ne prenait pas garde à leurs moqueries.

Quand le roi eut fini de manger et quand les tables furent desservies, les barons de la cour commencèrent à se divertir. Alors le roi demanda, en présence de tous, au vassal d'Irlande s'il savait harper et si, pour l'amour de lui, il voudrait jouer une mélodie sur son instrument. L'Irlandais répondit : « Je ne consens jamais à divertir un roi en pays étranger, si je ne sais d'avance quel sera mon salaire. — Donc, dit le roi, divertis-nous de quelque chant d'Irlande et je te donnerai en récompense ce que tu voudras. — Qu'il soit fait ainsi », répondit l'Irlandais. Il prit sa harpe et joua une mélodie de son pays qui plut grandement à tous. Le roi le pria d'en jouer encore une, aussi belle ou plus belle, et il en joua une seconde, deux fois plus belle que l'autre; c'était une joie de l'entendre. Quand il eut achevé : « Roi, dit-il devant toute la cour, exécute maintenant le pacte auquel tu as consenti. — Je le ferai volontiers, dit le roi. Dis-moi donc ce que tu demandes pour ton salaire. — Je ne veux point d'autre salaire que la belle Iseult, répondit le harpeur. Tu n'as trésor ni joyau qui soit plus à mon désir. — Par ma foi, s'écria Marc, tu ne l'auras jamais. Demande plutôt une chose qu'il me soit possible de t'accorder. » L'étranger répliqua : « Voici que tu manques à ta parole et romps la promesse donnée en présence de toute ta cour. Selon la loi et le droit, tu ne dois plus tenir un royaume : car un prince qui ment publiquement et ne tient pas son serment ne doit plus garder seigneurie et pouvoir sur ses barons. Si tu me

refuses ce que je requiers de toi, je remets la cause
au jugement des hommes sages qui sont céans; et
si tu trouves quelqu'un qui me dénie mon droit
et qui ose le contester, je prétends défendre en ce
jour ma cause contre lui sous les regards de ta
cour entière. Si tu renies ta promesse, tu n'as
plus nul droit sur ce royaume : je le prouverai
contre toi par les armes, pourvu que ta cour
veuille prononcer un droit jugement. »

Le roi Marc a entendu ce discours. Il regarde tout
autour de lui ses barons : pas un seul qui ose se
lever contre l'Irlandais, prendre en main la cause
de son seigneur et délivrer la reine, car tous
voyaient que l'étranger était un homme plein de
force et de démesure, éprouvé dans le maniement
des armes. Quand le roi comprit que nul ne voulait
se hasarder à combattre le harpeur, il remit la reine
entre ses mains : aucun de ses conseillers n'osa élever la voix pour blâmer cet abandon.

Alors, l'Irlandais prit Iseult en selle avec lui et
l'emporta, tout joyeux, vers le rivage de la mer. La
reine menait grand deuil, plaignait sa destinée, se
lamentait et maudissait l'heure où Tristan était parti en chasse. Certes, s'il eût été là quand le roi
l'avait livrée, il l'aurait rachetée au prix d'un dur
combat : il y eût laissé sa vie plutôt que de ne pas
la reconquérir ! L'Irlandais porta la belle éplorée
sous son riche pavillon dressé au bord de la mer. Il
l'y déposa sur un lit et ordonna de préparer aussitôt la nef pour qu'on pût appareiller au plus vite.
Mais le navire était couché à sec sur le sable, la mer
commençait à peine à monter et elle était bien loin
encore du vaisseau.

A ce moment, Tristan revint de la forêt. Il apprit

la nouvelle que la reine avait été livrée pour un
lai de harpe. Il appela Gorvenal, son écuyer, prit
sa rote, et chevaucha à grande allure vers le pavillon de l'Irlandais. Sur une dune qui dominait le
rivage, il descendit de son cheval, le donna à tenir
à Gorvenal et, portant sa rote pendue à son épaule,
se hâta jusqu'à la tente. Il trouva Iseult étendue sur
un lit tandis que l'Irlandais s'efforçait en vain de
la consoler en jouant pour elle des lais de harpe.
Elle refusait de l'entendre et se lamentait de plus
belle. « Seigneur, dit Tristan, je suis venu ici en
hâte. On m'a dit que vous étiez d'Irlande; je suis
aussi de ce pays. Je vous en conjure, emmenez-moi
avec vous en Irlande. — Truand, répondit l'Irlandais, divertis-nous en jouant de cette rote et, si tu
peux consoler mon amie, je te donnerai un bon
manteau. — Dieu vous récompense, seigneur ! Si
je veux prendre peine à la divertir, je ferai si bien
que, de six mois, elle ne montrera plus ombre de
chagrin. » Tristan accorda sa rote qui était un
instrument semblable à une vielle et servait surtout
aux danses et divertissements du petit peuple. Il
joua une douce mélodie qu'il accompagna de beaux
chants.

Quand la mélodie fut achevée, la mer avait monté
et la nef était à flot. Un marinier dit alors au baron
irlandais : « Seigneur, partons vite. Vous tardez trop
à reprendre la mer; si Tristan, le preux, revenait
de la chasse, il pourrait bien retarder votre départ !
Il est renommé plus que tous les vassaux de ce
royaume, et nul ici, n'ose s'opposer à lui. » L'Irlandais répondit : « Honni soit le couard qui redoute
l'assaut de Tristan ! » Puis, se tournant vers le
joueur de rote, il lui dit : « Frère, joue-moi encore

quelque chose pour consoler Iseult, mon amie, et dompter sa douleur. » Tristan accorda de nouveau sa rote et choisit un lai délectable à entendre : Iseult l'écoutait, plongée dans le ravissement. Il préluda longuement, puis termina sur des accords un peu tristes.

Tandis qu'il chantait son lai, le flux avait monté si haut que l'on ne pouvait plus passer sur la planche qui menait du rivage à la nef. « Que faire ? dit l'Irlandais. Comment porter Iseult sur mon vaisseau ? Laissons la mer redescendre assez pour que la belle puisse traverser le pont à pied sec. » Tristan lui dit : « J'ai là, dans la vallée, un bon cheval pour porter la reine jusqu'à ton navire. — Amène-le donc ! » Tristan s'en fut chercher son destrier, le monta, prit son épée et chevaucha vers le vassal d'Irlande. « Seigneur, dit-il, confie-moi Iseult la reine. Je te promets de la traiter douce-ment. » L'Irlandais saisit Iseult et l'éleva à bout de bras jusqu'à la selle de Tristan, en le priant de se comporter discrètement avec sa dame.

Tristan reçoit Iseult sur son destrier et s'écrie : « Ecoute, imprudent et fou ! Tu avais conquis Iseult par la harpe, je la reconquiers par la rote. Si tu la perds, c'est justice : tu l'avais gagnée sur le roi par tricherie, je la reconquiers sur toi par ruse. Retourne-t'en, raillé et honni, en Irlande, vil trom-peur ! » Il donne des éperons au destrier, chevauche à grande allure sur le rivage et, de là, dans la fo-rêt. L'Irlandais a perdu Iseult, Tristan emporte son amie. Quand le soir tomba, ils étaient dans la forêt et passèrent ensemble une douce nuit.

Au matin, à la pointe du jour, Gorvenal vint avertir son maître que l'Irlandais avait repris la mer, piteux et couvert de confusion. Alors seulement Tristan chevaucha avec la reine jusqu'au palais de Marc et la lui rendit : « Par ma foi, sire, une femme n'est guère tenue d'aimer un homme qui la livre pour un air de harpe. Gardez-la mieux une autre fois, car il a fallu grande ruse pour la reconquérir ! »

XIV

LE COUDRIER ET LE CHÈVREFEUILLE

Après Kariado, les barons, ennemis de Tristan, ont surpris la vérité de ses amours avec la reine. Audret, Guenelon, Gondoïne et Denoalen dénoncent au roi Marc ce qu'ils appellent « la trahison de son neveu. » Le roi s'en afflige; il n'entend qu'à contrecœur cette révélation qui trouble son bonheur et entache la renommée de celle qu'il aime. Pourtant, il se laisse à nouveau envahir par le doute et les soupçons; il se reprend à épier les paroles et les actes de la reine et, cette fois, sous prétexte de mettre fin à des rumeurs offensantes, il ordonne à Tristan de quitter sa cour et de partir en terre lointaine. Et surtout qu'il n'ait pas la hardiesse de revenir en son palais avant qu'il ne lui en ait donné l'ordre !

Tristan est contraint d'obéir, au moins en apparence, au commandement du roi : il ne paraît plus jamais à la cour; mais il lui est impossible de rester longtemps éloigné de sa belle. Au lieu de s'exiler dans un pays étranger, il se contente de rester caché dans un faubourg de Tintagel, chez un habitant qui lui donne asile, en secret, ainsi qu'à Gorvenal. Chaque jour ou presque, Brangien, qui con-

naît le refuge de Tristan, lui ménage des rencontres
furtives avec son amie.

Mais bientôt Tristan sent qu'il est traqué par ses
ennemis : c'est pourquoi il quitte son refuge et se
dissimule tout seul dans la forêt, afin de n'être vu
de personne. Il n'en sort que le soir quand il est
temps de trouver un gîte. La nuit, il est hébergé
par des paysans ou de pauvres gens. Auprès d'eux,
il s'enquiert de ce que fait le roi. Par eux, il apprend
que Marc doit entreprendre prochainement un voyage
avec tous ses gens, pour aller tenir sa cour, le jour
de la Pentecôte, en un lieu qu'il a fixé. Il y aura
abondance de réjouissances et de divertissements et
la reine sera de la fête. En entendant cela, Tristan
éprouve une grande joie : Iseult ne pourra se rendre à l'assemblée sans qu'il la voie passer devant
lui.

Le jour où le roi se met en route, Tristan est venu
se cacher dans un fourré le long du chemin par où
doit passer le cortège. Il coupe une branche de
coudrier par le milieu puis il la fend et l'équarrit.
Quand il a paré la branche, il y grave avec son
couteau des lettres qui étaient celles de son nom,
car c'était un signe convenu entre la reine et lui. Il
savait qu'Iseult s'en apercevrait, car elle y était
très attentive et il lui était déjà arrivé de se rendre
compte ainsi de la présence de Tristan. Elle reconnaîtra bien, dès qu'elle le verra, le bâton préparé et orné par son ami.

Dans le même temps, Tristan lui fit parvenir
une lettre dont la teneur était : « Belle amie, sachez
que, pour votre amour, je demeure caché dans la
forêt. J'y ai fait mon séjour en attendant de trouver
le moyen de vous revoir, car il m'est impossible

de vivre sans vous. Il en est de nous deux comme du chèvrefeuille quand il s'enroule autour de la branche du coudrier : une fois qu'il s'y est attaché et pris, tous deux peuvent bien durer ensemble, mais si on veut les séparer, le chèvrefeuille meurt en peu de temps et le coudrier fait de même. Belle amie, ainsi en va-t-il de nous : ni vous sans moi, ni moi sans vous ! »

Le jour venu, Tristan vit passer d'abord les veneurs avec leurs chiens, puis les barons qui escortaient le roi. Bientôt, parmi ses femmes, entre deux rangs de gens d'armes, la reine va chevauchant; elle regardait avec soin devant elle. Aussi vit-elle, planté sur le talus du chemin, le bâton paré et gravé, et elle comprit aussitôt le message qu'il lui apportait, car elle sut en déchiffrer toutes les lettres. Aux cavaliers qui faisaient route avec elle, elle commanda de s'arrêter : elle veut descendre de cheval et se reposer. Ils obéissent à son ordre. Elle s'éloigne de son escorte et emmène avec elle sa servante Brangien à travers le bois. Iseult y trouve celui qui l'aimait plus que nul être au monde : il lui parle tout à loisir, et elle lui répond à son plaisir; elle lui promet qu'elle l'aidera à se reconcilier avec le roi : Marc, assure-t-elle, est très affligé d'avoir banni Tristan à la suite des accusations portées contre lui. Quand arrive l'instant de la séparation, alors les amants commencent à pleurer. Elle lui dit : « Bel ami, tu as dit vérité : je suis le chèvrefeuille et tu es le coudrier, nul ne pourra nous séparer l'un de l'autre sans causer notre mort à tous les deux. »

En souvenir de la joie qu'il avait éprouvée à revoir son amie, Tristan qui avait écrit toutes les paroles de la reine, telles qu'elle les avait pronon-

cées, en fit un nouveau lai de harpe; on l'appelle
Goatleaf en anglais, les Français le nomment *Chèvrefeuille*. Le refrain est :

> *Belle amie, si est de nous :*
> *Ni vous sans moi, ni moi sans vous.*

Brangien, l'avisée, profita de cette entrevue avec
Tristan pour convenir avec lui d'un nouveau stratagème qui devait lui permettre de rencontrer secrètement la reine pendant la nuit. Dans le verger clos
de pieux et de fortes palissades qui entourait la
demeure royale, jaillissait une fontaine à l'ombre
d'un grand pin. Ses eaux fraîches et pures, après
avoir empli un bassin creusé dans un perron de marbre, s'écoulaient, vers le château par un canal à
ciel ouvert, et traversaient la chambre des femmes
selon une antique coutume des Celtes. Tristan viendra la nuit dans le verger, auprès de la fontaine; il
y jettera des copeaux portant des signes gravés à
la pointe du couteau : quand Brangien les verra
glisser sur l'eau du canal, elle préviendra aussitôt la reine qui ira rejoindre son ami dans le verger.
Comme la baguette de coudrier, parée et incisée
de lettres par Tristan avait indiqué sa présence dans
la forêt, ainsi, durant plusieurs semaines, les copeaux gravés de signes convenus permirent aux deux
amants de se rejoindre chaque nuit auprès du perron de marbre, au bord de la fontaine, sous les
branches du grand pin. Et tel était l'enchantement
du verger royal sous le ciel étoilé qu'Iseult disait
parfois à Tristan : « N'est-ce pas ici le verger merveilleux dont parlent les lais bretons ? Une muraille

d'air infranchissable l'enclôt de toutes parts; parmi les arbres en fleur, le héros vit sans vieillir entre les bras de son amie et nulle force hostile ne peut briser la muraille d'air. » Mais quand s'éteignait la dernière étoile, l'enchantement s'évanouissait et Tristan se hâtait de franchir la haute palissade pour regagner son refuge.

XV

MARC JUCHÉ DANS LE GRAND PIN

AUDRET et les barons félons voyaient bien qu'Iseult
avait recouvré sa joie et ils devinaient sans peine
qu'elle avait trouvé le moyen de revoir Tristan.
Mais c'est en vain qu'ils épiaient les allées et venues
de la reine pour découvrir son secret : Brangien
faisait si bonne garde qu'ils se fatiguaient en pure
perte. Le duc Audret proposa à ses complices d'employer une autre tactique : « Vous connaissez, seigneurs, Frocin, le nain bossu : il sait l'art de la
magie, il lit l'avenir dans les sept planètes et le
cours des étoiles. Lui qui s'entend à découvrir les
choses les plus secrètes pourra sans doute nous révéler
les ruses d'Iseult la blonde. »

Le nabot, qui était méchant et jalousait le bonheur
des amants, ne se fit pas prier. En considérant le
cours d'Orion et de Lucifer, il connut le lieu et
l'heure des rendez-vous nocturnes de Tristan et
de son amie à la fontaine du verger. Le duc Audret
amena le nain devant Marc et lui ménagea un entretien avec le roi : « Sire, dit le sorcier, faites savoir
que vous partirez dès ce soir dans la forêt pour y
chasser durant sept jours. Avant l'heure de minuit, vous reviendrez brusquement à Tintagel et je

vous conduirai dans le verger en tel lieu d'où vous pourrez voir le rendez-vous de Tristan et de la reine et entendre les paroles qu'ils se diront. Je veux être pendu si vous êtes déçu dans votre attente ! » Le roi suivit le conseil du nain, mais à contrecœur. La nuit tombée, il laissa ses veneurs dans les bois, prit le nain en croupe et retourna vers Tintagel. Sans hésiter, Frocin le conduisit sous le grand pin : « Roi, il vous faut grimper maintenant dans les branches de cet arbre et vous y dissimuler pour mieux épier votre femme et votre neveu. Si vous m'en croyez, vous prendrez avec vous votre arc et vos flèches : ils pourront vous servir, quand vous serez éclairé sur leur conduite. Tenez-vous coi : vous n'aurez pas longtemps à attendre. »

Le nain avait dit vrai : le roi n'attendit guère. Du haut de l'arbre, Marc vit Tristan franchir la palissade et sauter dans le verger : il vint droit à la fontaine et y jeta des copeaux, gravés de lettres, qui ne tardèrent pas à courir, légers, dans le canal à travers le jardin et vers la chambre des femmes. Mais Tristan, en se penchant sur le bassin de marbre pour en jeter d'autres, vit soudain, à la clarté de la lune, le visage de son oncle qui se reflétait, encadré par le feuillage, dans le miroir d'eau tranquille. En y regardant de plus près, il distingua aussi, parmi les branches, l'arc, déjà garni d'une flèche, que le roi tenait dans sa main. Ah ! s'il avait pu arrêter les copeaux dans leur fuite ! Mais non ! dans la chambre des femmes, Iseult épie leur venue et va bientôt les voir glisser au fil de l'eau. Voilà qu'elle franchit la porte de sa chambre et vient dans le verger, agile et cependant prudente, observant de côté et d'autre pour voir si elle n'était pas épiée.

Or, Tristan, ce soir-là, ne vient pas à sa rencontre
comme les autres nuits il ne la regarde même pas,
mais il reste immobile, les yeux tournés vers l'eau
du bassin, comme pour lui faire comprendre qu'il
y a là quelque chose d'insolite. Cette attitude étrange ne laisse pas de surprendre Iseult, elle tourne
elle aussi ses regards vers la surface de l'eau et n'a
pas de peine à y découvrir à son tour le reflet du
visage inquiet et tourmenté de son époux. Elle s'avise
alors d'une ruse bien féminine, car elle se garde
de lever les yeux vers les branches de l'arbre et,
afin de tirer Tristan d'embarras, s'arrange pour
parler la première : « Sire Tristan, quelle folie
vous prend de me mander à pareille heure ? Par
Celui qui fit le ciel et la terre, ne m'appelez plus,
ni de jour ni de nuit, car, cette fois-là, je ne vien-
drais point. Vous le savez bien pourtant : le roi
s'imagine que je vous aime de fol amour. Les barons félons lui font accroire que vous, qui êtes le
rempart de son honneur, vous le bafouez sans ver-
gogne. En vérité, je préférerais être brûlée vive et
que ma cendre fût dispersée au vent plutôt que
d'aimer un autre homme que mon seigneur. Non,
Tristan, ne me mandez plus sous aucun prétexte :
je n'oserais ni ne pourrais venir; si le roi apprenait
notre entrevue de cette nuit, il me donnerait la
mort, écartelée à quatre chevaux. Certes, vous m'êtes
cher parce que vous êtes son neveu. J'ai appris de
ma mère qu'il me faudrait aimer les parents de
mon époux : j'observe ce précepte. Et je pense
qu'une femme n'aimerait pas vraiment son seigneur si elle n'aimait également ses parents et
ses proches alliés. Mais je m'en vais, car je m'attarde
trop ! — Dame, pour l'amour de Dieu, écoutez-moi !

En bonne foi, à plusieurs reprises, j'ai cherché à
vous rencontrer. Depuis que je suis banni de la
demeure du roi, je ne sais où vous parler. J'ai grand
deuil des soupçons que mon oncle fait peser sur
moi : pourquoi faut-il qu'il ajoute foi à de telles
calomnies ? Pourquoi faut-il qu'il croie les mensonges
de ces gens que l'on a vus muets et tremblants
devant le défi du Morholt ? Faites-moi la grâce, je
vous en prie, de me justifier vous-même auprès
de votre époux ! — Ma foi, seigneur, que m'allez-
vous demander ? De le convaincre de votre loyauté ?
De vous obtenir son pardon ? Ce serait provoquer
en vain la colère du roi ! Pourtant, sachez bien
que s'il vous pardonnait, beau sire, et qu'il oubliât
sa colère, j'en serais pleine de liesse. Mais je m'en
vais, car j'ai grand-peur que quelqu'un ne vous
ait vu venir ici. »

Tristan retient encore la reine et la supplie d'in-
tercéder pour lui auprès de Marc : « Puisque le
roi me hait si fort, je partirai. Mais obtenez au
moins du roi qu'il me donne de quoi racheter mes
armes et mon cheval que j'ai dû mettre en gage
afin de pouvoir subsister. — Par Dieu, Tristan, je
m'émerveille que vous osiez me faire semblable
requête. Voulez-vous donc me perdre ? » Elle s'éloigne alors, fière et digne. Tristan, feignant une vive
émotion et comme chancelant, s'appuie sur le perron de marbre et dit tout haut : « Ah ! Dieu, je
n'aurais jamais pensé faire un jour telle perte ni
m'exiler en telle pauvreté. Las ! Je vais partir sans
armes ni cheval, car j'ai mis en gage tout mon harnais et ne puis le racheter. Dieu, tu t'es détourné de
moi ! Quand je serai en terre étrangère, si j'entends
dire qu'un roi cherche des soudoyers pour une guerre

je n'oserai souffler mot : homme nu n'a nul lieu de parler. Ah ! bel oncle, il faut que tu me connaisses bien mal pour me soupçonner ainsi de trahison ! Tu me prêtes une attitude qui est à l'opposé de mes sentiments. »

Le roi, dans les branches de l'arbre, se réjouit naïvement de la fidélité d'Iseult et de la loyauté de Tristan; il s'irrite contre les délateurs : « Cette fois, fait-il, je vois bien que le nain ne m'a que trop leurré : c'est pour ma plus grande confusion qu'il m'a fait monter en cet arbre. De mon neveu il m'a dit mensonge; pour cela je le ferai pendre et aussi pour m'avoir fait concevoir de l'aversion envers ma femme. J'ai agi comme un fol, mais celui qui m'y a poussé n'attendra pas longtemps son châtiment. Si je puis tenir ce nain odieux, je lui ferai finir ses jours par le feu. » Il se répète en son cœur qu'il a foi en sa femme : il refusera de croire à l'avenir ceux qui tentent de la diffamer. Jamais, il n'ôtera sa confiance à Tristan et à Iseult : il les laissera de nouveau, en la chambre royale, aller et venir ensemble à leur guise.

De retour au château, la reine raconte l'aventure à Brangien et comment elle a, par une belle ruse, échappé au piège qui lui était tendu : « Belle amie, j'aurais voulu que tu nous entendes, Tristan et moi, nous plaindre et nous lamenter à qui mieux mieux ! Pas un instant le roi ne s'est rendu compte de la vérité. Je me suis vraiment bien tirée de ce mauvais pas ! » Quand Brangien l'entendit, elle ne lui ménagea pas son admiration : « Dieu, qui jamais ne trompa, vous a fait une grande grâce quand il vous a permis d'arriver au terme de l'entretien sans avoir dit un seul mot qui puisse vous compromettre.

Dieu a accompli un grand miracle pour vous : il a agi en vrai Père, car il prend soin de ne pas faire de mal à ceux qui sont bons et loyaux. »

Le lendemain matin, Marc voulut lever lui-même les dernières inquiétudes de la reine. Il pénétra dans la chambre d'Iseult qui en éprouva un grand émoi : « Sire, au nom de Dieu, d'où venez-vous ? Avez-vous quelque affaire pressante, pour venir seul ainsi ? — Dame, c'est à vous que je viens parler et demander une chose; ne me cachez donc pas la vérité, car c'est le vrai que je veux savoir. — Sire, pas un jour de ma vie je ne vous ai menti : quand bien même je devrais recevoir ici la mort, je dirai la vérité pleine et entière, je ne mentirai pas d'un seul mot. — Or çà, depuis combien de temps n'avez-vous pas vu Tristan ? — Sire, vous ne me croirez pas, mais voici ce qu'il en est : je l'ai vu cette nuit même et je lui ai parlé sous le pin qui abrite le perron de marbre. Oui, seigneur, j'ai vu votre neveu en ce lieu que j'ai dit. Il m'avait mandé de l'y aller trouver : mon honneur m'obligeait à exaucer celui par qui je devins reine de Cornouailles, ce Tristan que j'aime uniquement parce qu'il est votre neveu. Plutôt que de retourner en exil, il souhaitait que je le réconcilie avec vous; j'ai refusé de le faire par crainte de ces félons qui vous font croire à mal. Je lui ai dit de partir et de ne plus me revoir car je ne pouvais rien pour lui, ni pour lui rendre votre amitié ni pour lui donner de quoi racheter son harnais qu'il a mis en gage. » Le roi sait bien qu'elle a dit la vérité; cent fois il l'accole et l'embrasse. Il lui déclare qu'il leur rend sa confiance pour toujours, à elle et à Tristan. Il lui avoue qu'il a assisté à leur entrevue nocturne,

juché dans les branches du grand pin. « Sire, étiez-
vous vraiment dans le pin ? — Oui, dame, par
saint Martin, il n'y eut pas une parole dite, qui
m'ait échappé, que ce soit à voix haute ou basse.
Quand j'entendis Tristan dire qu'il avait mis en
gage son cheval et son harnais et qu'il n'avait pas
même de quoi les racheter, j'en fus pris d'une telle
pitié que peu s'en fallut que je ne tombasse de
l'arbre. Je vous ai entendue quand vous refusiez
d'acquitter ses gages et j'ai vu que vous ne vous
êtes point approchés l'un de l'autre. J'en ai souri de contentement au faîte de mon arbre. — Sire,
ce que vous dites m'est d'un très grand réconfort.
Maintenant vous savez avec certitude que nous avions
tout loisir de nous baiser et accoler, si nous nous
étions aimés d'amour coupable. Mais à aucun moment vous n'avez vu qu'il m'ait approchée, qu'il
ait eu une attitude inconvenante ou qu'il m'ait
embrassée. — Par Dieu non, répondit le roi. Savez-
vous, franche dame honorée, pourquoi je m'étais
embusqué dans cet arbre ? C'est Frocin, le nain bossu,
qui me l'avait conseillé : il prétendait, le vil menteur, avoir lu dans les étoiles que vous aviez, cette
nuit-là, un rendez-vous d'amour avec Tristan, à la
fontaine du verger. Il m'avait juré que je vous
prendrais tous deux sur le fait pourvu que je
consente à vous épier du haut du grand pin. »
   Marc se tourne alors vers Brangien : « Fille, va
chercher mon neveu chez l'hôte qui lui donne asile.
S'il prétexte quoi que ce soit et ne veut point
t'écouter, dis-lui que je lui ordonne de venir me
voir. » Brangien, la rusée, ne résiste pas à la ten-
tation de se jouer, elle aussi, de la crédulité du roi
Marc et, pour écarter tout soupçon de complicité

avec les amants, elle répond : « Sire, Tristan me
hait ! C'est à grand tort, Dieu le sait; il dit que c'est
par ma faute qu'il est brouillé avec vous. J'irai
tout de même, car, pour l'amour de vous, il m'épargnera et ne me fera aucun mal. Sire, au nom de
Dieu, réconciliez-moi avec lui quand il sera venu
ici. » Voyez un peu la traîtresse : elle faisait exprès
de raconter des histoires et se plaignait sans motif
pour mieux enjôler le roi ! Tout en riant, elle
court à la porte et sort.

Dans l'heure qui suivit, Tristan se présenta devant
Marc qui lui rendit toute sa confiance : il l'auto-
risa à coucher à nouveau, comme les autres fidèles,
dans la chambre du roi.

Pendant ce temps, dans une clairière de la forêt,
le nain Frocin interrogeait le cours des étoiles pour
connaître le résultat du stratagème qu'il avait conseillé. Il lut dans le ciel que la reine et Tristan avaient
échappé par ruse au piège qui leur était tendu et
qu'ils avaient, une fois de plus, endormi les soupçons du roi. Il y lut aussi que Marc avait tourné
sa fureur contre lui et qu'il se promettait de le
mettre à mort pour se venger du rôle humiliant
que l'infâme sorcier lui avait fait jouer. Le nain,
à l'instant même, devint noir de peur et de honte;
saisi de panique, il s'enfuit d'une traite vers la
terre de Galles.

XVI

LA FLEUR DE FARINE

L'AMOUR est insatiable et nulle raison ne le gou-
verne. Un geste, un regard, un soupir suffisent à
le révéler. L'insouciance des amants faisait le jeu
de leurs ennemis. Depuis que Marc avait renoncé
à les soupçonner, Tristan et Iseult, négligeant les
avis de Brangien, n'hésitaient plus à se rencontrer
au grand jour. Les félons, qui les observaient et
n'attendaient que l'occasion de les dénoncer, étaient
bien résolus à prendre leur revanche.

Tristan allait et venait librement dans le château et rendait visite à la reine dans la chambre des
femmes. Un jour qu'il était avec Iseult, les félons
les surprirent. « Cette fois, pensèrent-ils, nous
les tenons : ce sera miracle s'ils nous échappent ! »
Ils allèrent tout conter à Marc et lui firent honte
de son aveuglement : « Sire, un grand malheur
vous menace. La reine aime Tristan, qui le lui
rend bien. Tout le monde à la cour, hormis vous,
est convaincu de leur trahison. Vous voilà prévenu
maintenant, à vous de garder votre honneur en
éloignant votre neveu ! » Le roi les écoute, soupire,
baisse le front vers la terre, se tait. « Non, roi,
nous ne le souffrirons plus, car nous savons main-

tenant que cette nouvelle, naguère étrange, n'est
plus pour te surprendre. Donc tu consens à leur
crime. Que feras-tu ? Délibère et prends conseil.
Pour nous, si tu ne bannis pas ton neveu pour
toujours, nous nous retirerons sur nos fiefs et nous
entraînerons aussi nos voisins hors de ta cour. Tel
est le choix que nous t'offrons; décide-toi. — Seigneurs, une fois j'ai cru aux laides paroles que vous
disiez de Tristan, et je m'en suis repenti. Mais vous
êtes mes féaux, et je ne veux pas perdre le service
de mes hommes. Conseillez-moi donc, je vous en
requiers, vous qui en avez la charge. » Les barons
lui répliquèrent : « Si vous voulez suivre notre
conseil, faites revenir ici le nain Frocin que vous
avez injustement banni. Vous lui tenez rancune de
votre mésaventure du verger. Pourtant, n'avait-il
pas lu dans les étoiles que la reine et Tristan vien-
draient ce soir-là sous le pin ? Il sait maintes choses;
prenez son avis. »

Il accourut, le maudit, et enseigna au roi une
nouvelle ruse de sa façon : « Sire, commande à
ton neveu que demain, dès l'aube, il chevauche
vers Carduel pour porter au roi Arthur une lettre
sur parchemin, scellée de ton sceau. Tristan dort
dans ta chambre et son lit n'est éloigné du tien que
de la longueur d'une lance. A l'heure du premier
sommeil, tu sortiras de la chambre avec tes fidèles
sous prétexte d'aller à la chasse. Je te jure que Tristan, parce qu'il aime la reine de fol amour, cherchera
à lui parler avant son départ et la rejoindra dans
son lit. Tu sauras alors la confiance qu'il mérite.
Mais garde-toi de rien dire à ton neveu avant l'heure
du coucher ! » Le roi donna son accord. Le nain
courut chez un boulanger et acheta un petit sac

de fleur de farine qu'il cacha sous son manteau.
Puis il retourna au palais sans se faire voir.

La nuit tombée, quand vint l'heure du coucher
du roi, Tristan s'y trouva comme il avait coutume.
Marc lui dit : « Beau neveu, une grave affaire me
préoccupe et toi seul peux m'aider. Il faut que demain tu chevauches jusqu'à Carduel, où réside le roi
Arthur. Tu le salueras de ma part et lui remettras
ce bref, scellé de mon grand sceau de cire. Dors
bien car la route est longue et dure et il te faudra
partir au point du jour. » Tristan reçut cet ordre
avec déplaisir, car il lui en coûtait toujours de
s'éloigner de la reine, mais il se consola en se disant
que l'absence serait courte. Un désir furieux le
prit de parler à la reine avant son départ : il se
promit en son cœur que, peu avant l'aube, si Marc
dormait, il se rapprocherait du lit royal et parlerait
à Iseult pour lui faire ses adieux. Cette aimable
pensée le tenait éveillé et il jouissait par avance du
plaisir qui l'attendait quand un bruit léger attira
son attention. Il se pencha et vit la porte s'ouvrir.
Le nain se glissa furtivement dans la chambre et s'y
livra à un étrange manège : puisant dans le sac
qu'il tenait sous son bras, il répandait la fleur de
farine sur le sol, entre le lit de Tristan et celui
de la reine. Si l'un des deux amants allait rejoindre
l'autre, la farine garderait l'empreinte de ses pas.
Tristan se dit alors : « Ce nain n'a pas coutume de
chercher à me faire du bien; s'il répand cette farine, ce ne peut être que pour me nuire. Mais il
sera déçu : je serai bien fou de laisser sur le sol
la trace de mes pieds ! »

Une obscurité profonde régnait maintenant dans
la chambre. Le nain, sa besogne accomplie, avait

disparu en éteignant les cierges. A minuit, le roi se vêtit et sortit avec les barons sous couleur d'aller chasser à l'affût dans la forêt. Tristan et Iseult restèrent seuls avec Périnis, le valet irlandais qui couchait au pied du lit royal. Tristan crut le moment favorable pour s'approcher d'Iseult, mais il trouva un habile détour pour déjouer la ruse de Frocin : lentement, il se dresse sur sa couche, joint les talons et, d'une brusque détente, bondit à pieds joints sur le lit du roi. Son ardeur juvénile lui fait oublier qu'un sanglier lui avait ouvert la cuisse de ses crocs, au cours d'une partie de chasse, deux jours auparavant. L'effort qu'il fait pour sauter rouvre la plaie mal fermée et le sang coule sur les draps de la reine. Tout à son plaisir, Tristan ne sent pas la douleur.

Dehors, à cet instant même, le nain connaît, par son art de sortilège, en observant la face de la lune, que les amants s'unissent dans leur chair. Il en tremble de joie et, courant vers Marc il lui dit : « Va et maintenant, si tu ne les surprends pas ensemble, fais-moi pendre ! » Le roi entre aussitôt dans la chambre suivi du nain et des quatre félons. Mais Tristan les a entendus; d'un nouveau bond il s'élance, saute et retombe sur son lit. Des gouttes de sang parsèment çà et là le sol couvert de fleur de farine; les draps de Tristan sont rougis à leur tour. En toute hâte, le roi fait rallumer les cierges et regarde autour de lui. Il est désappointé car il ne voit nulle trace de pas sur la farine et les deux amants semblent dormir paisiblement, chacun dans son lit. Alors le nain montre au roi les taches de sang sur les deux lits et les gouttes vermeilles sur la fleur de farine. Le roi dit à Tristan :

« Voilà des indices irréfutables : ton crime est
prouvé, il ne servirait à rien de te défendre. En vérité, Tristan, je n'ai, de toute ma vie, ressenti pareil courroux, car jamais je n'ai été outragé et
tourné en dérision comme tu viens de le faire !
Quelle comédie vous m'avez jouée, la reine et toi,
sous les branches du grand pin ! Mais votre châtiment à tous les deux sera à la mesure de votre
crime. »

Cette fois les amants sont pris sur le fait. Les
barons, surmontant leur couardise, se jettent sur
Tristan sans nul souci de sa blessure et, le lient
fortement avec des cordes. Si le preux avait eu son
épée, ces lâches n'auraient pas osé porter la main
sur lui, mais ils le tenaient, désarmé, à leur merci !
« Bel oncle, dit Tristan, les apparences nous con-
damnent et nulle dénégation ne nous servirait.
Pourtant, il n'est pas d'homme dans ta maison,
s'il osait soutenir ce mensonge que j'aie aimé
la reine par fol amour, qui ne me trouverait aussitôt prêt à l'affronter en champ clos. Je mets ma confiance en Dieu et je suis sûr que si tu me permettais
de me défendre en combat singulier nul guerrier
ne se trouverait pour prendre les armes contre moi.
Mais par le Dieu qui souffrit la Passion, j'implore
ta clémence, non pour moi, mais pour la seule
Iseult car elle n'a point failli. Sire, ne te venge pas
sur elle ! » En disant ces mots, il se tourna vers la
reine et s'inclina profondément. « Pas de pitié ! »
crièrent les félons. « Sire, reprit Tristan, tu peux
ordonner ma mort : sans l'avoir méritée, je ne la
crains pas. Mais par le Père des miséricordes, je t'en
conjure, épargne Iseult ! » Marc, blême de colère,
détourna la tête et ne daigna point répondre. Les

barons se saisirent de la reine et ligotèrent si rudement ses membres délicats que la chair en était
toute meurtrie. Puis ils enfermèrent les amants dans
un réduit dont ils firent garder les issues pendant
le reste de la nuit. Dès cet instant, Marc était bien
résolu à châtier les coupables sans autre forme de
procès : il jura que, dès le lendemain à l'aube, il les
ferait périr tous les deux par le feu et que leurs
cendres seraient dispersées au vent comme il était
d'usage pour les traîtres.

XVII

LE SAUT DE LA CHAPELLE

Le bruit court et se répand par toute la cité que le roi a surpris ensemble Tristan et la reine, grâce aux sortilèges du nain Frocin : Marc, dans sa colère, a résolu de les mettre à mort sans jugement. Pleurent les grands et les petits; il n'y a personne, parmi le menu peuple, qui ne s'apitoie sur le sort des amants et ne voue à l'enfer le nain, cause de tout le mal. « Hélas ! disaient-ils, nous avons bien sujet de pleurer et de nous affliger ! Comment le roi pourrait-il envoyer au supplice le preux qui seul osa combattre le Morholt et nous délivra de la servitude ? Nous ne souffrirons pas que son corps soit détruit. Ah ! reine noble et honorée, est-il une terre où l'on ait jamais vu naître une fille de roi de ta valeur ? Ah ! nain maudit, ne plaise à Dieu que ta sorcellerie la conduise à sa perte ! Dressons-nous contre cette iniquité : allons trouver le roi, il faudra bien qu'il nous entende ! » Et voici le peuple qui, en grand tumulte, se rassemble devant le palais pour implorer la grâce des deux captifs. Les plaintes et les cris redoublent, mais tel est le courroux du roi que nul baron n'ose risquer une seule parole pour le fléchir.

La nuit s'achevait. Déjà l'aube éclairait la ville
et les champs. Marc, qui n'avait pu dormir, tant son
cœur était tourmenté, se leva tôt et chevaucha avec
ses fidèles jusqu'à une vaste plaine, à quelque distance des murs de la ville. Il ordonna de creuser
une fosse profonde et d'y jeter un monceau de sar-
ments de vigne et de buissons d'épines blanches et
noires, arrachés avec leurs racines. Dès l'heure de
prime, il avait convoqué à son de trompe ses sujets
de Cornouailles et ils arrivaient par routes et sentiers, en grande presse. Quand ils furent réunis
dans la plaine, le roi leur adressa la parole : « Seigneurs, ma femme et mon neveu sont convaincus
de trahison à mon égard. Suivant la loi du pays,
ils paieront ce crime de leur vie et, par ma volonté,
leurs corps seront réduits en cendres sur le bûcher. »
A ces mots, une longue clameur s'éleva de la
foule : « Sire, pitié pour Tristan ! Pitié pour Iseult !
Ils n'ont pas été jugés : accordez-leur un répit pour
entendre leur défense ! Ce serait grand péché que
de les mettre à mort sans jugement. » Mais rien ne
pouvait apaiser la colère de Marc : « Par Celui qui
créa le ciel, la terre et l'enfer, s'écria-t-il, dussé-je
y perdre mon royaume, rien ne pourra me détourner
de mon dessein ! Je vous le déclare : si nul ose
encore requérir pour eux un jugement, il brûlera le
premier sur ce brasier. » Il ordonne qu'on allume le
feu et qu'on aille chercher d'abord Tristan dans sa
prison : c'est lui qui devait être brûlé le premier.
Les épines commencent à flamber en crépitant, tous
se taisent, le roi attend anxieusement. Les valets
courent jusqu'à la chambre où les amants sont
étroitement gardés. Ils entraînent Tristan dont les
mains sont liées par des cordes. Quand la reine voit

partir son ami, elle pleure et mène grand deuil.
« C'est une grande honte, dit-elle, de voir Tristan
chargé de liens et traité comme un ribaud ! Doux
ami, je donnerais volontiers ma vie pour sauver la
tienne : tu saurais me venger ensuite. »

Ecoutez, seigneurs, comment Dieu, qui nous jugera
tous, eut pitié des amants : les plaintes qui lais-
saient Marc insensible, il les a entendues et il a pris
en gré les prières de la foule pour ceux qu'on allait
supplicier. Sur le chemin qui menait du château
à la prairie où le bûcher était dressé, s'élevait, au-
dessus de l'océan, une colline escarpée que surmon-
tait une chapelle, battue par le vent du nord. Si un
écureuil avait sauté du haut du rocher, jamais il
n'aurait pu en réchapper, il se serait tué sur le
coup. Le chevet de la chapelle, construit au ras de
la falaise, était percé d'une seule baie garnie d'une
verrière aux tons pourprés qu'un saint, jadis, avait
œuvré de ses mains. Comme Tristan et ses gardes pas-
saient devant la chapelle, ils virent, par la porte
entrouverte, que la nef était pleine d'une foule qui
priait le saint pour le salut des condamnés. Alors
Tristan dit à ceux qui l'emmenaient : « Seigneurs,
laissez-moi entrer dans cette chapelle : je n'ai plus
grand temps à vivre et je voudrais prier Dieu de
m'accorder la rémission de mes péchés. Qu'avez-
vous à craindre ? Cette porte est la seule par où l'on
puisse entrer et sortir : il faudra bien que j'y repasse
et vous êtes armés de solides épées. Déliez-moi
donc pour un instant, car il ne convient pas qu'un
homme, entravé comme je suis, entre pour prier
dans un lieu saint. » Ses gardiens étaient indécis
et s'interrogeaient l'un l'autre sur ce qu'ils devaient
faire : « Il a raison, dit l'un d'eux. Que risquons-

nous ? Nous pouvons le délier un instant et le laisser aller : comment pourrait-il nous échapper puisqu'il n'y a pas d'autre issue que celle-ci ? » Ses gardiens lui enlèvent ses liens et le laissent entrer. Tristan franchit le seuil sans se hâter, puis, d'un pas rapide, il traverse la nef, parmi les fidèles prosternés, s'avance dans le chœur jusque derrière l'autel et bondit vers la fenêtre au beau vitrail. Il l'ouvre et, d'un brusque élan, se jette dans le vide. Mieux valait courir le risque de se briser les os au pied de la falaise que d'être brûlé ignominicusement sous les regards de tous ! Seigneurs, il y avait au bas de la falaise, juste au-dessous de la fenêtre, une large table de pierre : Tristan atterrit sans se blesser sur ce perron, car, par la volonté de Dieu qui le protégeait, le vent s'était engouffré dans ses vêtements et avait amorti sa chute. Les gens de Cornouailles montrent encore ce perron et ils l'appellent « Le saut Tristan ». De la table de pierre, Tristan sauta sur le sable et courut à toutes jambes sur la lande, dans la direction de la forêt. Plusieurs de ceux qui priaient dans la chapelle s'élancèrent vers la fenêtre et crièrent au miracle en voyant Tristan sain et sauf qui fuyait sur le rivage.

Tandis que Tristan se retourne un instant et voit monter au loin la fumée du bûcher, les témoins de son évasion se répandent à travers la ville, si bien que la nouvelle est bientôt connue de tous. Le fidèle Gorvenal accourt aussitôt à bride abattue, et, tenant en laisse le cheval de Tristan, il le rejoint sur la lande : « Ami, je t'apporte ton épée, ton haubert, ton heaume et ton cheval : Dieu t'a accordé la liberté, il te faudra combattre durement pour la conserver. » Tristan, sans mot

dire, endossa le haubert, coiffa le heaume, ceignit
son épée et sauta en selle sur le cheval que lui
amenait Gorvenal. Aussitôt armé, Tristan voulut
s'élancer vers le bûcher dont les crépitements par-
venaient jusqu'à lui. « Dieu, dit-il, m'a accordé la
liberté, mais à quoi bon si je suis séparé d'Iseult ?
Que ne me suis-je plutôt écrasé sur la pierre en
sautant de la chapelle ! Iseult, Iseult ma douce
amie, je suis libre, mais toi, tu vas marcher au
bûcher ! »

Gorvenal le saisit par le bras et le retint : « Fils,
ne nous hâtons point, attendons le moment propice. Le courroux du roi est extrême et les bourgeois sont terrifiés. Ceux qui t'aiment le mieux, s'il
ordonne de te frapper, n'oseront lui désobéir, car
chacun, dit-on, s'aime plus qu'autrui. Ainsi tu te
feras prendre et tuer vainement, sans profit pour
Iseult. » Tristan hocha la tête et parut se résigner :
« Quel conseil me donneras-tu ? — Vois-tu là-bas
cet épais bosquet, clos de fossés ? Allons nous y cacher et nous entendrons sans être vus les propos des
gens qui passent sur cette route. Par eux nous sau-
rons ce qu'il advient d'Iseult et nous pourrons,
au moment le plus favorable, quand l'émoi de la
foule sera à son comble, surgir brusquement au galop
de nos chevaux et l'enlever, si Dieu nous aide, à la
pointe de nos épées. — Allons donc nous embusquer
dans ce petit bois ! »

Or, quand Tristan avait sauté de la chapelle
au pied de la falaise, un pauvre homme qui passait par là l'avait vu se relever et fuir. Il courut vers
le château du roi et parvint jusqu'au cachot de la
reine. Avant que les gardes aient pu le repousser,
il lui cria : « Reine, ne pleure plus ! ton ami s'est

échappé ! — Dieu en soit remercié, dit-elle; maintenant, que les félons me lient ou me délient, qu'ils m'épargnent ou qu'ils me tuent, je n'en ai plus souci ! Puisque Tristan est libre, je sais bien que les traîtres et le nain, leur damné serviteur, auront bientôt leur récompense. Je m'en voudrais de pleurer à présent. »

ISEULT LIVRÉE AUX LÉPREUX

Q̲ᴜᴀɴᴅ le roi Marc apprit que son neveu s'était
enfui en sautant par la verrière de la chapellè, son
courroux en fut éncore accru : il blêmit de colère.
Il ordonna que sa femme fût amenée sans délai
pour être brûlée publiquement sur le bûcher. Quand
elle parut, entourée de gardes, pâle et défaite, les
poignets ensanglantés par les liens qui les enser-
raient, des cris d'indignation s'élevèrent de la foule.

Dinas, le bon sire de Lidan, qui était l'ami de
Tristan, se jeta aux pieds du roi : « Sire, je t'en
prie, écoute-moi ! Je t'ai servi longuement en toute
loyauté, sans en retirer nul profit : durant tout le
temps où j'ai rempli près de toi les fonctions de
sénéchal, il n'est pas un pauvre homme, un orphelin ou une vieille femme dont j'aie exigé injustement un seul denier. En récompense, accorde-moi
la grâce de la reine. Tu veux la brûler sans jugement : ce serait commettre un forfait et agir contre
le droit et la coutume puisqu'elle ne reconnaît pas le
crime dont tu l'accuses. Songe que, si tu brûles son
corps, aucun de tes barons ne sera plus en sécurité
dans tout le royaume. Tristan s'est échappé, il
connaît bien les plaines, les bois, les gués, les pas-

sages; comme sa hardiesse est sans égale, il tuera, s'il peut les surprendre, tous ceux de tes hommes qu'il rendra responsables du supplice de la reine. Certes, il t'épargnera toi-même parce que tu es son oncle, mais nul en dehors de toi ne sera sûr de sa vie. Ton royaume sera mis à feu et à sang, car il ne voudra pas laisser invengée la fille de roi qu'il a amenée pour toi de son île lointaine. »

Guenelon, Gondoïne et Denoalen écoutaient les paroles de Dinas et tremblaient de peur au seul nom de Tristan. Le sénéchal poursuivit : « Sire, je t'ai servi toute ma vie sans rien demander en échange. Je sollicite aujourd'hui une récompense : confie-moi la reine Iseult et place-la sous ma sauvegarde jusqu'au jour que tu fixeras pour son jugement. Je promets de la conduire moi-même au jour dit, devant ta cour. »

Le roi prit Dinas par la main et le releva. Mais, loin d'exaucer sa prière, il jura à haute voix : « Par saint Thomas l'apôtre, prompte et roide justice sera faite et, pour rien au monde, je n'admettrai ni grâce ni délai ! » Dinas s'inclina devant Marc. « Roi, dit-il, s'il en est ainsi, je retourne en mon château de Lidan, car, pour tout l'or du monde, je ne voudrais assister au supplice de la reine ! » Il sauta sur son destrier et s'éloigna, triste et morne, le front baissé.

Iseult se tient debout devant la flamme. Les larmes coulent le long de ses joues. Elle porte une robe de soie grise; ses cheveux, en longues tresses, tombent jusqu'à ses pieds. Dieu ! comme ses bras sont étroitement liés ! Qui pourrait la voir si belle sans la prendre en pitié ? Le peuple, à l'entour, maudit le roi, maudit les traîtres. Il y avait parmi la foule

une bande d'une centaine de lépreux qui étaient
venus de Lancïen où ils avaient leur maladrerie.
Plus hideux les uns que les autres, ils agitaient leurs
cliquettes de bois et clopinaient sur leurs potences
se pressant, se bousculant pour mieux jouir du
spectacle. Leur chair était blanchâtre et toute rongée;
sous leurs paupières enflées, leurs yeux sanguino-
lents étaient dilatés par l'attente. Le plus difforme
de tous était le chef de la bande, il se nommait
Ivain. D'une voix rauque, il cria au roi : « Sire,
parce que ta femme t'a trompé et bafoué, tu veux
détruire son corps dans ce brasier. C'est bonne et
droite justice, j'en conviens, mais elle sera trop
brève ! Ce grand feu aura tôt fait de la brûler et
le vent ne tardera guère à disperser sa cendre. Quand
la flamme du bûcher tombera tout à l'heure et
s'éteindra, sa souffrance aura pris fin. Veux-tu que
je t'enseigne un pire châtiment, cent fois plus long
et plus cruel, en sorte qu'elle continue de vivre,
mais d'une vie si misérable et si atroce qu'elle sera
pire que la mort ? Ainsi la reine regrettera tout le
reste de sa vie de n'avoir pas péri sur ce bûcher;
et toi tu n'en seras que plus respecté. — Par Dieu,
j'accepterais de lui laisser la vie, à condition qu'elle
lui fût désormais plus dure que la mort ! Celui
qui m'indiquerait un supplice aussi cruel que tu le
dis et dont personne encore n'aurait entendu parler,
je lui en saurais gré et je l'en récompenserais largement. Parle donc si tu le sais. — Roi, répondit Ivain,
tu seras satisfait quand tu m'auras entendu. Vois ces
compagnons qui m'entourent, avec leurs membres
difformes et leur face rongée par la lèpre. Livre-leur
Iseult, elle nous sera commune et devra se soumettre à toutes nos volontés. Elle vivra jour et nuit

dans nos cabanes, elle mangera avec nous dans nos écuelles, couchera sur nos grabats et subira le contact de nos chairs corrompues. Il y a en nous une si grande ardeur, car le mal attise nos désirs, qu'il n'est femme au monde qui puisse souffrir notre commerce charnel. Auprès de toi, elle vivait à l'aise, riche et honorée, parée de joyaux et de robes fourrées de petit vair. Quand elle verra nos huttes au toit bas, qu'il lui faudra nous servir, partager notre couche, la fière Iseult alors regrettera sa faute et jusqu'aux flammes du bûcher. »

Le roi réfléchit un instant à ce qu'avait dit le lépreux, puis il se leva de son trône et saisit Iseult par le bras pour la lui donner. « Pitié ! Pitié, seigneur ! implora la malheureuse; plutôt que de me livrer à ces gens-là, jetez-moi sans attendre dans le bûcher ! »

Mais Marc, impassible, la remit à Ivain qui, plein d'une joie diabolique, se saisit d'elle en toute hâte et l'entraîna loin du brasier, suivi par tous ses compagnons.

La troupe en guenilles entourait l'infortunée en poussant des cris perçants : c'est à qui s'approcherait d'elle et la toucherait de la main. Déjà, ils disputaient bruyamment lequel d'entre eux la posséderait le premier et dans quel ordre ils jouiraient d'elle tour à tour. Le sinistre cortège s'engagea sur la route de Lancïen et s'approcha du petit bois où Tristan était embusqué avec Gorvenal. Quand l'écuyer voit s'avancer cette tourbe glapissante et qu'il aperçoit la reine parmi eux, il est saisi d'horreur : « Fils, dit-il à Tristan, regarde là-bas sur la route; vois ton amie au milieu d'une troupe de lépreux : ils l'entraînent de force. Se peut-il que le roi Marc la leur ait abandonnée ? »

Tristan éperonna son cheval et bondit sur la route; il s'élança, l'épée haute, sur Ivain : « Ribaud, lui dit-il, en voilà assez ! laisse cette femme ou je te fais voler la tête d'un coup de mon épée. Mais Ivain dégrafe son manteau : « Hardi, compagnons ! à vos bâtons ! à vos béquilles ! c'est l'instant pour chacun de frapper de grands coups ! »

Alors il fait bon voir les lépreux rejeter en arrière leurs chapes de bure trouées et rapiécées, se camper sur leurs pieds mal assurés, souffler, crier, brandir leurs potences. Tristan n'eut pas besoin de se mesurer àvec une telle engeance. Gorvenal avait coupé, dans un fourré, une forte branche de chêne : il en assena un tel coup sur le crâne d'Ivain que le sang noir jaillit en abondance. Le misérable s'écroula sur le sol et ses compagnons se dispersèrent en hurlant.

Tristan se hâta de dénouer les liens d'Iseult. Puis, sans perdre un instant, il la prit en croupe sur son cheval et, suivi de Gorvenal, s'enfuit au plus profond de la forêt du Morois. Iseult, dans les bras de Tristan, eut vite fait d'oublier les périls de cette journée; volontiers, ils se fussent attardés, mais le prudent Gorvenal ne voulut souffrir aucune halte avant la tombée de la nuit. Ils se réfugièrent, pour mieux échapper aux poursuites, au sommet d'une colline boisée où ils prirent leur repos. Iseult reposa sa tête sur la poitrine de son ami et s'endormit.

XIX

LES AMANTS DANS LA FORÊT

LES voici dans la forêt du Morois; Iseult a oublié
toutes ses peines. Pour subsister en cette solitude,
loin de toute habitation humaine, ils n'ont d'autre
ressource que la chasse. Il y avait en Tristan un
merveilleux archer, mais il ne pouvait exercer son
adresse car il lui manquait l'arc et les flèches.
Gorvenal chercha tant par les sous-bois qu'il trouva
la hutte d'un forestier et y déroba un arc d'aubour
et deux flèches bien empennées et barbelées. Alors
Tristan put se mettre à l'œuvre et guetter toute
sorte de gibier. Il s'en va par le bois, voit un chevreuil, l'ajuste et tire : la bête est blessée au côté,
elle fait un bond et s'abat. Tristan la charge sur
ses épaules et s'en revient auprès d'Iseult. Tandis
qu'un feu de bois mort rougeoie, il se met à bâtir
une hutte. De son épée, il tranche et taille les
rameaux et il jonche le sol de plusieurs épaisseurs
de feuilles. Iseult l'aide en ce travail, puis, sur
ce frais tapis de verdure, Tristan s'assied bonnement
avec la reine. Gorvenal, devant la loge de ramée,
apporte des bûches au brasier et fait rôtir un quar-
tier de venaison autour d'une branche de coudrier.
ainsi ils sustentent leur vie, mais le sel, le pain et

le lait leur font cruellement défaut. La reine se
trouve soudain lasse de toutes les épreuves qu'elle
a traversées; le sommeil la prend et elle s'endort,
la tête appuyée sur le bras de Tristan. Ils furent
ainsi longuement, par dur froid, soleil brûlant,
pluie et vent, en la forêt profonde.

Tristan avait laissé à Tintagel un beau chien
courant, léger et vif, qui avait nom Husdent. Le roi
l'avait fait enfermer dans une salle du donjon mais,
il ne voulait manger ni pain, ni pâtée, ni rien de
ce qu'on lui donnait; il jappait et grattait de la
patte, les yeux larmoyants, si bien que les gens
en furent apitoyés : « Hélas, Husdent ! Jamais
on ne retrouvera un tel brachet, qui soit aussi vif
et qui manifeste une telle douleur pour son maître !
Salomon a dit à juste titre que son ami, c'est son
lévrier : nous en voyons la preuve avec toi, car tu
ne veux goûter à rien depuis que ton maître a
disparu ! — Je crois bien, dit Marc, qu'il languit
après son maître. » Voyant que le roi en était
touché, l'un de ses fidèles lui dit : « Sire, faites-le
détacher, sinon il va devenir enragé et ce serait
dommage pour une si belle et fidèle bête. Quand
il sera en liberté, nous verrons bien si c'est pour
son maître qu'il geint. »

Marc se rangea à cet avis et fit délier le chien
par un écuyer. Tous les assistants allèrent se per-
cher sur des bancs et des sièges élevés, car ils voulaient se garder des morsures du chien pour le
cas où il aurait été enragé. Mais Husdent n'avait
pas la moindre intention de leur faire du mal :
aussitôt délié, il se mit à courir en tous sens et ne
s'attarda pas davantage. Il franchit la porte de la
salle et se dirigea vers la demeure où il avait

l'habitude de trouver Tristan. Le roi et tous les
autres l'ont vu faire et le suivent. Ne trouvant
pas son maître, le chien pousse des cris, gronde à
plusieurs reprises et manifeste une grande douleur;
il fait plusieurs tours en flairant le sol et retrouve
la trace de Tristan. De tous les pas que le preux
avait faits lorsqu'il fut pris et qu'il devait être brûlé,
il n'en est pas un seul que le brachet ne refasse.
Son flair le conduit au cachot où Tristan avait
été enfermé, puis dans la chapelle d'où il avait
sauté sur la falaise. Là, Husdent bondit sur l'autel en donnant de la voix et se jette par la verrière comme son maître l'avait fait. Il s'est blessé
à la patte en tombant sur le perron, mais il n'y
prend pas garde; il suit la piste sur la grève et
ne s'arrête qu'à la lisière fleurie du bois où
Tristan s'était embusqué; puis il s'enfonce sous
les grands arbres. Les barons disent au roi : « Lais-
sons-le maintenant, car il pourrait nous conduire
en des lieux secrets d'où il serait malaisé de
revenir. »

Husdent court sous la ramée et celle-ci retentit
si fort de ses abois que le bruit parvient aux oreilles
de Tristan. Le preux se dresse et crie à Gorvenal :
« Par ma foi, c'est Husdent que j'entends ! Pour
sûr, le roi est avec lui ! » Tristan saisit son arc
qu'il tend. Mais le chien débouche seul des fourrés : jugez des caresses qu'il fit à Tristan : il remue
la tête, agite la queue, lui lèche les mains et se
roule à ses pieds. C'est pour tous une grande liesse.
De son maître, il vole à Iseult, puis à Gorvenal et
même aux deux chevaux. Mais toujours, en ce
Morois, à la joie se mêle l'inquiétude : « Ah ! Dieu
dit Tristan, par quel malheur Husdent a-t-il su

me retrouver ? Que faire en ce bois d'un chien si
bruyant ? Ses aboiements nous trahiront et les gens
du roi nous prendront. Il vaut beaucoup mieux
qu'il soit tué plutôt que ses cris ne nous fassent
découvrir. Il fera notre malheur... Mais je ne peux
pourtant pas le tuer pour sa trop grande fidélité ! »
Iseult prend Husdent et le retient près d'elle :
« Pitié pour lui ! dit-elle; si le chien donne de
la voix en poursuivant la bête, c'est autant par
dressage que par nature. J'ai entendu dire jadis
qu'un forestier gallois possédait un chien courant :
il l'avait si bien enseigné qu'il suivait le cerf blessé
en bondissant, mais sans jamais crier ni faire de
tapage. Ami Tristan, ce serait une grande joie si
l'on pouvait, en y mettant de la peine, faire abandonner son cri à Husdent. » Tristan resta immobile
et réfléchit; il prit pitié de l'animal et dit : « Belle,
tu as dit vrai : je veux mettre mon application
et ma patience à lui faire prendre sa bête sans
crier. »

    Tristan va chasser à l'arc dans la forêt. Il y était
habile; il décoche une flèche à un daim : le sang
coule, le brachet aboie, le daim blessé s'enfuit en
bondissant, Husdent donne très haut de la voix.
Tristan le frappe, il lui donne un grand coup. Le
chien s'arrête auprès de son maître, il cesse de crier,
abandonne la bête; il lève la tête pour regarder
Tristan, ne sait que faire, il n'ose aboyer, perd la
trace. Tristan fourre le chien sous lui, à petits
coups de bâton sur le sol il lui indique la piste;
Husdent veut redonner de la voix; Tristan se met
en devoir de l'instruire. Avant que le premier mois
ne fût achevé, le chien fut parfaitement dressé à
chasser à la muette : sur l'herbe aussi bien que sur

la neige ou la glace, il n'abandonne jamais sa
bête, aussi rapide et ardente qu'elle puisse être.
Maintenant, le chien leur est d'un grand secours,
il leur rend des services sans prix. S'il prend dans
le bois un chevreuil ou un daim, il le dissimule
soigneusement en le couvrant de branchages, et s'il
l'atteint au milieu de la lande, il amasse de l'herbe
sur le corps de l'animal, retourne chercher son
maître, et le conduit jusqu'à sa prise.

Tristan fut avec Iseult deux ans dans la forêt;
ils y souffrirent mainte peine et mainte frayeur.
Durant les premiers mois ils n'osaient jamais rester
dans le même lieu : là où ils s'étaient éveillés,
jamais plus ils ne couchaient. Ils savaient trop bien
que le roi les faisait chercher et traquer. Le pain
et le sel leur faisaient grand défaut : ils vivaient
uniquement de baies sauvages et de la chair des
animaux que Tristan avait tués. Quoi d'étonnant
si leur visage change de teint, si leurs vêtements
s'usent et se déchirent aux ronces et aux épines ?
Ils souffrent également l'un et l'autre, car chacun
ressent les douleurs de l'autre. La belle Iseult
a grand peur que Tristan ne se repente; Tristan
redoute de son côté que sa mie n'éprouve contre
lui du ressentiment et ne regrette sa folie.

C'est ainsi que les fugitifs se dissimulèrent et dis-
parurent dans le silence des bois épais. On avait
perdu leurs traces et les félons ne pouvaient plus
rien contre eux. Depuis que Tristan courait librement, ils sentaient leur vie menacée. Encore une
fois, le maudit nain s'offrit à leur venir en aide,
mais ce fut pour son malheur. Les barons s'inquié-
taient de le voir tenir avec le roi des conciliabules
dont ils étaient exclus. A leurs questions inquiètes,

il répondait à mots couverts comme s'il gardait un
secret. Pourtant, un jour qu'ils l'avaient surpris
en état d'ivresse, ils le mirent à la question et réus-
sirent à le faire parler : « Je possède, dit-il, un
secret que je ne puis trahir sans me parjurer à
l'égard du roi. Mais comme vous êtes mes amis,
je ne dois rien vous cacher. Vous saurez tout, si
vous m'accompagnez au Gué Aventureux; là se
trouve une fosse qu'ombrage un buisson d'aubépines. Le secret que j'avais promis au roi de ne
confier à aucune oreille humaine, je l'ai confié, pour
mieux l'enterrer, à la fosse profonde, mais il est
parvenu au buisson d'aubépines qui surmonte le
trou : quand souffle le vent, l'aubépine en bruissant
murmure le secret qu'elle a recueilli. »

Les barons se trouvèrent au rendez-vous et Frocin
disparut dans le trou jusqu'aux épaules. Les autres
regardaient, tout ébahis, et n'entendaient rien. Soudain une brise se leva et secoua le buisson d'aubépines; le bruissement des feuilles porta jusqu'aux
barons, comme un léger murmure, cette confidence :
« Le roi Marc a des oreilles de cheval ». A quelque
temps de là, au sortir d'un festin, les barons, égayés
par le vin, dirent en manière de plaisanterie : « Roi,
nous savons ce que tu nous caches. — Qu'est-ce
donc que je vous cache ? » L'un des barons s'approcha alors du roi et murmura : « Le roi Marc a
des oreilles de cheval ! — Ma foi, répondit Marc,
en éclatant de rire, il est vrai que j'ai des oreilles
de cheval ! J'en avais gardé le secret jusqu'à ces
derniers temps, mais il a été surpris malgré moi
par les artifices d'un maudit sorcier, cet exécrable
nain qui ne sait pas tenir sa langue. Je veux en finir
avec lui. »

Dès qu'il aperçut le nain, Marc tira son épée et lui trancha la tête au ras de la bosse : bien des gens s'en réjouirent à cause du tort qu'il avait causé à Tristan et à Iseult : les amants avaient un ennemi de moins.

XX

L'IMPOSSIBLE REPENTIR

L'ÉTÉ s'en va, l'hiver est venu. Les amants vivaient
tapis dans le creux d'un rocher et, parfois, sur le
sol durci par le gel, le froid poudrait de givre leur
lit de feuilles mortes. Par la puissance de leur
amour, ni l'un ni l'autre ne sentait sa misère. Mais
quand revint le temps clair, ils dressèrent sous
les grands arbres leur hutte de branches reverdies.
Tristan savait, depuis l'enfance, l'art de contrefaire
le chant des oiseaux des bois; à son gré, il imitait
le loriot, la mésange, le rossignol et toute la gent
ailée. Parfois, sur les branches de la hutte, venus
à son appel, des oiseaux nombreux, le cou gonflé,
chantaient leurs lais dans la lumière. Les amants
ne fuyaient plus par la forêt, sans cesse errants,
car nul des barons ne se risquait à les poursuivre.
Un jour pourtant, l'un des quatre traîtres, que
Dieu maudisse ! entraîné par l'ardeur de la chasse,
osa s'aventurer dans les parages du Morois : c'était
Guenelon, riche homme et de grand renom, aimant
à faire courir la meute.

Ce jour-là, Gorvenal était au bord d'un ruisseau,
près de la source. Il avait ôté la selle à son destrier pour lui laisser paître l'herbe nouvelle. Sou-

dain, d'un bosquet voisin, surgirent des chiens
qui chassaient à grande allure : c'était la meute
de Guenelon qui passait par là. Gorvenal remit
en hâte la selle à son cheval, s'embusqua près de
la sente et vit accourir au grand galop celui qui
haïssait le plus son maître, seul et sans écuyer.
Le méchant baron donnait tant des éperons et si souvent de son poing frappait le col du cheval que
l'animal broncha contre un rocher et s'abattit. Gorvenal, adossé à un arbre, épiait celui qui arrivait
là si vite et n'en devait jamais revenir — le destin
ne fait pas de retour. Les chiens pourchassent le
cerf, les valets vont après les chiens et le maître
éclate en terribles jurons par dépit de sa chute
qui l'a mis en retard. Comme il passe à la hauteur
de Gorvenal, le fidèle serviteur sort de son abri,
se remémore tout le mal que Guenelon a fait à son
maître et, d'un coup d'épée, lui tranche le chef.
Ensuite, il saisit la tête, la pend à la selle de son
cheval et s'en retourne vers le repaire de Tristan.

   Le preux se reposait dans sa hutte, après les marches de la nuit. Sur la jonchée, il dormait, tenant
étroitement serrée la reine pour qui il éprouvait
tant de peine et de désarroi. Quelle joie sera la
sienne quand il saura qu'il a perdu la vie, celui
qui souhaitait si fort lui donner la mort ! Gorvenal
arrive devant la loge de feuillage, tenant en sa
main, par les cheveux, la tête du félon. Il la suspend
à la haute fourche dressée au centre de la hutte,
le visage tourné vers le sol. Tristan s'éveille au
bruit, regarde en haut et aperçoit dans l'ombre le
visage grimaçant de son ennemi dont les yeux semblent le fixer; il saisit son épée qu'il avait posée
auprès de lui et se dresse d'un bond. Son écuyer

lui dit alors à haute et forte voix : « Ne bouge
pas, tu peux dormir tranquille. C'est bien la
tête de Guenelon mais je l'ai déjà tranchée : il
t'avait fait assez de mal ! » Tristan est fort aise de
ce qu'il entend; celui qu'il avait le plus à craindre
est mort. La nouvelle se répand en Cornouailles
que les veneurs de Guenelon, revenus en arrière,
ont trouvé leur seigneur décapité : tous en sont
épouvantés : nul n'ose plus aller chasser dans la
forêt.

Pour échapper plus sûrement aux grands dangers
qu'ils couraient, Tristan fit un arc d'un bois robuste
et souple et il l'agença si habilement qu'il ne
manquait jamais son coup et tuait tout ce qu'il
visait : le nom qu'il lui donna fut « l'Arc-qui-ne-
faut ». Du jour où il fut muni de cette arme, il se
risqua à faire des incursions en des lieux plus
éloignés de son repaire. Un beau matin, comme les
amants parcouraient ces grands bois, en quête
d'herbes et de racines, ils arrivèrent par hasard à
l'oratoire d'un vieil ermite qui se nommait frère
Ogrin. Au soleil, sous un bosquet d'érables, auprès
de sa chapelle, le saint homme, appuyé sur sa béquille, allait à pas menus. « Sire Tristan, s'écria-t-il,
ne savez-vous pas que le roi a fait crier un ban
par toutes les paroisses du royaume ? Quiconque
se saisira de vous, par force ou par ruse, et vous
remettra entre ses mains, recevra cent deniers d'or
fin pour son salaire, et tous les barons ont juré
de vous livrer mort ou vif. Repentez-vous, Tristan,
car Dieu pardonne toujours au pécheur qui vient
à repentance. — Me repentir, sire Ogrin ? et de
quel crime ? Vous qui nous jugez avec tant d'assurance, savez-vous seulement quel philtre magique,

quel vin herbé nous avons bu tous les deux sur
la mer ? Oui, la liqueur enchantée nous enivre,
et j'aimerais mieux, avec Iseult, errer toute ma
vie dans ces lieux sauvages et vivre d'herbes et de
racines que de posséder, sans elle, tous les trésors
du roi Otran. — Sire Tristan, Dieu vous soit en
aide, car vous avez perdu ce monde-ci et l'autre.
Rien ne vous sauvera de la malédiction qui pèse
sur vous. Le traître à son seigneur, on doit le faire
écarteler par deux chevaux, le brûler sur un bûcher
et, là où sa cendre tombe, il ne croît plus d'herbe
et le labour reste inutile; les arbres, la verdure
y dépérissent. Tristan, je vous en conjure, pour le
salut de votre âme, rendez la reine à celui qu'elle
a épousé selon la loi de Rome. — Frère Ogrin,
sachez qu'elle n'est plus à lui, car il l'a abandonnée
honteusement et livrée à la troupe de ses lépreux;
c'est sur les lépreux que je l'ai conquise. Désormais,
elle est mienne; je ne puis me séparer d'elle, ni
elle de moi. »

Cette nuit-là l'ermite hébergea les deux amants
sous son toit; par charité, il fit violence pour une
fois à sa règle de vie qui lui interdisait de recevoir
aucune femme. Au petit jour ils se levèrent; l'ermite
pria pour eux et les bénit. Iseult pleurait, prosternée
aux genoux de l'homme qui souffre pour Dieu.
L'ermite, pour la convaincre, lui citait des paroles
du Livre saint; mais, toute en larmes, elle secouait
la tête et refusait de le croire : « Frère, disait-elle
je n'aime Tristan et il ne m'aime que par la force
du boire magique que nous avons bu ensemble par
mégarde et qui nous contraint à nous aimer. Il
est hors de notre pouvoir de renoncer à cet amour.
— Hélas ! dit Ogrin, quel réconfort peut-on donner

à des morts ? Repentez-vous l'un et l'autre, car celui
qui vit dans le péché sans repentir est un mort.
— Non, reprit Tristan avec force, je ne suis pas un
mort, car je vis et ne me repens pas. Frère Ogrin,
nous allons retourner à la forêt qui nous protège
et nous garde. Viens, Iseult amie ! » Iseult se
releva; ils se prirent par la main et quand ils furent
entrés dans les hautes herbes et les bruyères, les
arbres refermèrent sur eux leurs frondaisons.

XXI

LA CLÉMENCE DU ROI MARC

DEUX ans avaient passé depuis que les amants s'étaient réfugiés avec Gorvenal dans la forêt du Morois : ils y étaient demeurés déjà deux étés et deux hivers et ils voyaient revenir la saison chaude pour la troisième fois. Au fond des bois, loin de tout lieu habité, Tristan et son amie vivaient comme des bêtes traquées; ils ne mangeaient, outre des fruits sauvages, des herbes et des racines, que la chair des animaux tués à la chasse; la saveur du sel leur faisait cruellement défaut. Dans la hutte de feuillage où ils revenaient toujours après leurs longs cheminements, leur pauvre mobilier n'était fait que de quelques vases de terre cuite que Gorvenal avait échangés avec des forestiers contre des quartiers de venaison. Ils allaient puiser l'eau dans une fontaine assez proche que Tristan avait découverte parmi les ronces, au cours d'une chasse. Toujours fidèle et laborieux, Gorvenal avait tressé quelques paniers de jonc et les fugitifs les employaient pour la cueillette des fruits et des baies qu'il leur fallait chercher durant des heures sous les grands arbres et le long des sentiers. Tout le jour, Iseult restait seule tandis que les deux hommes allaient en chasse ou à la recherche d'une maigre pitance. La reine avait vite fait de rafraîchir la jonchée sous la loge de branchage : le reste du temps, elle demeurait solitaire, dans l'attente du retour de son amant. Si âpre et dure était la vie des bannis que leur maigreur était extrême et que leurs corps s'étaient affaiblis : plus le temps passait, plus cette vie d'indigence et de privation leur pesait et plus ils étaient prompts à sentir la fatigue. Les vêtements qu'ils n'avaient cessé de porter depuis tant de mois étaient élimés et tombaient en haillons, déchirés par les ronces à tel point que les trois compagnons se défendaient avec peine contre les intempéries et la fraîcheur des nuits. Seule la force du sortilège empêchait les amants de s'apitoyer sur leur propre sort et de regretter leur existence passée.

C'était peu après la Pentecôte; le soleil était brûlant et la chaleur accablante dès les premières heures du jour. Gorvenal était déjà parti en chasse de son côté et le chien Husdent l'accompagnait. Tristan sortit de la hutte, ceignit son épée, saisit l'Arc-qui-ne-faut et, seul, s'en fut chasser par le bois. La chance ne lui sourit pas ce jour-là : il leva tour à tour une biche, puis un cerf et, des heures durant, s'exténua à les traquer sans jamais les tenir à portée de ses flèches. Il lui semblait que ses membres amaigris étaient comme engourdis et trahissaient son ardeur dans la poursuite du gibier. A l'heure où la chaleur était la plus pesante, le preux se sentit dominé par la fatigue et, pour la première fois, renonça de lui-même à continuer la chasse. Il abandonna la piste et regagna à pas lents la loge de feuillage où l'attendait Iseult. La reine

s'était assoupie. Le crissement sec des brindilles
sous les pieds de Tristan l'éveilla. Elle se leva, vint
au-devant de lui et lui dit, les yeux encore appesan-
tis par la torpeur : « Bel ami, voici bien longtemps
que tu m'as quittée ! — Je me suis acharné à poursuivre une biche, puis un cerf, et je n'ai pris ni
l'un ni l'autre; je tombe de lassitude et je ne
désire plus rien que m'étendre et dormir. »

Sitôt entré, Tristan s'allongea sur le sol jonché
de verts rameaux et, par un geste plein de sens, posa
devant lui, le long de son corps, l'épée nue qu'il
tenait à la main. Il éprouvait un tel besoin de repos
qu'il ne prit pas la peine de se dévêtir : il garda
sur lui ses longues braies et une tunique courte,
serrée à la taille par une ceinture. Iseult s'étendit
à son tour en face de lui, de l'autre côté de l'épée,
le visage tourné vers Tristan, sans toutefois que
leurs lèvres s'effleurent. Elle portait un bliaut usagé
et troué qu'elle avait passé sur une longue chemise
blanche. Son doigt s'ornait d'un anneau d'or, serti
d'une émeraude, que Marc lui avait donné le jour
de leurs noces; elle avait eu, ce jour-là, quelque
peine à le passer à son doigt, mais aujourd'hui
le doigt était devenu si grêle que la bague risquait
à chaque instant de glisser. Tristan avait tendu
ses deux bras vers le visage de son amie, la main
gauche était passée sous la tête d'Iseult et plongeait
dans la toison de ses cheveux, la droite reposait sur
la courbe délicate du cou. Leurs deux corps,
bien que rapprochés, ne se touchaient pas et l'acier
froid de l'épée brillait entre eux. Ils ne tardèrent
pas à sombrer dans le sommeil, l'un près de l'autre,
leurs deux corps étendus face à face, immobiles
et beaux comme des statues. Pour la première fois

depuis qu'ils étaient entrés dans la forêt du Morois,
ils reposèrent ensemble ce jour-là sans obéir à la
force du désir.

Dehors, le soleil était plus ardent que jamais :
pas un souffle de brise, pas une feuille qui tremble.
Un forestier du roi vint à passer par là. Il remarqua,
sous un grand arbre, que l'herbe avait été foulée
récemment et gardait la trace de deux corps : les
amants s'y étaient reposés la veille. L'homme avait
entendu proclamer le ban du roi : il savait qu'une
grande somme d'or serait remise à quiconque
découvrirait la retraite des fugitifs. L'appât du
gain le poussa à chercher le refuge des amants :
il s'engagea dans le fourré et, suivant dans l'herbe
les traces de leurs pas, il atteignit leur nouveau
gîte. Par la porte ouverte de la hutte, il aperçut les
dormeurs allongés face à face sur leur lit de feuillage et il les reconnut; mais l'effroi le saisit à la
pensée que Tristan aurait pu s'éveiller et lui faire
un mauvais parti. Il s'éloigna à reculons, sur la pointe
des pieds et, quand il fut à une distance suffisante,
il prit sa course et franchit les deux lieues qui le
séparaient de Tintagel.

Dans la grand salle, le roi tenait son tribunal,
entouré de ses barons. Le forestier gravit les marches
du perron et fit irruption dans la salle, tout hors
d'haleine. Marc, en le voyant, s'écria : « Quelles
nouvelles m'apportes-tu pour entrer ainsi sans crier
gare ? Tu souffles comme un veneur qui a couru
après ses chiens ! Contre qui viens-tu porter plainte ?
Parle ! Expose ta requête ! » Le forestier s'approcha
du roi et lui dit à l'oreille : « Ecoute-moi, roi,
s'il te plaît. On a proclamé par ce pays que celui
qui trouverait ton neveu avec la reine devrait,

sous peine de mort, t'en informer sans délai. Eh
bien, je les ai trouvés ! Certes, j'eus grand peur
quand je les vis, car les flèches de Tristan ne
manquent jamais leur but, mais je crains ton courroux. Si tu veux, je te mènerai là où ils dorment :
que je meure si je ne t'ai pas dit la vérité ! »
Marc devint rouge d'émoi et de colère : « Dis-moi,
veneur, fit-il tout bas, où les as-tu trouvés ?
— Dans une loge de la forêt du Morois, à deux bonnes lieues d'ici. Je les ai vus endormis l'un près de
l'autre. Viens sans tarder et châtie les auteurs de
ta honte. Si tu n'en tires âpre vengeance, tu n'as
plus de droit de tenir ton royaume. » Le roi lui dit :
« Si tu tiens à ta vie, garde-toi de révéler à qui
que ce soit ce que tu viens de m'apprendre. Va m'attendre à la Croix Rouge qui se dresse le long du
chemin à l'entrée du cimetière; je ne tarderai pas.
Tu auras de l'or et de l'argent autant que tu en
voudras ! » Le veneur laisse le roi, s'en vient à la
Croix Rouge et s'assied sur le socle.

L'homme une fois sorti, le roi appelle ses fidèles
et leur dit : « Je viens d'apprendre une chose dont
je veux m'assurer par moi-même. Je vais donc vous
laisser ici durant une heure ou deux. Que nul d'entre
vous n'ait la hardiesse de me suivre pour voir où
je vais ! » Tous se regardent, ébahis, et plusieurs
lui demandent : « Roi, parlez-vous sérieusement ?
Vous a-t-on vu jamais voyager sans escorte ? »

Marc, qui ne se souciait pas de les prendre à
témoin de son déshonneur, leur répliqua : « Je
n'ai reçu aucune nouvelle d'importance, mais une
fille m'a donné rendez-vous en me demandant le
secret : j'entends y aller, sans écuyer ni compagnon,
seul avec mon destrier. »

Le roi ceint son épée, monte en selle, se dirige vers la Croix Rouge. Tandis qu'il chevauche, il repasse dans son esprit la trahison de Tristan, et comment il lui a ravi Iseult au clair visage. Il jure que, s'il les trouve couchés ensemble, il leur fera payer le prix de sa honte en les transperçant de son épée. A la Croix Rouge, le veneur l'attendait.

« Conduis-moi au plus vite jusqu'à la hutte où tu les as surpris. »

Ils entrèrent dans la forêt. L'espion allait devant; le roi le suivait serrant son épée dans sa main droite. Enfin le forestier murmura : « Roi, nous approchons. »

Il prit le cheval du roi par la bride, tint l'étrier pendant qu'il descendait et attacha l'animal au tronc d'un pommier vert. Ils s'avancèrent à pas feutrés vers la loge fleurie qu'ils apercevaient devant eux. Avant d'y entrer, le roi dégrafa son manteau; il avait ainsi le bras libre pour manier son épée, persuadé qu'il allait, sans tarder, l'employer à sa vengeance. Par deux fois, il jura à mi-voix : « Que je meure si je ne les tue ! » Au forestier, il ordonna de s'éloigner et de l'attendre près de son cheval, puis il s'avança jusqu'au lit de feuilles, l'épée haute, et considéra un instant les dormeurs immobiles. Va-t-il les frapper ? Mais voici que son bras tremblant de colère retombe lentement : il a vu que leurs lèvres ne se touchaient point, qu'ils avaient gardé leurs vêtements et que leurs corps étaient séparés par l'épée nue de Tristan, la même qui s'était ébréchée naguère dans le crâne du Morholt. « Dieu, se dit-il en lui-même, que vois-je ici ? Ai-je le droit de les tuer ? Depuis deux ans qu'ils vivent ensemble dans ce bois, s'ils s'aimaient de fol amour,

dormiraient-ils tout vêtus ? Auraient-ils placé entre
eux cette épée nue ? Les clercs les plus savants nous
enseignent qu'une épée nue entre deux corps est
gardienne et garante de chasteté. Ne vois-je pas
que leurs lèvres sont désunies ? Non, je ne les tuerai
pas ; ce serait grand péché de les frapper alors
qu'ils reposent sans défense. Et si je les éveillais,
qui sait si Tristan, brusquement tiré du sommeil,
ne dirigerait pas contre moi son épée ? L'un de
nous deux pourrait être tué. On en parlerait longtemps dans le pays et ce ne serait à l'honneur ni
de l'un ni de l'autre. Mais je vais faire en sorte
qu'à leur réveil, ils sachent de science certaine
que je les ai découverts endormis dans cette hutte ;
ils sauront que j'aurais pu les tuer si je l'avais
voulu et que je les ai pris en pitié, leur accordant
mon pardon et ma clémence. »

Le roi sent sa colère s'apaiser peu à peu ; il
souhaite du fond du cœur se réconcilier avec sa
femme et son neveu. Alors, il retire doucement du
doigt amaigri de la reine la bague d'or, sertie d'une
émeraude, qu'il lui avait donnée pour ses noces ;
il glisse à sa place, sans qu'elle sente rien, l'anneau
dont Iseult lui avait fait présent. « Puisse-t-elle
comprendre, par cet échange de nos anneaux, que
je lui garde ma foi et mon amour comme au
premier jour de nos épousailles ! » Puis, se penchant
à nouveau, il saisit lentement par le pommeau
l'épée de Tristan qui gisait entre les deux corps et
il met la sienne à la place.

« Beau neveu, par l'échange que je fais de nos
épées, je te rends ma confiance et mon amitié
comme au jour où je te revêtis de tes armes quand
tu te préparais à affronter le Morholt. »

Au moment où il sortait de la loge, Marc vit
un trou dans le clayonnage de branchages et de
rameaux qui en formait le toit; un chaud rayon
pénétrait par cette étroite ouverture et venait éclai-
rer le visage de la reine qui resplendissait dans la
pénombre.

Il prit ses gants royaux, parés d'hermine, et il
les disposa dans le feuillage pour la défendre de
l'ardeur du soleil. « Que ces gants, symboles de
la puissance royale, vous soient un gage, belle Iseult,
que je vous prends comme naguère sous ma protec-
tion et ma sauvegarde ! »

Sorti de la loge, Marc détacha son cheval, sauta
en selle et, comme le forestier s'étonnait de le voir
renoncer si facilement à sa vengeance, il lui dit :
« Maraud ! depuis quand ai-je des comptes à te
rendre ? Fuis maintenant loin d'ici et sauve ton corps
si tu le peux ! » Quand Marc fut rentré à Tintagel,
ses hommes lui demandèrent où il avait été si
longtemps. Il mentit de son mieux : nul ne sut
jamais où il était allé, ni pour quelle besogne.
Quant à lui, il se réjouissait secrètement de pouvoir
croire à nouveau que sa femme et son neveu
ne le trompaient pas; il lui plaisait, pour mieux
se convaincre de leur innocence, de prendre les
apparences pour la réalité, et un symbole pour une
preuve. Sa nature le portait à préférer le pardon
et l'apaisement à la dureté et à la violence.

Pendant ce temps, les amants dormaient toujours
et Iseult faisait un songe. Il lui semblait qu'elle
était dans une grande forêt, sous un riche pavillon;
deux lions affamés se précipitaient sur elle, mais,
au dernier moment, au lieu de la dévorer, chacun
d'eux plaçait sa patte droite sur la tête de la reine

comme pour prendre possession de sa personne.
D'effroi Iseult jette un cri et s'éveille; aux mouvements qu'elle fait les gants ornés d'hermine
tombent sur sa poitrine. Tristan entend le cri, se
dresse brusquement et veut saisir son épée : il
voit alors avec stupeur que la lame n'est pas ébréchée et, à son pommeau d'or ciselé, il reconnaît
l'épée du roi. Au même instant la reine remarque
à son doigt l'anneau que Marc y avait glissé. Elle
pâlit et s'écrie : « Que Dieu nous aide ! Le roi nous
a découverts ! Vois, ami, il a retiré l'anneau de
mon doigt et a glissé le sien à la place ! » Tristan
réplique : « Il a pris mon épée et m'a laissé la
sienne; sans doute a-t-il voulu me faire savoir
qu'il m'a tenu à sa merci tandis que je dormais.
Il a voulu nous signifier que nous sommes en sa
puissance et à sa discrétion; c'est pourquoi il a
déposé ses gants sur le feuillage de la loge. »

Sur ces entrefaites, Gorvenal entra dans la hutte,
il les vit si pâles et si désemparés qu'il s'inquiéta :
« Qu'avez-vous ? Et qu'est-ce qui vous tourmente ?
— Par ma foi, le roi nous a trouvés ici, pendant
que nous dormions. Il nous a épargnés, je ne sais
pourquoi, mais il m'a laissé son épée à la place
de la mienne et il a passé son anneau au doigt
de la reine; de plus il a posé ses deux gants parés
d'hermine sur le feuillage de cette hutte. Qu'est-
ce à dire, et que devons-nous en penser ? C'est ici
ou jamais que nous avons besoin de tes avis et de
ta sagesse. »

Gorvenal répondit : « Je crains que, par ces échan-
ges singuliers, le roi n'ait cherché à vous abuser. Qui
sait s'il n'a pas voulu vous rassurer par une feinte
bienveillance, tandis qu'il allait en toute hâte assem-

bler ses hommes d'armes pour mieux se saisir de
vous ? A mon sens, vous n'avez plus d'autre ressource
que la fuite. Je ne vois pas de meilleur conseil
à vous donner. Dans le doute où vous êtes des
véritables intentions du roi, le mieux est de mettre
une longue distance entre lui et vous. Il sera temps
ensuite de réfléchir à ce qu'il vous conviendra de
faire. »

Les amants, avec Gorvenal, marchent par des
sentiers perdus vers la terre de Galles, aux extrêmes
confins de la forêt du Morois. La peur leur trace
de longues étapes sans repos ni sommeil. Que de
ortures Amour leur aura causées !

XXII

LA FIN DU SORTILÈGE

La vertu du philtre ne devait durer que trois ans;
ainsi l'avait voulu la mère d'Iseult quand elle le
prépara. Le terme arriva comme il était fixé :
ce fut quelques jours après que le roi Marc avait
surpris les amants endormis dans la loge de feuillage.
Ce jour-là, Tristan s'était levé de bon matin, sans
éveiller Iseult. Il partit à la chasse comme à l'ordinaire, mais le soir arriva sans qu'il eût tué la moindre pièce de gibier. Debout sous un chêne, au flanc
d'un tertre, il se prit à songer en portant ses regards
au loin vers le pays de Galles. A la tombée de la nuit,
des feux s'allumèrent dans le lointain, les uns
après les autres, au sommet des collines : les Gallois
fêtaient la Saint-Jean d'été. C'était ce même jour,
le plus long de l'année, que trois ans plus tôt, sur
la nef qui le ramenait d'Irlande avec Iseult, ils
avaient bu ensemble le fatal breuvage. Alors, il se
sentit brusquement libéré de l'emprise du sortilège
et de nouveaux pensers lui vinrent à l'esprit :

« Non, ce n'est pas par crainte ni par ruse que
le roi nous a épargnés. Il avait pris mon épée, je
dormais, j'étais à sa merci : il pouvait frapper; à
quoi bon du renfort ? Et s'il voulait me prendre

vif, pourquoi, m'ayant désarmé, m'aurait-il laissé
sa propre épée ? Ah ! je te reconnais là, bel oncle :
non par ruse, mais par pitié, tu as voulu nous
pardonner. Nous pardonner ? non, tu n'as point
à pardonner, mais tu as entrevu confusément la
vérité. Tu as deviné que je n'avais jamais eu la
volonté de t'offenser : j'étais dominé par une force
dont je n'étais pas maître. Tu t'es rappelé que,
depuis que tu m'avais condamné au bûcher, je
n'avais pas reconnu mon tort, mais vainement
réclamé jugement par bataille; et la noblesse de
ton cœur t'a incliné à comprendre des choses que
tu n'avais pas même soupçonnées. Non que tu saches
ni jamais puisses savoir la vérité du boire herbé,
mais tu doutes, tu espères, tu sens que je n'ai pas
dit mensonge. Ah ! bel oncle, comme il me serait
doux de rentrer en paix avec toi, de revêtir encore
à ton service le haubert et le heaume ! Naguère, traqué par toi, je pouvais me dresser contre toi, car tu
avais abandonné Iseult aux lépreux; elle n'était
plus à toi, elle était mienne. Voici que par ta pitié
et ta clémence, tu m'as enlevé le droit de te disputer
la reine et de la garder avec moi. La reine ? Dans
ce bois, elle vit comme une serve. Qu'ai-je fait de
sa jeunesse ? Au lieu de sa chambre tendue de draps
de soie, je lui ai donné une hutte dans la forêt
sauvage, et c'est pour moi qu'elle vit cette âpre
vie. Au Seigneur Dieu, Roi du monde, je crie
merci et je le supplie qu'Il me donne la force de
rendre Iseult au roi Marc. »

La nuit devenait plus profonde. Dans le fourré
clos de ronces, qui depuis trois jours leur servait
de gîte, Iseult la blonde attendait le retour de
Tristan. Un rayon de lune fit luire à son doigt

l'anneau d'or que Marc y avait glissé. Elle songea :
« Celui qui par courtoisie a passé cet anneau d'or
à mon doigt pendant mon sommeil est-il le même
que l'homme, emporté par la colère, qui m'a livrée
aux lépreux ? Non, c'est le maître plein d'indul-
gence qui, du jour où j'ai abordé sur sa terre,
m'accueillit et me protégea. Mais je suis venue
et j'ai causé, sans l'avoir voulu, l'inimitié qui dresse
maintenant le roi Marc contre Tristan. Tristan ne
devrait-il pas vivre au palais du roi, avec cent
damoiseaux autour de lui ? Il a renoncé pour moi
à exercer sa prouesse : exilé de la cour, pourchassé
dans ce bois, il mène une existence misérable.
Sera-t-il donc contraint, pour me plaire, à passer
le reste de sa vie dans les privations et l'obscurité ?
Je n'ai pas le droit d'exiger de lui un tel sacrifice. »
   Elle entendit alors s'approcher le pas de Tristan.
Elle vint à sa rencontre, comme à l'accoutumée, pour
lui enlever ses armes. Elle lui prit des mains l'Arc-
qui-ne-faut et ses flèches et dénoua les attaches
de son épée. « Amie, dit Tristan, c'est l'épée de
Marc. Elle devait nous égorger, elle nous a épargnés. » Iseult prit l'épée et contempla les pierres
précieuses qui décoraient le pommeau d'or. « Belle,
dit-il, si je pouvais faire accord avec le roi ! Si seulement il m'admettait à soutenir par bataille que
jamais, de mon plein gré, ni en fait ni en parole,
je ne t'ai aimée d'un amour outrageant pour lui !
Alors, tout homme de son royaume, depuis Lidan
jusqu'à Durham, qui m'oserait contredire me trouverait prêt à le vaincre en champ clos. Une fois
justifié par ce combat, si le roi voulait souffrir
de me garder en sa maison, nous rentrerions ensemble à la cour et je le servirais à grand honneur,

comme mon seigneur et mon oncle. S'il préférait
m'éloigner tout en te gardant près de lui, je passerais
en Frise ou en Bretagne armoricaine, avec Gorvenal
comme seul compagnon. Dans l'un ou l'autre cas,
reine, toujours je t'appartiendrai et resterai tien.
Tu peux bien t'étonner que je songe à cette séparation, mais l'idée ne m'en serait jamais venue,
n'était la dure misère que tu supportes pour moi
depuis si longtemps, belle, en cette terre déserte ! »
Iseult réfléchit un certain temps, puis elle reprit :
« Depuis deux ans, nous errons dans cette forêt
et nous supportons sans nous plaindre les privations, le chaud et le froid. Pourtant, jamais jusqu'à
présent tu ne m'avais tenu pareil langage. D'où
vient que tu songes maintenant, pour la première
fois, à te séparer de moi et à me rendre au roi
Marc ? — Douce amie, Dieu m'est témoin que mon
amour pour toi est aussi fort qu'autrefois mais, je
ne veux point te le cacher, c'est aujourd'hui la
Saint-Jean d'été et j'ai vu les feux de joie s'allumer
au sommet des collines du pays de Galles : ils
brûlent encore en ce moment. En regardant de
loin leurs flammes monter dans la nuit, j'ai songé
que trois ans, jour pour jour, s'étaient écoulés
depuis que nous avons bu, toi et moi, le philtre
d'amour. Tu sais que la reine d'Irlande, ta mère,
l'avait brassé, par art de magie, pour une durée de
trois ans. Il n'est au monde pareille magicienne et
elle ne s'est pas trompée dans ses calculs. J'ai eu
brusquement le sentiment que la force du vin herbé
avait cessé de nous dominer; je sens qu'elle s'est
déjà évanouie en cet instant. Sinon, comment aurais-
je pu concevoir seulement l'idée de te rendre au
roi Marc ? Comment, si le philtre te possédait

toujours, pourrais-tu supporter de m'entendre proposer cette séparation ? Cette seule pensée nous eût été jadis insupportable à tous les deux. — Tu dis vrai, ami Tristan. Je sens comme toi que le sortilège vient de prendre fin. Notre amour demeure, comme tu le dis, plus fort que jamais, mais il a cessé d'être une contrainte magique, une force extérieure à nous, invincible et fatale. Nous allons nous aimer maintenant comme les autres hommes et les autres femmes depuis que le monde est monde; nous voici ramenés à la condition commune de tous les mortels. Nous serons soumis désormais aux caprices du hasard, aux fluctuations de nos désirs, à tous les mouvements contraires, à tous les repentirs de nos propres volontés. De là vient qu'à cette heure, sans cesser de nous aimer, nous en sommes à concevoir le projet de nous séparer. » Tristan la regarda longuement avec tendresse, puis il ajouta : « Tu as compris comme moi, belle amie, que notre vie allait changer. A partir de cette heure, nous ne serons plus conduits malgré nous par la force du sortilège; il nous faudra décider nous-mêmes de notre sort. Quel homme sera assez sage pour nous conseiller dans un tel désarroi ? — Tristan, qu'il te souvienne de l'ermite Ogrin, que nous allâmes visiter naguère en son bocage. Retournons vers lui, et puissions-nous recevoir de lui, dans l'incertitude où nous sommes, un conseil inspiré par Dieu ! — Nous ne pourrions mieux faire », répondit Tristan.

Renonçant d'un commun accord à dormir cette nuit-là, ils éveillèrent Gorvenal. L'écuyer les précédait pour leur frayer la voie à travers les fourrés. Iseult était montée sur le cheval de Tristan que

celui-ci conduisait par la bride; alors, traversant
pour la dernière fois les bois plongés dans les
ténèbres, ils cheminèrent sans une parole. Aux
premières lueurs de l'aube, ils prirent un peu de
repos, puis marchèrent encore, tant qu'ils parvinrent
à l'ermitage. Au seuil de sa chapelle, Ogrin lisait
en un livre. Il les vit et, de loin, les appela. « Amis,
comme Amour vous traque de misère en misère !
Combien durera votre folie ? Courage, repentez
vous enfin ! » Tristan parla le premier : « Nous
vous apportons, frère Ogrin, une nouvelle qui vous
réjouira le cœur : nous avons maintenant la volonté
de nous réconcilier avec le roi. S'il consent à l'accord
que nous lui proposerons, je suis prêt à lui rendre
la reine. Et même, s'il l'exige, je m'en irai au loin,
en Bretagne ou en Frise. Toutefois, si le roi voulait
me souffrir près de lui, je reviendrais à sa cour et
le servirais comme je dois. » Iseult dit à son tour
d'une voix dolente : « Frère Ogrin, comprenez-le
bien, je ne puis plus vivre la vie que j'ai menée
depuis deux ans. Je ne dis pas que je me repente
d'avoir aimé et d'aimer Tristan : jamais je ne m'en
repentirai. Mais je n'ai plus la force d'endurer une
existence aussi âpre et aussi misérable. Je l'ai
supportée tant que j'ai pu, je suis trop faible
maintenant pour persister dans cette voie. Je vous
en prie, saint ermite, aidez-nous de vos conseils. »
L'ermite l'entendit et il en fut ému jusqu'aux larmes :
« Je te remercie, Dieu Très Haut, d'avoir inspiré
de salutaires regrets à ces malheureux ! Béni sois-tu
de m'avoir laissé vivre assez longtemps pour les
voir enfin résolus à changer de vie ! Tristan, et
vous Iseult, écoutez-moi : quand deux êtres se
sont aimés d'amour coupable, puis regrettent leur

péché et s'éloignent l'un de l'autre, Dieu ne leur
refuse jamais son pardon. Je vais écrire un bref
à l'intention du roi : je lui ferai savoir que vous
êtes ici et que vous n'avez rien commis dont il doive
vous garder rancune. Grâce au Ciel, vous avez
échappé aux intrigues du nain qui fut son indigne
conseiller. Si Tristan a emmené la reine avec lui,
ce fut par pitié, pour ne pas l'abandonner à sa
détresse, livrée à la troupe des lépreux. Voilà ce
qu'il faut dire pour vous justifier, car, pour ramener
la paix, il est permis parfois de mentir un peu...
Si le roi veut oublier ses griefs contre vous, vous
retournerez tout bonnement à la cour. — Homme
de Dieu, dit Tristan, vous parlez avec un grand
sens; c'est ainsi qu'il faut écrire au roi. Vous ajoute-
rez seulement que, pour ma sauvegarde, je prie mon
oncle de me signifier son accord par écrit. Qu'il fasse
déposer sa réponse à l'un des bras de la Croix
Rouge. Quand je l'aurai reçue, confiant en sa parole,
j'accomplirai sa volonté. »

Frère Ogrin leur servit d'abord du lait de chèvre,
du pain de seigle cuit sous la cendre et des légumes
avec du sel. Quand ils se furent restaurés, le saint
homme s'approcha de son écritoire et, sur un parchemin neuf, écrivit la lettre comme le voulait
son visiteur, puis il se leva et tendit le bref à Tristan qui le scella de son anneau. « Ami, dit l'ermite,
qui de nous portera ce message ? — Moi-même,
répondit Tristan. — Cela ne se peut, car le risque
est trop grand. — Si fait, je connais bien les lieux.
Je partirai à cheval avec Gorvenal et mettrai pied
à terre à l'entrée de la ville. » Après le coucher
du soleil, Tristan se met en route, avec son écuyer.
Ils chevauchent toute la nuit et parviennent à

Tintagel à l'heure où le guetteur corne sur le
rempart pour annoncer l'approche du jour. Tristan
se laisse glisser dans le fossé, franchit l'enceinte
du château et arrive sans encombre au pied de la
chambre du roi. Il s'approche de la fenêtre et
l'appelle par son nom. Marc s'éveille et, tout étonné,
il demande : « Qui es-tu pour venir à cette heure ?
— Sire, c'est Tristan. Je vous apporte un bref :
vous le trouverez sur l'ébrasement de la fenêtre.
Je ne puis m'attarder ici : vous me ferez tenir
votre réponse au lieu indiqué dans la lettre.
— Par Dieu, beau neveu, attends-moi, j'arrive. » Le
roi se lève de son lit, court à la fenêtre, prend le pli
de parchemin et, par trois fois, il appelle Tristan.
Celui-ci est déjà loin, il a rejoint Gorvenal aux
portes de la ville. « Es-tu fou ? dit l'écuyer. Nous
allons être poursuivis ! Sauvons-nous par la traverse ! » Ils chevauchèrent à telle allure par un chemin bas qu'ils atteignirent l'ermitage à l'heure de
sexte. Dans la chapelle, Ogrin priait Dieu d'accorder son secours à Tristan; il soupira quand il le vit
de retour. Iseult sortit à la rencontre de son ami.
Depuis son départ, elle avait trouvé l'attente bien
longue. Pressé de questions, Tristan conta son esca-
pade : comment il avait pénétré dans la ville et
jusqu'au château, ce qu'il avait dit au roi et comment le roi l'avait appelé trois fois tandis qu'il
s'enfuyait. Ogrin joignit les mains : « Seigneur,
dit-il, béni sois-tu. Désormais tout ira bien. Le roi
ne tardera pas à nous donner de ses nouvelles. »

XXIII

LA SÉPARATION DES AMANTS

Quand Marc eut trouvé le message, il manda son
chapelain et le lui tendit. Le clerc brisa le cachet
de cire et lut tout haut ce qu'écrivait Tristan.
Marc se réjouit des nouvelles que contenait la lettre, car il aimait toujours sa femme et, depuis
qu'il l'avait surprise endormie près de Tristan,
dans la forêt du Morois, il s'affligeait de l'avoir perdue. Il fit aussitôt éveiller ses barons. Dès qu'ils
furent réunis dans la salle, il prit la parole : « Seigneurs, dit-il, voici un bref que je viens de recevoir.
Je suis votre roi; vous êtes mes vassaux et vous me
devez conseil. Ecoutez donc ce qu'on m'écrit. » Le
clerc déplia le parchemin et lut sans rien omettre :
« Au noble roi Marc, Tristan, son neveu, mande
« salut et amour ainsi qu'à tout son baronnage !
« Roi, tu sais comment, après avoir tué le dragon
« furieux, j'ai conquis par cette prouesse la fille du
« roi d'Irlande. Je l'ai amenée dans ce pays et
« tu l'as prise pour femme devant ta cour assem-
« blée. Quand ton mariage eut été célébré, Kariado
« puis quatre félons t'abusèrent par leurs calomnies :
« ils mentaient et je suis prêt encore à donner
« mon gage et à lutter à armes égales contre qui-

« conque aura mal parlé de la reine. Et pourtant,
« bel oncle, tu as voulu nous brûler vifs, elle et
« moi ! Mais Dieu a entendu les prières des pauvres
« gens et il a eu pitié de nous. Pour moi, j'ai
« échappé au bûcher en sautant du haut d'une
« falaise; c'est alors que tu as livré Iseult aux
« lépreux pour la mieux honnir, mais je l'ai libérée
« de leurs mains et ce fut justice. Pouvais-je la
« laisser à la merci de ces truands ? Je me suis
« enfui avec elle et nous avons vécu l'un près de
« l'autre, protégés contre toi par l'épaisseur des
« bois. Tu as fait proclamer un ban pour promettre
« une récompense à qui nous livrerait, morts ou
« vifs, mais Dieu, dans sa clémence, nous a préservés
« de tout mal. Voici peu de jours, tu nous as
« surpris sous une loge de feuillage, dans la forêt
« du Morois, tandis que nous dormions, côte à côte,
« sans penser à mal. Dieu t'a inspiré des pensées
« de clémence : tu nous as épargnés sans même
« nous éveiller. Tu nous as laissé, en gage de ta
« bienveillance, ton anneau, ton épée et tes gants.
« Sire, nous avons compris ton message et nous
« voulons y répondre. S'il te plaît maintenant de
« reprendre près de toi Iseult au clair visage et
« de m'accueillir à nouveau dans ton palais, aucun
« baron de cette terre ne te servira plus fidèlement
« que moi. Si tu me repousses, par crainte ou par
« rancune, je m'en irai combattre chez le riche
« roi de Gavoie, et tu ne me reverras plus. C'est
« à toi de décider; je ne peux plus supporter de
« voir la reine vivre dans la misère et le dénuement,
« parmi les bêtes de la forêt. Si tu n'acceptes pas
« l'accord que je te propose et si tu refuses de
« reprendre la reine avec toi, par amitié et par

« honneur, je la ramènerai en Irlande où je l'ai
« prise et elle règnera dans son pays. Sire, fais sus-
« pendre ta réponse, quelle qu'elle soit, à l'un des
« bras de la Croix Rouge. »

Les barons voient que Tristan, une fois de plus,
leur offre la bataille pour démontrer l'innocence
d'Iseult et la sienne. Mais aucun d'eux ne se soucie
de prendre les armes et d'exposer son corps pour
soutenir l'accusation. Les félons se taisent; Dinas
de Lidan et ceux qui n'avaient jamais accusé
Tristan s'écrient d'une commune voix : « Sire,
reprenez votre femme, car ce sont des insensés qui
vous ont brouillé avec elle ! Même si l'on admet
qu'elle a commis quelque imprudence, elle a si
durement expié cette faute que vous pouvez lui
accorder sa rémission. Quant à Tristan, sans passer
la mer, qu'il aille combattre en Gavoie, le riche
royaume que le roi d'Ecosse vient d'envahir. Il y
trouvera l'emploi de sa valeur. Plus tard, si vous
le jugez bon, vous pourrez le rappeler auprès de
vous. Faites-lui donc savoir vos conditions et mandez-
lui, sans plus tarder, de vous ramener la reine. »
Le roi fit signe au chapelain : « Maître, écrivez-moi
rapidement un bref; mes barons vous ont dit ce
qu'il faut y mettre; je n'ai rien à ajouter. Mon
seul désir est de revoir Iseult, ma douce dame, qui
a tant souffert. Et ne manquez pas de saluer de
ma part Tristan, mon cher neveu. Que dès ce soir,
le message soit suspendu à l'un des bras de la
Croix Rouge ! »

En vain, Tristan chercha le sommeil cette nuit-
là. Avant qu'elle ne fût en son milieu, il se leva,
chevaucha à travers la Blanche Lande, jusqu'à la
Croix Rouge, trouva suspendue à l'un des bras de

la croix la lettre du roi et la rapporta à l'ermitage.
Ogrin, l'ayant déchiffrée, vit que le roi consentait
à reprendre Iseult, son épouse. Il parla alors comme
il convenait, en homme qui croit en Dieu : « Tristan, le roi t'a entendu. Sur le conseil de ses barons,
il se déclare prêt à recevoir Iseult, mais non à te
prendre à son service. Il te faudra, pendant un an
ou deux, guerroyer en terre étrangère, puis, s'il
plaît au roi et à la reine, ils te rappelleront à la
cour. C'est une sage mesure et tu dois t'y soumettre.
Dans trois jours, sans conteste, tu conduiras Iseult
au Gué Aventureux. — Dieu ! dit Tristan, quel
chagrin d'avoir à quitter son amie ! Mais je dois m'y
résigner, car sa misère n'a que trop duré. » Puis, se
tournant vers Iseult, il lui dit : « Reine, cette
séparation sera bien dure pour toi et moi, mais
elle ne durera qu'un temps. Si tu me mandes
auprès de toi par un messager, je reviendrai aussitôt pour te réconforter et, s'il le faut, pour te
secourir; quoi que tu m'ordonnes, je ferai toute
ta volonté. Quand viendra l'heure de nous quitter,
nous échangerons des gages et nous nous jurerons
d'accourir chaque fois que l'un d'entre nous fera
appel à l'autre. » La reine poussa un soupir et
répondit : « Tristan, c'est ainsi que nous devons
faire. Veux-tu me laisser ton chien Husdent, qui
a partagé nos misères ? Jamais chien n'aura été
plus choyé que lui, si je le garde. Quand je serai
triste, beau doux ami, il me fera penser à toi et
mon cœur s'emplira de joie. Moi, j'ai un anneau
d'argent, au chaton de jaspe vert, dont la pierre
est d'une merveilleuse vertu. Je te le donnerai
et tu le porteras sans cesse à ton doigt, car chaque
fois que tu le regarderas, tu reverras mon image

dans ton souvenir comme si j'étais présente à tes côtés. Quant tu voudras m'appeler auprès de toi, tu le confieras à ton envoyé pour qu'il se fasse reconnaître de moi. Il me suffira de le voir et je t'assure que ni muraille, ni tour, ni fort château ne m'empêcheront de tout laisser pour accomplir ton désir, que ce soit sagesse ou folie. — Belle Iseult, comme gage d'amour, je te laisserai mon chien Husdent et je recevrai ton anneau en échange de ce brachet. »

Les bannis ne pouvaient pas reparaître à la cour avec leurs vêtements en haillons. Le bon ermite se mit en quête de leur trouver des habits neufs. Il se rendit au mont Saint-Michel de Cornouailles, où se tenait marché de toutes les denrées. Il y acheta du vair et du gris, de fines étoffes de soie, de pourpre et d'écarlate et, pour Iseult, une chemise plus blanche que fleur de lis. En le voyant faire de telles emplettes, les marchands riaient de bon cœur et se gaussaient du saint homme, mais lui continuait à faire ses achats sans y prendre garde. Il se procura aussi un beau palefroi dressé à marcher à l'amble, avec des harnais décorés d'or. L'ermite y a dépensé tout son pécule, mais peu lui chaut : il a tant cherché, tant marchandé, que, par ses soins, la reine fut somptueusement vêtue et pourvue d'un riche équipage. Iseult l'en remercia joyeusement et lui dit : « Ermite, je vous en donnerai trois fois autant quand je serai rentrée à la cour ! »

Par toute la terre de Cornouailles, Marc a fait crier par ses hérauts qu'il allait se réconcilier publiquement avec la reine et qu'il l'accueillerait au jour dit au Gué Aventureux. Dames et barons s'y rendent nombreux, tant ils sont désireux de

revoir Iseult : elle était aimée de tous, sauf des
félons, que Dieu maudisse ! Au jour fixé pour la
rencontre, le roi s'avança, suivi d'un long cortège.
De riches pavillons avaient été dressés dans la prairie. Peu après, Tristan arriva sur l'autre rive, chevauchant son destrier, et la reine, près de lui, montait son palefroi. Gorvenal les suivait à quelque
distance et le bon chien Husdent courait en tous
sens autour d'eux. Par prudence, Tristan, qui se
méfiait des félons, avait endossé sous son bliaut
un haubert aux fortes mailles et Gorvenal portait
les armes de son maître. Ils virent de loin les tentes
et reconnurent le roi parmi ses fidèles. Le preux
se pencha vers Iseult et lui dit : « Voici le moment
venu, belle. Je te confie Husdent, mon fidèle brachet;
ne le laisse pas s'écarter ! Je vois de l'autre côté
du gué le roi, ton seigneur, avec les hommes de sa
cour; bientôt, nous ne pourrons plus deviser librement entre nous. Mais, par Dieu tout-puissant,
promets-moi, quand je t'enverrai quelque messager
porteur de ton anneau de jaspe vert, que tu feras
ce que je te dirai. — Ami Tristan, écoute-moi. Si
un envoyé se présente sans l'anneau de jaspe vert
que tu viens de mettre à ton doigt, je ne croirai
rien de ce qu'il pourra dire; mais quand je verrai
l'anneau, ni tour, ni mur, ni fort château ne m'empêcheront d'accomplir, loyalement et en tout honneur, la volonté de mon ami. — Dieu t'en sache
gré, belle Iseult ! » Il l'attira vers lui et la serra !
dans ses bras. Puis, comme il s'écartait, elle le retint :
« Ami, dit-elle, encore un mot. Sur le conseil
d'Ogrin, tu vas me rendre au roi, puis tu quitteras
ce pays. J'y consens, mais promets-moi de ne pas
t'éloigner avant de savoir comment mon seigneur

se conduira à mon égard. Cette nuit, tu iras te cacher dans la maison d'Orri le forestier, qui t'a déjà abrité quelquefois. Le traître Guenelon est mort, mais les autres survivent, et je redoute leurs embûches. Tu te cacheras dans le cellier, sous la cabane, et je t'enverrai mes messages par mon valet Périnis. — Ne crains rien, belle amie. Je veillerai sur toi aussi longtemps qu'il le faudra. Que celui qui songe à t'offenser se garde de moi comme de Satan ! »

Les deux troupes se trouvaient maintenant l'une en face de l'autre, sur les rives opposées du gué. Elles étaient assez rapprochées pour échanger leurs saluts. Le roi venait en tête avec le sénéchal Dinas de Lidan, à une portée d'arc en avant de son escorte. Tristan saisit par la bride la monture d'Iseult, lui fit franchir le Gué Aventureux et s'arrêta devant Marc qu'il salua d'abord : « Roi, je te rends la noble reine, ton épouse. Sache que jamais homme n'a restitué dépôt plus précieux. » Marc chercha en vain à dissimuler son émotion et à prendre une contenance; il tint l'étrier à la reine tandis qu'elle mettait pied à terre, la reçut entre ses bras et la serra tendrement sur son cœur. Tous les assistants regardaient en silence et plusieurs en étaient touchés jusqu'aux larmes. Quand les époux eurent desserré leur étreinte, Tristan reprit d'une voix ferme, les yeux fixés sur le visage de Marc : « Sire, la reine n'a pas démérité et moi non plus. Tu le sais maintenant, puisque tu nous reçois en ce jour à grand honneur. Si tu le veux, je resterai près de toi pour te servir, et si quelqu'un persiste encore à m'accuser, je te requiers de me laisser me justifier en présence de tes barons. Si j'ai le

dessous, tu pourras me faire brûler dans le soufre;
si je l'emporte, au contraire, tu me retiendras
près de toi. » Le roi inclinait en son cœur à céder
au vœu de Tristan; aussi s'éloigna-t-il un peu pour
en délibérer une dernière fois avec son conseil. Il
confia à Dinas de Lidan le soin de tenir compagnie
à Iseult. Le sénéchal, qui était sage, courtois et
bien appris, s'empressa d'occuper la reine en lui
tenant d'aimables propos. Il l'aida à quitter son
manteau d'écarlate et elle apparut dans son bliaut
de soie recouvert d'une tunique aux fines broderies.
L'ermite qui les acheta n'avait pas ménagé l'argent !
La robe était riche, et gracieux le corps qu'elle
habillait en dépit des privations. Seul le visage
semblait pâli et les traits un peu tirés; les yeux
vairs d'Iseult n'en étaient pas moins lumineux
et ses cheveux plus blonds que jamais. Le sénéchal
l'admirait et souriait de plaisir. Deux parmi les
félons, Gondoïne et Denoalen, s'en émurent. Feignant l'indignation, ils s'approchèrent du roi et
lui dirent en confidence : « Sire, voyez la reine
qui s'entretient joyeusement avec Dinas, comme si
nul remords ne la tourmentait. Est-ce effronterie
ou inconscience ? Nous avions eu cependant de
bonnes raisons de la soupçonner ! Si elle revient
à la cour en compagnie de Tristan, la médisance
aura beau jeu et les gens blâmeront votre complai-
sance. Il faut laisser partir votre neveu et, plus
tard, quand Iseult vous aura prouvé sa sincérité,
vous pourrez le rappeler. — Quoi qu'on m'en dise,
répondit Marc, je m'en tiendrai à votre avis car
je le crois bon. »

Alors le roi prit Tristan à part et lui fit comprendre qu'il allait devoir quitter la Cornouailles pour

un temps. Il se reprochait lui-même sa rigueur
envers son neveu et il lui en coûtait de le bannir,
mais il craignait de provoquer, une fois de plus,
le ressentiment des félons. Ne voulant pas quitter
Tristan sans une parole d'amitié, il lui demanda
où il voulait se rendre. Tristan répondit : « Sire,
en Frise ou en Bretagne ou chez le riche roi de
Gavoie dont les Ecossais ont envahi la terre.
— Beau neveu, tu n'as qu'un mot à dire et je te
donnerai plus que le nécessaire : or et argent en
quantité, fourrures de vair et de gris, de quoi te
vêtir et vivre à ton aise. — Roi de Cornouailles,
répondit Tristan, je n'ai que faire de votre avoir. De
vous, je n'accepterai pas une maille. Pauvre comme
je suis, c'est à grand joie que j'irai servir un puissant
roi. La seule faveur que je requiers de vous aujour-
d'hui, c'est que vous me rendiez mon épée, celle
que vous m'aviez donnée jadis pour combattre le
Morholt et dont la lame s'est ébréchée dans le crâne
du géant. Vous me l'avez retirée, noble roi, quand
vous m'avez surpris dans une loge du Morois,
endormi près de la reine. Souffrez que je la reprenne
maintenant, avant de partir en terre étrangère.
J'ai fait apporter par mon écuyer votre épée royale
au pommeau d'or ciselé, celle que vous avez déposée
près de moi, à la place de la mienne, en signe
de votre clémence : il ne convient pas que je
l'emporte avec moi dans mon exil. » Ainsi dit,
ainsi fait : Marc reprit son épée et Tristan recouvra
la sienne.

Sans dire un mot de plus, Tristan saisit les rênes,
mit son cheval au trot et prit son chemin vers la
mer. Iseult le suivit du regard aussi longtemps
qu'elle put le voir. Dinas avait rejoint Tristan;

il chevauchait à son côté et lui parlait pour alléger
sa peine : « Ami, lui dit-il, ne perds pas courage.
Peut-être verras-tu bientôt la fin de ton exil. Et,
dans tous les cas, je sais ici quelqu'un qui ne t'ou-
bliera pas. — Dinas, répondit Tristan, tu sais pourquoi je pars. Ni toi ni moi ne saurions dire quand
je reviendrai. Sept fois, ils se baisèrent, puis chacun,
morne et silencieux, s'en fut de son côté.

La nouvelle du retour d'Iseult s'était répandue
par la cité. Tous, nobles et vilains, hommes, femmes, vieillards et enfants étaient sortis pour aller
à sa rencontre, tandis que les cloches des moutiers
sonnaient à toute volée. Mais quand ils apprirent
qu'ils ne verraient pas Tristan, que le roi l'avait
proscrit, un grand regret les assombrit. Pourtant,
ils firent fête au cortège et saluèrent Iseult de leurs
vivats quand elle apparut, assise sur son palefroi,
dans la grand-rue jonchée de fleurs, entre les maisons encourtinées. Le roi, la reine et les barons
gravirent la pente qui mène au moutier Saint-
Samson. Evêque, moines et abbés, revêtus d'aubes
et de chapes, sortirent sous le porche, pour les
accueillir. L'évêque prit la reine par la main et
la conduisit dans l'église où on lui présenta un
tissu de brocart qu'elle déposa sur l'autel. La céré-
monie terminée, le roi, les comtes et les marquis
menèrent Iseult au palais dont toutes les portes
furent ouvertes. Chacun put y entrer librement et
manger à sa faim. Même au jour de ses noces, Iseult
n'avait pas reçu pareil honneur, car, pour fêter son
retour, le roi affranchit cinquante serfs et arma
vingt damoiseaux.

Dans la chambre des femmes, Iseult retrouva
la fidèle Brangien : elle l'attendait depuis deux

années entières et n'avait jamais cessé d'espérer son retour. Au temps de la plus grande colère du roi, la rusée avait su, tout en restant dévouée à sa maîtresse, se concilier la bienveillance du souverain, car elle continuait de l'abuser étrangement en lui faisant croire qu'elle était brouillée à mort avec Tristan et que celui-ci l'avait prise en haine. Elle revit Iseult avec des transports de joie et, quand tout le monde se fut retiré, les deux femmes passèrent de longues heures en d'affectueuses confidences. Quant à Périnis, le valet irlandais qui avait suivi Iseult en Cornouailles, il avait su, par sa discrétion et son habileté, passer inaperçu au milieu de la tourmente et demeurer dans le château au service de Marc.

Pendant ce temps, Tristan, après le départ de Dinas de Lidan, avait quitté la route et s'était engagé, en compagnie de Gorvenal, dans le sentier qui conduisait à la demeure d'Orri le forestier. La nuit tombait : il pénétra, sans être vu, dans la cabane et s'installa dans le cellier. Et aussi longtemps que Tristan demeura dans sa cachette souterraine, il reçut par Périnis des nouvelles de la reine.

XXIV

LE SERMENT JUDICIAIRE EST REQUIS
DE LA REINE

Un mois ne s'était pas passé qu'un jour le roi s'en
alla chasser avec les félons, Audret, Gondoïne et
Denoalen, et toute une troupe de veneurs. En une
lande, sur une jachère que les paysans avaient
brûlée, le roi s'arrêta, prêtant l'oreille aux aboiements des chiens. Les trois barons profitèrent de
cet instant de répit pour l'aborder et lui parlèrent
ainsi : « Roi, tu as pardonné à la reine, et c'était
ton droit, mais si elle s'est conduite comme une
folle femme, ton pardon ne la dispense pas de se
justifier selon la loi de cette terre. Plusieurs de
tes hommes ont souvent demandé qu'un procès
soit institué et un jugement rendu sur les faits
reprochés à Iseult et à Tristan. Exige de la reine
qu'elle s'y soumette et, si elle refuse, qu'elle quitte
à son tour ce royaume ! » Le roi rougit de colère :
« Par Dieu, seigneurs cornouaillais, vous êtes mal
venus de parler ainsi. Tristan, lorsqu'il a ramené
la reine au Gué Aventureux, n'a-t-il pas proposé
de se disculper ? Qui d'entre vous, à ce moment,
a osé prendre les armes contre lui ? Je l'ai banni
par crainte de vous déplaire; vous obéirai-je encore

en chassant ma femme ? Par saint Etienne le mar-
tyr, vous m'imposez de trop dures exigences : il
faudra bien que je vous fasse la guerre. Je vous le
déclare : d'ici peu de jours, vous verrez reparaître
Tristan dans ma maison ! Dieu vous détruise,
vous qui avez causé ma honte ! Oui, je rappellerai
le preux que vous avez chassé. »

Devant le courroux du roi, les trois tournent
bride; sur la lande, en un vallon, ils vont mettre
pied à terre. L'un d'eux dit : « Que pourrons-nous
faire ? Le roi Marc va mander son neveu et, s'il
revient, c'en est fait de notre crédit et, qui sait, de
notre vie. S'il nous rencontre seuls, en forêt ou
en chemin, nul ne pourra le retenir de nous tirer
le sang du corps. Il est plus expédient pour nous
de faire paix avec le roi afin qu'il renonce à rappeler
son neveu. Taisons-nous, ne lui demandons plus
rien. » Ils s'en reviennent vers le roi qui était
demeuré sur la jachère. Marc les regarda venir et
jura entre ses dents de ne tenir nul compte de ce
qu'ils pourraient lui dire. « Sire, entendez-nous :
vous êtes triste et courroucé de ce que nous prenons
tel soin de votre honneur. Nous vous conseillons
par devoir et vous nous en savez mauvais gré.
Pourtant, puisque vous ne voulez point nous croire,
faites selon votre plaisir ! Nous nous tairons, car
nous ne voulons point de guerre. Pardonnez seulement à notre loyauté. » Le roi, rendu plus furieux
encore, se dresse sur ses arçons et s'écrie, le doigt
pointé vers l'horizon : « Seigneurs, l'affaire est entendue; éloignez-vous de ma terre. Par saint André
que l'on va prier outre la mer jusqu'en Ecosse,
vous m'avez fait au cœur telle plaie qu'elle me
tourmentera un an entier. — Sire, répondit Audret,

vous vous emportez contre nous à la légère. Si vous
persistez à vouloir nous chasser, nous vous cause-
rons plus de tracas que vous n'en eûtes jamais. »
Ces menaces proférées, les trois félons se retirent
en grande hâte; ils ont de forts châteaux bâtis sur
de hauts rochers et bien enclos de pieux aigus.
Ils disent qu'ils vont s'y retrancher et, de là, mener
la vie dure au roi.

Pour rentrer en son château, Marc n'attendit ni
chiens ni veneurs. A Tintagel, devant la tour, il
descend de cheval et entre, sans être vu, dans la
chambre des femmes. Iseult vient à sa rencontre,
délie son épée, puis s'assied à ses pieds. Le roi
la prend par la main; elle voit l'expression farou-
che et cruelle de son visage. « Hélas ! pense-t-elle
à part soi, mon ami a été découvert ! Qui sait si le
roi ne s'est pas saisi de lui ? » Elle tombe à genoux
devant son seigneur et, le visage blême, s'évanouit.
Marc la soulève dans ses bras et lui donne des
baisers, si bien qu'elle revient à elle. « Dame,
qu'avez-vous ? — Sire, j'ai grand peur. — De quoi
donc ? — Sire, je vois à votre visage que vous êtes
en colère. Pourquoi prendre tant à cœur les hasards
et les jeux de la chasse ? » Ce propos divertit le
roi, il rit et l'embrasse encore. « Amie, ce n'est pas
de chasse qu'il s'agit. Si vous m'avez vu en tel courroux, c'est par la faute de trois félons qui, depuis
longtemps, cherchent à rompre notre mariage. Je
ne les ai que trop écoutés jusqu'ici. Par leurs fausses
paroles, ils ont éloigné de moi mon neveu, mais
je veux rappeler Tristan qui me vengera d'eux
et les pendra. » La reine n'ose dire tout haut ce
qu'elle pense : « Dieu soit loué ! mon seigneur
s'est emporté contre ceux qui firent naître le scan-

dale ! » Puis elle demande : « Sire, quel mal ont-ils
dit de moi ? Chacun peut prononcer les paroles
qu'il veut et, hormis vous, je n'ai nul défenseur :
par leurs mensonges, sans répit ni trêve, ils cherchent ma perte. — Dame, fait le roi, vous pouvez
vous réjouir, car j'ai banni les trois félons loin de
ma cour. — Pourquoi, sire ? Qu'avaient-ils encore
inventé ? — Ils soutiennent que vous ne vous êtes
point justifiée du grief qu'ils vous ont fait d'avoir
aimé Tristan d'un fol amour. — Veulent-ils vraiment que je me justifie de ce grief ? — Certes, ils
le demandent. — Seigneur, je suis prête à me soumettre à ce qu'ils exigent, et dans le plus bref
délai. Ah ! ne me laisseront-ils jamais une seule
heure de paix ? Mais si Dieu manifeste mon innocence, j'entends que par la suite ils restent cois
et ne demandent plus rien ! Je veux aussi que le
roi Arthur et sa cour assistent à mon jugement,
Gauvain son neveu, Girflet et Keu le sénéchal :
devant eux pour témoins, je prononcerai le serment.
Seigneur, fixez un terme et mandez au roi Arthur
que vous le voulez rencontrer, lui et ses fidèles, au
jour dit, en la Blanche Lande. » Le roi répond :
« Reine, vous avez parlé selon l'honneur. » Et il
fait mander à tous ses hommes de se rendre au
jugement.

Quand Marc fut sorti de la chambre des femmes,
Iseult prit Brangien à part et lui dit : « Cherche
avec moi, je te prie, comment je pourrai, sans attirer
sur moi par un parjure la terrible vengeance de
Dieu, prononcer sur les reliques des saints le serment qu'exigent de moi les félons. — Dame, le
plus sûr serait que vous refusiez de prêter ce serment, car si vous prenez Dieu à témoin devant un

tribunal en faussant ou en dissimulant la vérité,
le châtiment d'En-Haut ne se fera pas attendre !
Tous les clercs les plus sages vous le diront.
— Je le sais comme toi, mais mes ennemis ne me lais-
seront aucun répit tant que je n'aurai pas prêté
ce serment. Aussi ai-je promis au roi Marc de me
soumettre à ce rite, pourvu que ce soit devant une
cour de justice présidée par le roi Arthur, entouré
des preux de la Table Ronde. — Dame, c'est la
meilleure garantie que le droit sera observé en ce
jugement. Mais quelle sera la formule du serment ?
— Je devrai jurer que je n'ai jamais aimé Tristan
d'un amour coupable ou offensant pour mon époux.
— Dame, vous ne pouvez employer cette formule
sans commettre un parjure et encourir la colère
divine, ici-bas et dans l'autre monde. Le philtre
a bien pu vous servir d'excuse devant l'ermite Ogrin,
comme vous me l'avez conté, mais il ne vous autorise pas à jurer contre la vérité. Croyez-moi, il
vous faut employer une autre formule, avec des
mots si bien choisis et si ingénieusement agencés
qu'ils puissent être interprétés dans le sens de la
vérité par ceux qui la savent et dans un sens tout
différent par ceux qui ne la connaissent pas. » Les
deux femmes se mirent alors à chercher ensemble :
elles imaginèrent, pour rassurer le roi Marc, sans
offenser Dieu, une étrange ruse pour laquelle le
concours de Tristan était nécessaire. Brangien rit
beaucoup à la seule idée de ce stratagème et Iseult
s'en divertit avec elle.

Déjà tous savent par la contrée le jour de l'assemblée et que le sire de la Table Ronde y sera avec
toute sa cour. Marc envoie Périnis porter au plus
vite un message au roi Arthur pour le prier de

présider le jugement; Iseult appelle Périnis avant
son départ et lui ordonne de passer d'abord chez
le forestier Orri pour avertir Tristan de ce qu'il
devra faire : « Dis-lui qu'au jour fixé, il se trouve
sans faute au marais du Mal Pas, près du gué
que domine La Blanche Lande et qui sépare le
royaume d'Arthur du royaume de Cornouailles;
qu'il se tienne sur la motte où commence le caille-
botis de poutres et de branchages qui sert à passer
sur la fange. Je veux qu'il s'affuble de haillons comme un lépreux, qu'il tienne d'une main un hanap
de bois et qu'il s'appuie de l'autre sur sa béquille.
Son visage sera teint et boursouflé : il en sait le
secret. A tous ceux qui viendront assister aux débats,
il demandera l'aumône. Je serai là, mais je ferai
semblant de ne pas le reconnaître. Qu'il en soit assuré, je saurai l'amener à jouer son rôle, à condition
qu'il me laisse faire et m'obéisse en toute chose. »

Périnis s'en va et arrive chez Orri vers le soir,
au moment où le forestier et ses hôtes achèvent
leur repas. Tristan l'accueille avec joie et écoute
son message. Il jure que tous ceux qui auront mal
pensé et médit de son amie auront agi pour leur
malheur. « Dis à la reine que je me trouverai, le
jour venu, au lieu qu'elle m'a fixé, couvert de
hardes comme un truand. Je mendierai si bien que
le roi Arthur, le roi Marc et tous les autres ne
pourront se dispenser de me faire l'aumône. Ajoute
que je trouve fort bon tout ce qu'elle fait et fera
pour se tirer de l'épreuve du serment et que je
veux lui obéir en tout point. Qu'elle se tienne en
bonne santé et dans la joie : elle sera vengée de
ceux qui gâtent sa vie. Porte-lui enfin le salut et
l'hommage que je dois à sa loyauté. » Périnis se

remit en selle et chevaucha jusqu'au château de
Durham où se trouvait la Table Ronde. Là, devant
le roi Arthur et sa cour, il conta comment la reine
Iseult avait accepté de se justifier par serment et
quel jour et quel lieu le roi Marc avait fixés pour
le jugement. Les barons s'emportèrent contre les
trois félons de Cornouailles : sire Gauvain et le
preux Girflet se répandirent en menaces, demandant
au roi la permission de les occire en duel. Arthur
était trop courtois pour y consentir : « Seigneurs,
dit-il, gardez-vous des emportements de la colère
et de toute démesure, mais mettez votre honneur
à paraître tous, à l'assemblée de ce jugement, sur
votre plus beau destrier, avec écu neuf et riche
drap, par courtoisie pour la reine Iseult. » Puis
le roi voulut faire en personne escorte au messager
et le quitta en le chargeant de porter ses hommages
à la dame de Cornouailles.

Sur son chemin, Périnis rencontra le forestier
qui était venu naguère à la cour du roi Marc, tout
essoufflé, pour lui annoncer qu'il avait découvert les amants dans une loge du Morois, mais il
avait été bien déçu, car il n'avait jamais vu la récompense promise. Depuis lors, un jour qu'il était
ivre, le forestier s'était vanté de sa traîtrise et il
s'était plaint de l'ingratitude de Marc. Périnis le
reconnut aussitôt. L'homme venait de creuser dans
le sol de la forêt un trou profond et il le couvrait
habilement d'un lit de branchages pour y prendre
au piège loups et sangliers. Il vit s'élancer sur lui le
valet de la reine et voulut fuir; mais Périnis l'accula
sur le bord de la fosse : « Espion qui as vendu la
reine, pourquoi t'enfuir ? Reste là, près de la tombe
que tu as pris toi-même le soin de creuser. » Il fit

tournoyer son bâton de chêne noueux qui vint frapper le traître à la tempe avec une telle violence qu'il tomba inanimé. Périnis le blond, le fidèle, poussa du pied le corps dans la fosse, puis il le recouvrit de mottes de terre et de feuilles sèches.

XXV

LE SERMENT AMBIGU

Le terme arriva de l'assemblée où Iseult la blonde
devait se justifier par serment. C'était par une chaude
journée, vers la fin de l'été. Tristan, à sa demande,
s'était fait une étrange vêture : une cotte de bure
grossière qu'il portait sans chemise, à même la peau,
une besace et de vieilles bottes de cuir rapiécées;
pour couvrir le tout, il s'était taillé une ample chape
de laine brune, toute noircie de fumée. Ainsi accou-
tré, il avait l'air d'un vrai lépreux; par prudence,
il cachait sous sa chape son épée pendue à une
corde qu'il avait nouée autour de sa taille. Gorvenal, qui l'avait accompagné jusque-là, lui avait donné
de sages conseils : « Tristan, ne fais pas le sot par
bravade. Observe bien les signes que te fera la
reine et exécute ses ordres. — Si tu m'aides, tout
ira bien; mais il ne faut pas y aller sans nos armes,
car nous pourrions en avoir besoin. Tu amèneras
mon cheval harnaché avec mon écu et ma lance et
tu t'embusqueras dans un fourré, à proximité du
Mal Pas. Les deux rois seront là, entourés de leurs
barons. Tandis qu'ils camperont sur la prairie, de
l'autre côté du gué, je leur donnerai un fameux
spectacle ! »

Gorvenal s'embusqua comme Tristan le lui avait
dit. Le faux lépreux, le bourdon au col, un hanap
de bois à la main, vint s'asseoir au sommet du
tertre qui surplombait les marais et le gué. Il
n'était ni contrefait, ni bossu, mais si bien grimé
que chacun s'y laissait prendre. A ceux qui pas-
saient devant lui, il disait en geignant : « Malheur
à moi, je n'étais pas né pour devenir mendiant ni
faire un pareil métier. Mais, dans l'état où je suis,
je n'ai pas d'autre ressource. » Les gens, pris de
pitié, tiraient leur bourse et il recevait humble-
ment leurs aumônes. Même aux truands, aux garçons sans aveu qui gisaient sur le dos dans les
fossés des routes, il tendait son hanap. Les uns lui
donnaient, d'autres l'injuriaient, le traitaient de
fainéant, de ribaud, le houspillaient. Il écoutait et
supportait tout sans leur répondre, mais quand ils se
faisaient trop menaçants, il les écartait avec sa
béquille : il en mit à mal une douzaine. A ceux qui
lui donnaient, il disait qu'il allait boire à leur santé,
car un feu brûlant lui dévorait le corps. Pas un ne
doutait qu'il ne fût vraiment lépreux.

Dans la prairie, valets et écuyers tendent les pavillons aux couleurs vives et, par voies et chemins,
les cavaliers arrivent par troupes, se pressant vers le
marais. Dieu ! que le chemin est mauvais : il est
bien nommé le Mal Pas ! Dès qu'ils s'écartent du
ponceau fait de planches posées sur un lit de fagots,
les chevaux entrent dans la fange jusqu'aux flancs
et les cavaliers sont couverts de boue. De leur embarras, le lépreux fait des gorges chaudes; il leur crie :
« Tenez vos rênes par les nœuds et donnez de l'éperon ! En avant ! Il n'y a plus de bourbier ! » Et
quand ils vont en avant, le marais s'enfonce sous

eux. Alors, voyant le cavalier s'étaler dans la vase, Tristan, tout joyeux, joue de la cliquette et frappe du hanap sur le bourdon. Arthur s'est approché du gué. Tristan vient à sa rencontre et l'implore : « O grand roi ! je suis pauvre et fils de pauvre, malade, bosselé, défait, lépreux. Je viens ici pour demander l'aumône : tu ne me repousseras pas; j'ai si souvent entendu parler de ta largesse ! Tu as de beaux vêtements de drap gris et la toile de Reims est douce à ta peau blanche. Je vois tes jambes étroitement gainées de chausses en filet vert et tes pieds bottés d'écarlate. Moi, vois mes hardes trouées, vois ma peau, comme je me gratte et comme j'ai froid, bien que le corps me brûle. Roi, pour Dieu, donne-moi tes guêtres. » Le noble roi prend pitié. Deux valets le déchaussent; le lépreux descend de sa butte pour prendre les guêtres et remonte ensuite. A son tour, le roi Marc arrive, fier et en bel arroi. Le lépreux veut voir s'il peut en tirer quelque chose. Plus que jamais, il agite sa cliquette et fait ronfler son nez. Le roi s'arrête, tire son chaperon et ne garde sur la tête que son bonnet : « Tiens, frère, couvre-toi le crâne et les épaules : à coup sûr, par mauvais temps, tu dois souffrir beaucoup. — Sire, merci, cela me gardera du froid. » Et il met le chaperon.

A grand peine, Marc a traversé le Mal Pas et rejoint Arthur qui, sur la rive relevant de son royaume, se divertit avec ses hommes. Dès l'abord, il s'informe d'Iseult : « Elle vient, fait Marc, avec le sénéchal Dinas de Lidan qui s'est chargé de l'escorter. — Mais comment va-t-elle traverser le bourbier de ce Mal Pas ? » Au même instant, deux des barons félons, Denoalen et Gondoïne, parviennent devant le gué. Ils avisent le lépreux et lui demandent par où ont

passé les cavaliers qui se sont le moins embourbés.
Tristan pointe sa béquille : « Voyez, dit-il, cette
tourbière : là est la bonne voie; j'en ai vu passer
plusieurs de ce côté. » Les traîtres avancent et,
d'un coup, s'enfoncent ensemble dans le bourbier
jusqu'à la selle de leurs chevaux. Le lépreux leur
crie : « Allez, seigneurs ! Tenez-vous bien aux
arçons et boutez avant : c'est le chemin, je vous le
dis, j'y ai vu passer assez de gens aujourd'hui. » Mais
les autres ne trouvent ni rive, ni fond. Pour voir
comment ils se tireront de là, les deux rois et leurs
gens se sont approchés. Iseult la belle arrive à son
tour, montée sur un palefroi blanc. Elle est vêtue
d'un bliaut de soie claire et d'un long manteau
fourré d'hermine; ses tresses blondes pendent plus
bas que sa ceinture, retenues au front par un cercle
d'or. A grand joie, elle voit ses envieux dans la boue
et son ami juché sur le tertre, affublé en truand;
elle en rit de bon cœur. Et Tristan, tout joyeux,
frappe du hanap sur le bourdon et fait marcher sa
cliquette. Tous ceux qui sont là rient aussi, tant
qu'ils peuvent. Le lépreux alors interpelle Denoalen :
« Attrape mon bâton, beau sire, prends-le, tire à
deux mains, bien fort ! » Et quand le traître a bien
pris la béquille, Tristan le laisse choir à la renverse et crie d'une voix de fausset : « Je ne peux
plus te retenir ! Le mal a engourdi mes mains,
il a pris toutes mes forces. » Il y a bien maintenant, autour des deux rois, cent barons qui se di-
vertissent à regarder les deux félons patauger dans
la boue. A grand peine, ceux-ci se déprennent de la
fange : il leur faut quitter leurs vêtements et aller
se baigner avant de se présenter à l'assemblée.

Iseult, qui était descendue de sa monture, fait

signe à Tristan qu'elle va, à son tour, passer le gué.
A ses côtés, Dinas s'occupe d'aider la reine : « Dame,
lui dit-il, vous allez salir votre robe en traversant
ce marécage. Je serais fâché qu'il vous arrivât quelque dommage. » Iseult s'en rit, car elle avait son
idée en tête. Elle enleva son manteau fourré d'hermine qu'elle confia à Dinas de Lidan, elle ne garda que son bliaut de soie blanche, son diadème d'or,
les joyaux de son cou et de ses mains et ses fines
chaussures. D'un clin d'œil, elle fit comprendre au
sénéchal qu'elle n'avait pas besoin de lui pour traverser le gué. Dinas s'éloigna, suivit la rive et finit
par trouver un autre gué un peu plus bas, où il
passa sans encombre.

La rusée savait bien qu'on l'observait de l'autre
bord. Elle vint à son palefroi et, plus prestement que
n'eût fait un écuyer, elle noua sur l'arçon les lan-
guettes de la housse, glissa les sangles sous la selle,
ôta le mors et le poitrail, puis, cinglant l'animal
de sa badine, elle le fit entrer dans l'eau si bien
qu'il passa seul le marécage et atteignit l'autre rive.
Iseult voyait, de l'autre côté, les deux rois et leurs
vassaux et se divertissait de leur surprise. Qu'allait-
elle devenir au passage du Mal Pas, privée de sa
monture ? On la vit soudain marcher vers l'entrée
du pont de fascines et s'adresser au lépreux,
perché sur son tertre : « Truand, je ne veux pas
me salir en traversant, tu me porteras sur ton dos,
comme un âne, à pas lents, sur les planches du ponceau. — Noble reine, ne me demandez pas pareil
service : je suis malade et ne tiens pas sur mes jambes, tant le mal m'a affaibli ! — Peu me chaut, hâte-
toi et courbe l'échine ! » Le lépreux obéit, il baisse
la tête et incline son dos; elle monte sur lui à cali-

fourchon. Lui se raidit, s'appuie sur son bâton, va
vers les bois de traverse et marche comme à grand
peine, boitant, faisant mine de souffler et de glisser parfois dans la boue. Quant à Iseult, très à
l'aise, jambe de-ci, jambe de-là, elle serre fortement le lépreux entre ses cuisses et, de la main, tâte
son dos. De la rive, les assistants regardent de tous
leurs yeux et ne devinent rien. Sur sa monture, lentement, Iseult atteint l'autre bord du marais. Arthur
et Marc sont allés à sa rencontre. La reine se laisse
glisser. Le porteur lui demande de quoi se nourrir.
« Ah ! dit Arthur, il l'a bien mérité, reine, donnez-
lui ! » Alors Iseult : « Par la foi que je vous dois,
sire, il n'en a guère besoin. Tandis que je le chevau-
chais, j'ai bien vu que c'était un fort truand et, en
le tâtant, j'ai senti que sa besace était pleine. Il a
vos guêtres, il a le chaperon de mon seigneur; je ne
lui donnerai rien : il doit être content de sa part. »
Là-dessus, un écuyer amène le palefroi de la reine
et elle saute sur la selle.

Devant les tentes des deux rois, seigneurs, clercs
et gens du commun étaient assemblés. Un drap de
soie richement brodé était tendu sur l'herbe et
l'on y avait disposé tous les corps saints du pays,
tirés du trésor des églises, des reliquaires d'orfèvrerie, des écrins et des châsses émaillées. Arthur
sortit de son pavillon et parla le premier : « Roi Marc,
dit-il, c'est faire outrage à la reine que d'exiger
d'elle pareil serment. Ceux qui t'ont poussé à réunir
cette assemblée t'ont joué un bien vilain tour et
ils devraient le payer cher. Tu es par trop crédule
et te laisses tromper par les intrigants. Mais puisqu'Iseult, la noble reine, la débonnaire, veut bien se
soumettre à cette épreuve, je consens qu'elle ait lieu

en ma présence. Je le déclare solennellement : une
fois qu'elle se sera justifiée par serment, je ferai
pendre tous ceux qui s'aviseront de mal parler
d'elle. » Marc lui répondit : « Hélas ! tes reproches
me touchent et je les accepte. Mais que pouvais-je
faire quand mes barons me prévenaient contre la
reine ? J'ai eu tort de prêter l'oreille à leurs propos
malveillants et de prendre leurs mensonges pour
des avis sincères. Je t'assure, roi Arthur, qu'après
ce jugement, s'ils s'obstinent à médire, ils n'auront
de moi nul pardon. » Arthur s'adressa alors à toute
la foule : « Gens de Cornouailles, écoutez-moi ! La
reine va comparaître librement et de son plein
gré : sur les reliques des saints, elle prêtera serment
au roi du ciel et jurera que jamais elle n'eut avec
Tristan de relations dont elle puisse être blâmée.
Quand vous l'aurez entendue prendre Dieu à témoin,
vous n'aurez plus le droit de la soupçonner. »

Les assistants se rangèrent devant les tentes, et
les deux rois amenèrent Iseult en la tenant chacun
par une main. La reine, après s'être déchaussée et
avoir supplié Dieu, les bras étendus vers l'Orient,
s'avança vers les reliques, vêtue seulement de son
bliaut de soie blanche. A l'entour, les barons contem-
plaient sa beauté. « Entendez-moi, Iseult la belle,
reprend alors Arthur. Jurez ici que Tristan n'eut
envers vous que l'amour dû à l'épouse de son oncle
et que vous n'eûtes pour lui d'autre amour que celui
dû au neveu de votre mari. Jurez-le. » Alors Iseult
lui répondit : « Sire, je ferai mieux encore que ce
que vous me demandez. Afin que le roi Marc et
tout le peuple de Cornouailles soient entièrement
sûrs de moi, devant Dieu et toute la cour céleste,
sur ces saintes reliques et sur toutes celles qui sont

par le monde, je jure que jamais homme n'est
entré entre mes cuisses, sinon le roi Marc, mon
époux, et ce lépreux qui, tout à l'heure, me porta
sur son dos comme une bête de somme. » Elle
étendit alors la main droite au-dessus des corps
saints et, d'une voix forte et assurée, elle prononça la
formule sacramentelle, selon le rite de la Sainte
Eglise : « De même que j'ai dit la vérité, ainsi
puisse le Dieu tout-puissant me venir en aide ! »
Un grand silence se fit parmi le peuple et les barons, comme s'ils avaient attendu que Dieu se
manifestât par un signe sensible, mais rien ne se
produisit. La première, Iseult rompit le silence et
dit : « Roi Arthur, vous avez entendu ce que j'ai
juré de mon mari et du lépreux : j'exclus ces
deux-là du serment et pas un seul autre. Je ne
puis vraiment pas en faire plus. » Arthur répondit :
« Tous ceux qui ont entendu la formule de ce
serment conviendront qu'on ne peut rien exiger
de plus. La reine n'était tenue à se justifier qu'à
l'égard du seul Tristan et elle a prêté un serment
qui s'applique, le lépreux excepté, à tous les autres
hommes ! Malheur à qui, désormais, la soupçon-
nera ! »

Le roi Arthur s'adresse une dernière fois au roi
Marc, en présence de tous les barons : « Roi, nous
avons bien vu et entendu la justification d'Iseult :
elle ne laisse plus rien à souhaiter. Que les félons
et les mauvais — j'en pourrais dire les noms — se
le tiennent pour dit; que jamais ils ne laissent plus
échapper une calomnie. Car, en paix ou en guerre,
si j'apprenais qu'on dise de la reine Iseult quelque
mauvaise parole, rien ne m'empêcherait de venir
moi-même la venger ! — Noble sire, fait Iseult, grand

merci à vous ! » De l'assistance, des acclamations
montent à l'adresse de la reine; dans la foule, les
félons et leurs amis se cachent et se perdent. Puis
chacun retourne chez soi, Arthur à Durham et Marc
à Tintagel. Quant à Tristan, après avoir entendu de loin le serment, il avait rejoint Gorvenal dans un fourré et tous deux regagnèrent ensemble la cabane du forestier.

XXVI

DÉGUISEMENTS ET CRUAUTÉS
DE L'AMOUR

Quand Tristan, rentré dans la cabane du forestier
Orri, eut rejeté son bourdon et dépouillé sa défroque
de lépreux, il se demanda en son cœur si le jour
n'était pas venu de s'éloigner du pays de Cornouailles. Pourquoi tarder encore puisque Marc n'avait
pas donné suite à son projet de rappeler Tristan ?
Même après le serment du Mal Pas, il n'avait pas
cru bon de mettre fin à son exil. La reine, il est
vrai, s'était justifiée, elle était sortie victorieuse de
l'épreuve imposée par les félons; le roi, loin de lui
manifester du ressentiment, l'honorait grandement
et l'aimait. Arthur, au besoin, la prendrait en sa
sauvegarde : aucune félonie ne pourrait désormais
prévaloir contre elle. Gorvenal, de son côté, repré-
sentait à Tristan qu'il ne pouvait continuer plus
longtemps, contre la volonté expresse du roi, à rôder
autour de Tintagel, sans risquer vainement sa vie,
la vie du forestier Orri qui lui donnait asile et le
repos d'Iseult. Trois jours encore, Tristan tarda,
ne pouvant se résoudre à se détacher du pays où
vivait celle qu'il aimait. Quand vint le quatrième
jour, il prit congé du forestier et dit à Gorvenal :
« Beau maître, voici l'heure du long départ, nous
irons au pays de Galles ou chez le riche roi de Gavoie. »

Ils se mirent en chemin, tristement, dans la nuit. Mais leur route longeait le verger du château, enclos de pieux, où Tristan, jadis, attendait son amie. La nuit était claire et le ciel étoilé. Au détour du chemin, non loin de la palissade, il vit se détacher sur le ciel clair la silhouette altière du grand pin. « Beau maître, attends sous le bois proche, je serai bientôt revenu. — Où vas-tu, fou ? Veux-tu sans répit, provoquer la Mort ? » Mais déjà, d'un bond agile, Tristan avait franchi la palissade de pieux. Il vint sous le grand pin, près de la fontaine et du perron de marbre.

Dans la chambre des femmes, Iseult, étendue sur son lit, était éveillée et Brangien reposait non loin d'elle. Soudain, le chant d'un rossignol s'éleva dans le jardin, d'abord frêle et hésitant, puis il s'enfla, devint plus assuré; la voix entra dans la chambre par la fenêtre ouverte et l'emplit de sa chaude harmonie. Iseult, ravie, écoutait cette mélopée qui venait enchanter la nuit. La reine avait cru d'abord entendre un rossignol. A force d'y songer, un doute traversa son esprit et se mua bientôt en une certitude : « Ah ! c'est Tristan ! Ainsi dans la forêt du Morois il imitait tour à tour, pour me charmer, tous les oiseaux des bois. Il va bientôt partir et s'éloigner de ce pays : ce chant est son dernier adieu. Comme il se plaint ! Ainsi fait le rossignol quand il prend congé, à la fin de l'été. Ami, plus jamais je n'entendrai ta voix ! » La mélodie vibra, plus ardente. « Ah ! qu'exiges-tu ? Que je vienne ? Non, souviens-toi d'Ogrin l'ermite, et des serments jurés. Tais-toi, la mort nous guette ! » Les trilles redoublèrent et se firent plus pressants. « Qu'importe la mort ? Tu m'appelles, tu me veux, je viens ! »

Elle se glissa hors de son lit et jeta sur son corps un manteau fourré de petit gris. Brangien l'accompagna jusqu'au vestibule qui donnait sur le jardin et elle y demeura pour faire le guet et prévenir sa maîtresse dès la première alerte. Iseult franchit le seuil, s'engagea dans l'allée qui conduisait vers le grand pin. Au fur et à mesure qu'elle s'approchait du lieu d'où venait la voix, le chant diminuait d'intensité; bientôt, il s'apaisa et s'évanouit dans la pénombre. Sous les arbres, sans une parole, Tristan pressa son amie contre sa poitrine et leurs bras se nouèrent autour de leurs corps. Pour la première fois, ils se retrouvaient seuls depuis qu'ils s'étaient séparés au Gué Aventureux et qu'Iseult avait été rendue à Marc.

Jamais plus désormais Tristan ne pourrait rejoindre celle qu'il aimait que de loin en loin, au péril de sa vie et sous un déguisement de fortune. A la Blanche Lande, il avait revêtu la défroque d'un lépreux pour pouvoir la porter sur son dos d'une rive à l'autre du gué. Cette nuit-ci, c'est le rossignol qu'il avait choisi de contrefaire. Jusqu'aux approches de l'aube, ils ne se déprirent pas de l'étreinte. Alors, Tristan sortit du jardin en sautant par-dessus la palissade et, malgré les objurgations de Gorvenal, il résolut de différer encore son départ. Avec la complicité de Brangien et de Périnis, les amants reprirent comme autrefois, leurs rendez-vous nocturnes, d'abord dans le jardin, puis dans la chambre même d'Iseult.

Or, Gondoïne, l'un des félons, avait un serf qu'il avait souvent employé pour épier les amants. Il vint un jour trouver le baron et lui dit en grand secret : « Seigneur, vous ne l'ignorez pas : depuis

l'assemblée du Mal Pas, le roi vous a pris en
haine. Et pourtant la reine a fait un faux serment !
Tristan, qui devait s'exiler, a violé sa promesse
et se cache non loin d'ici. Plus d'une fois, durant
la nuit, il la retrouve et prend son plaisir avec elle
dans la chambre des femmes, tandis que Brangien
fait le guet et que Gorvenal attend hors de la clôture. Voulez-vous les surprendre en plein jeu ?
Embusquez-vous dans le verger et hissez-vous jusqu'au rebord de la baie en plein cintre qui donne
sur un angle du jardin. Vous ne tarderez pas, si
vous suivez mes conseils, à voir Tristan apparaître,
l'épée au côté, tenant son arc d'une main et deux
flèches de l'autre. Vous pouvez m'en coire car je
l'ai vu de mes yeux. — Quand l'as-tu vu ? — Ce
matin avant l'aube; vous le verrez comme moi dès
que vous le voudrez. Que me donnerez-vous en
récompense ? — Vingt marcs d'argent, pour le
moins, et, si tu n'as pas menti, je te ferai plus
riche encore. — Ecoutez-moi bien, dit le ribaud.
La fenêtre haute que je vous ai dite est masquée
par une tenture de soie. Entrez dans le verger, vers
la fin de la nuit, en escaladant la clôture et vous
vous hisserez sans peine jusqu'à l'embrasure de
la baie. Ayez soin de vous munir d'une baguette
bien aiguisée, que vous piquerez dans la tenture.
Ainsi, vous l'écarterez doucement, afin de voir à
l'intérieur. Je consens à être brûlé vif si, par
cette ouverture, vous ne contemplez un joli spectacle ! »

Gondoïne fit part de la nouvelle à Denoalen, son
compère, et lui dit sa volonté de tenter le premier
cette aventure, dès le lendemain; Denoalen s'y ris-
querait ensuite. L'affaire conclue, ils se séparèrent

joyeusement, car ils se croyaient sûrs de confondre
Tristan.

La reine ne soupçonnait rien de leurs intrigues
et, comme le roi devait partir à l'affût peu après
minuit, elle envoya Périnis à Tristan, pour lui
mander qu'il pourrait venir passer auprès d'elle
les dernières heures de la nuit. La lune brillait
encore quand Tristan quitta sa retraite : il se mit
en route à travers les bois qui le séparaient du
château. Rampant sous les taillis, il allait prudem-
ment car il craignait toujours un piège. Soudain,
en débouchant d'un buisson d'épines, il vit Gondoïne qui s'en venait le long d'un sentier. Tristan
se rejeta dans l'épaisseur du fourré. « Mon Dieu,
faites qu'il ne me voie pas avant d'être à ma portée ! » Et, l'épée nue, il se tenait prêt à frapper,
mais Gondoïne fit un détour par un autre sentier.
Tristan s'élança en vain sur ses traces : le traître
avait pris trop d'avance et il était déjà hors d'atteinte.

Tristan avait repris sa marche à travers les fourrés
quand surgit Denoalen, précédé de deux lévriers
et monté sur un cheval noir. Le preux, dissimulé
derrière un pommier, l'attendit. L'autre se hâtait
pour rattraper ses chiens qu'il avait envoyés devant
lui lever un sanglier. Dès que l'homme fut assez
proche, Tristan rejeta son manteau et, d'un bond,
fut en face de lui. Le félon voulut fuir : à peine
eut-il le temps de pousser un cri d'effroi et Tristan lui trancha la tête de son épée. Puis, il coupa
ses longues tresses et les fourra dans ses chausses :
ils les porterait à Iseult pour mieux se réjouir
avec elle de la mort du félon. Il essuya son épée
sur l'herbe, la remit dans sa gaine et traîna un

lourd tronc d'arbre sur le corps sanglant de son
ennemi.

Les premières lueurs du jour chassaient déjà les
ténèbres. Tristan se hâtait maintenant vers la demeure de la reine. Gondoïne l'y avait devancé.
Grimpé sur le rebord de la fenêtre, il avait écarté
légèrement la tenture avec une baguette à la pointe
effilée et il voyait d'en haut l'intérieur de la chambre des femmes toute jonchée de glaïeuls. Il n'aperçut d'abord que Brangien qui tenait encore à la
main le peigne d'ivoire dont elle venait de coiffer
la reine. Iseult entra peu après, un flambeau à la
main, ajustant sa parure. Enfin Tristan franchit
le seuil, le manteau dégrafé, portant d'une main son
arc d'aubier et de l'autre deux longues tresses
rousses. Comme la reine allait à sa rencontre, elle
vit, se profilant sur le rideau, l'ombre de la tête de
Gondoïne. « Amie, dit Tristan, je vous apporte un
riche présent : ce sont les tresses de Denoalen. Je
lui ai tranché le cou; jamais plus il ne portera
lance ni écu. — Grand merci, Dieu soit loué ! Mais
accordez-moi quelque chose de plus ! — Quoi donc ?
dit Tristan. — J'aimerais que vous bandiez votre
arc pour voir comment vous vous y prenez. »
Tristan, surpris, réfléchit un moment sans comprendre. Puis il banda l'arc de toutes ses forces.
Alors Iseult lui dit à l'oreille : « Ami, encochez
une flèche : j'aperçois là-haut, sur la tenture, l'ombre d'une tête qui ne me plaît guère ! Et maintenant, visez juste ! » Tristan leva ses regards vers la
fenêtre et reconnut le visage de son ennemi dont
l'ombre se découpait sur la tenture. « Dieu, pensa-
t-il, si je suis vraiment un habile archer, fais que je
ne manque pas mon coup ! » Il visa tranquillement

et tira : la flèche vola plus rapide qu'émerillon, atteignit de plein fouet l'œil de Gondoïne et se logea
dans le crâne. Le traître fut tué sur le coup et son
corps tomba à la renverse du côté du verger. Iseult,
émue, prit Tristan par la main : « Doux ami, lui
dit-elle, nous avons bien lieu de nous réjouir ! Denoalen et Gondoïne ne sont plus; ils ne viendront
plus troubler la paix entre le roi Marc et moi,
et nuire à notre repos. Le fidèle Périnis enfouira
ce corps dans la forêt. »

Pourtant, malgré l'ivresse de la vengeance, ils ne
goûtèrent, ce matin-là, qu'un plaisir mêlé d'inquiétude et d'amertume : ils sentaient plus que jamais
combien leur bonheur était fragile et toujours me-
nacé. Quand Tristan fit mine de partir, Iseult lui
dit : « Certes, nous avons aujourd'hui deux ennemis
de moins et c'est beaucoup, mais il reste à la cour
le duc Audret, Kariado et assez de jaloux ou d'indis-
crets pour épier nos allées et venues. Tôt ou tard,
on retrouvera dans la forêt le corps décapité de
Denoalen et chacun comprendra que c'est toi qui
l'as tué; si Gondoïne a disparu, toi seul as pu le
supprimer. Dès lors, ta retraite ne pourra plus être
dissimulée. Pour ton salut et pour le mien, il te
faut fuir loin d'ici. — Belle amie, répondit Tristan, je partirai donc puisque telle est ta volonté.
J'aime encore mieux m'éloigner de toi que de te
voir vivre par ma faute dans l'incertitude et l'angoisse. Même si ton image pouvait s'effacer un seul
instant de mon cœur, ton anneau de jaspe vert l'y
ferait renaître aussitôt : tu sais bien qu'à ton premier
appel je reviendrai près de toi. » Tristan baisa une
dernière fois sa blonde amie et, le cœur lourd, rejoignit Gorvenal qui l'attendait dans le bois.

LES FAUX SANGLANTES

Tristan, cette fois-ci, quitta Tintagel dans la pensée qu'il n'y reviendrait pas de si tôt, et peut-être
jamais. C'était compter sans l'étrange aventure qui
devait, contre ses prévisions, l'y ramener quelques
jours plus tard. Il avait pris avec Gorvenal le chemin qui menait au royaume de Gavoie. Après avoir
traversé la Blanche Lande et le gué du Mal Pas,
les deux hommes longeaient la lisière d'une forêt
quand ils rencontrèrent une troupe de veneurs du
roi Arthur et, parmi eux, plusieurs des compagnons de la Table Ronde. Gauvain, neveu d'Arthur,
et Keu, son sénéchal, firent bel accueil à Tristan dont
ils connaissaient par la renommée les prouesses et
les malheurs. « Eh quoi ! lui dirent-ils, errez-vous
encore dans les bois avec un seul écuyer ? Le roi Marc
n'a-t-il pas mis fin à votre exil ? Ne devait-il pas
vous laisser rentrer à la cour dès lors que la reine
s'était justifiée par serment en la présence d'Arthur et en la nôtre ? — Hélas ! beaux seigneurs, répondit Tristan, mes ennemis, et le duc Audret plus
que tous les autres, gardent trop de pouvoir à la
cour et sur l'esprit du roi pour que mon oncle con-

sente à m'accueillir de nouveau près de lui. Les
soupçons et les angoisses ont pris possession de son
âme et je ne sais s'il en sera jamais délivré. Il a
rendu à la reine tous ses honneurs et la traite avec
de grands égards, mais il n'a pas levé jusqu'ici la sen-
tence de bannissement qu'il a portée contre moi
le jour où je lui ai rendu Iseult. — Beau sire Tristan, reprit le sénéchal Keu, vous plaît-il de revoir
la reine, une fois encore, avant de vous exiler en
terre lointaine ? Venez avec nous : nous irons
chasser près de Tintagel et, le soir venu, feignant
de nous être égarés, nous demanderons l'hospitalité du roi. Vous serez avec nous comme l'un de nos
veneurs, chargé de dresser et de conduire la meute.
Ainsi pourrez-vous, sous cet accoutrement, approcher de la reine et vous entretenir avec elle. — Grand
merci, sénéchal, répondit Tristan, puisque vous
m'offrez cette bonne aventure, je me garderai bien
de la refuser. Je connais des herbes magiques qui
changeront le teint et les traits de mon visage, si
bien que Marc lui-même ne pourra me reconnaître. » Gorvenal eut beau traiter ce projet d'insensé
et jurer ses grands dieux qu'il ne suivrait pas Tristan en cette folle équipée : rien n'y fit et, dès le
lendemain, le projet fut mis à exécution.

Marc le courtois, le généreux, fit fête à Gauvain,
au sénéchal Keu et à tous leurs veneurs. Il les reçut
à sa table ce soir-là et, selon l'antique tradition du
pays, les hébergea pour la nuit dans la chambre
royale. Cette pièce était vaste et haute, couverte d'un
plafond aux fortes poutres et aux riches lambris;
le sol était de terre battue mais tout jonché de
glaïeuls. Cependant, parmi les joyeux éclats du
festin, Marc demeurait inquiet et troublé en son

cœur, d'autant qu'il venait d'apprendre le meurtre
de Gondoïne et de Denoalen et qu'il savait bien
que seul Tristan pouvait en être l'auteur. Tourmenté par la jalousie, il s'effrayait de sentir rôder autour
de la belle Iseult les désirs de tous ces chasseurs.
Il fit venir trois serfs et leur ordonna de planter en
cercle dans le sol de la chambre, tout autour des
lits voisins du roi et de la reine, des fers de faux
fraîchement aiguisés, comme on en plaçait dans les
pièges à loup; les glaïeuls devaient dissimuler les
tranchants des faux, en sorte que, si quelqu'un ten-
tait de s'approcher, à la faveur des ténèbres, de la
couche de la reine, il se blesserait cruellement aux
jambes et serait contraint de faire marche arrière. Les
trois serfs plantèrent les faux comme le roi l'avait dit.

Le festin terminé, vinrent les propos joyeux après
boire; un peu avant minuit, Marc conduisit lui-
même Iseult jusqu'à son lit, de peur qu'elle ne se
heurtât aux fers acérés. Les invités, s'étant déchaus-
sés et dévêtus, s'étendirent sur les lits de sangles
disposés autour de la chambre. Quand tous furent
endormis, Tristan se leva sans bruit et chercha —
l'insensé ! — à rejoindre Iseult dans son lit. Il ne
tarda pas à se tailler les jambes à l'une des faux
et se prit à déchirer ses draps pour étancher le sang
et bander ses plaies. Keu, son voisin, se pencha vers
lui et lui souffla : « Qu'avez-vous ? Comment vous
êtes-vous blessé ? — Sénéchal, murmura Tristan,
c'est que le roi, pour empêcher qu'on s'approche
de sa femme, a fait planter des faux dans le sol de
la chambre. — Malheureux, répondit Keu, vous allez
être découvert ! cette blessure vous fera reconnaître ! »
Le sénéchal imagina alors un beau stratagème : il
fit transmettre, d'un lit à l'autre, l'ordre à tous les

veneurs de se lever brusquement, les pieds nus, et
de s'injurier les uns les autres comme s'ils se prenaient de querelle. Un instant après, tous les chasseurs couraient à travers la chambre en gesticulant,
en poussant des cris et en se lançant de grossières
provocations : tous se heurtèrent au tranchant des
faux et se firent aux jambes de profondes entailles.
Le roi Marc, éveillé en sursaut et ne comprenant rien
à ce tapage, ordonna à Périnis d'allumer des flambeaux. Un spectacle inouï s'offrit alors aux regards :
tous les invités du roi perdaient leur sang en abondance et s'efforçaient de l'arrêter par des pansements
improvisés. Toute la chambre était ensanglantée.
Seul, prudent et retors comme à l'ordinaire, Keu,
instigateur de cette ruse, avait réussi à esquiver les
faux, mais Gauvain l'y poussa en lui décochant des
quolibets, si bien qu'il se blessa plus grièvement
que les autres. Alors Keu eut une nouvelle inspiration. Dans le désordre général il se mit à crier
d'une voix forte : « Court-il des loups par cette
salle, qu'on y dispose de tels engins ? Est-ce là l'hospitalité de Marc ? » Que restait-il à faire au roi
sinon à apaiser la querelle et à s'excuser d'avoir
laissé dresser des pièges dans sa propre chambre ?
Tandis qu'on donnait des soins aux blessés, Tristan, qui ne risquait plus d'être reconnu parmi
ces éclopés, en profita pour s'approcher de la reine
et lui adresser quelques mots.

Au matin, tandis que les hommes d'Arthur retour-
naient dans la forêt, Tristan descendit jusqu'au port
où le fidèle Gorvenal, en attendant son retour,
s'était mis en quête d'un navire en partance. Une nef
de marchands allait mettre à la voile pour la Petite-
Bretagne; ils convinrent du prix et s'embarquèrent.

XXVIII

LE MIRAGE DE L'AUTRE ISEULT

En ce temps-là régnait sur la Petite-Bretagne, qu'on appelait aussi Armorique, un vieux duc nommé Hoël, que son voisin, le comte Riol de Nantes, guerroyait rudement. Le duc avait un fils nommé Kaherdin, preux et courtois, et une fille, belle et bien apprise, qu'on appelait Iseult aux blanches mains. Tristan offrit son service au duc qui l'accepta et fit si bien, avec l'aide de Kaherdin, qu'il délivra plusieurs villes assiégées par l'ennemi et contraignit le comte Riol à implorer la paix.

Parce que la fille d'Hoël portait le nom d'Iseult et avait quelque ressemblance avec l'Iseult d'Irlande, Tristan se plaisait à la regarder. La demoiselle, parce qu'elle le voyait beau et vaillant, se prit d'amour pour lui. Un jour que Tristan chevauchait avec Kaherdin, il se mit à penser à Iseult la blonde qu'il avait laissée à Tintagel et il s'abîma dans une si profonde rêverie qu'il ne savait plus lui-même s'il dormait ou s'il était éveillé. Kaherdin s'en aperçut bien, mais ne souffla mot de peur de l'importuner. Tristan, plongé dans ses pensées, se mit à chanter à mi-voix :

> *Iseult ma drue, Iseult ma mie,*
> *En vous ma mort, en vous ma vie !*

C'était le refrain d'un lai breton qu'il avait composé naguère en l'honneur d'Iseult la blonde. Quand il sortit enfin de ses songes, il se trouva quelque peu gêné en face de Kaherdin. Son compagnon lui dit : « Ami, ce n'est pas de bon sens que de trop penser ! — Tu dis vrai, repartit Tristan, mais l'homme qui a le cœur en tourment, ce n'est pas merveille si quelquefois il s'égare. — Ami, dit Kaherdin, je te vois plus pensif que je ne voudrais et je crois bien que c'est pour quelque dame ou quelque demoiselle. S'il te plaisait de te confier à moi, je n'épargnerais rien pour soulager ta peine. — Je vais te le dire, reprit Tristan : j'aime tant une belle nommée Iseult, pour qui j'ai fait cette chanson, que je me languis d'elle ainsi que tu peux le voir. Si cette Iseult n'existait pas, je voudrais quitter ce bas-monde. » Quand Kaherdin entendit ce nom d'Iseult, il crut que Tristan voulait désigner par là sa sœur aux blanches mains, car il n'avait jamais entendu parler d'une autre Iseult et il eût été fort aise que Tristan prît sa sœur pour femme. Il dit : « Tristan, pourquoi me l'as-tu caché si longtemps ? Sache-le : si j'avais pensé que tu voulais avoir ma sœur, je t'assure bien que tu n'aurais pas eu à souffrir un long délai. » Tristan comprit que Kaherdin s'était mépris sur l'objet de ses rêves, mais il n'osa pas le détromper, car son cœur était agité de sentiments divers et son esprit traversé de pensées contradictoires.

Le soir venu, seul dans sa chambre, il s'adressait

tout bas à Iseult la blonde, comme si elle avait
été présente : « Belle amie, que nos deux vies sont
différentes ! Dans la séparation que nous subissons,
il n'est d'amertume que pour moi. Je perds pour
toi la joie et le plaisir qui remplissent tes jours
et tes nuits. Ma vie n'est plus qu'incessantes tor-
tures, la tienne enchantements d'amour. Je ne vis
que pour te désirer dans le temps même où tu ne
connais, entre les bras de ton époux, qu'ivresse
et volupté. Le roi a tout loisir de prendre en toi
ses délices : ce qui fut mon bien est devenu sa
proie. » Cette pensée lui fit éprouver tant d'amertume qu'il en vint à se dire : « Je sais bien les joies
qu'Iseult se donne : elle pour qui mon cœur méprise
toutes les femmes, achète son plaisir de l'oubli où
elle me laisse. Et voici maintenant que j'éprouve
l'âpre angoisse de me sentir désiré par une autre
femme; l'amour fervent dont cette jeune fille me
requiert rend plus insupportable la douleur d'être
délaissé par la reine. Si la blonde Iseult n'y prend
garde, il me faudra bien renoncer à ce que je ne
puis avoir : je trouverai l'apaisement dans ce nouvel amour. Plutôt que de soupirer après l'impossible, je bornerai mes forces aux choses accessibles.
Pourquoi éterniser un amour dont aucune joie
ne peut plus venir ? Qu'Iseult la blonde aime
son seigneur et maître et se tienne avec lui. Je ne
veux pas l'en blâmer : l'homme ne doit pas haïr
ce qu'il a adoré, il peut seulement s'en détacher,
s'en éloigner et s'en déprendre. Je veux m'efforcer
désormais, à l'exemple de la blonde Iseult, de
goûter le charme qu'on trouve dans des caresses
sans amour. Mais comment éprouver cela sinon
en épousant la jeune fille qui s'est énamourée

de moi et qui aspire à me donner ce plaisir ? »

Tristan désire Iseult aux blanches mains pour sa beauté, qui était comme un reflet de celle de l'Iseult d'Irlande, mais aussi pour ce nom d'Iseult qui lui rappelle son premier amour : c'est la réunion du nom et de la beauté qui lui inspire le dessein de prendre la jeune fille pour femme. Sa souffrance lui vient d'une Iseult, c'est d'une autre Iseult qu'il attend sa consolation. Voici maintenant qu'il montre pour elle tant d'empressement, qu'il a pour ses parents tant de belles paroles, que tous se mettent d'accord pour célébrer leur mariage.

Au jour fixé, tous les apprêts sont terminés pour les noces : Tristan épouse Iseult aux blanches mains. Le chapelain célèbre l'office, puis on s'attarde à un festin de fête. On en sort pour se divertir à la quintaine, au lancer du javelot et à l'escrime. Le jour passe avec les plaisirs, la nuit est proche; le lit nuptial est préparé. La jeune fille y entre la première. Tristan se dépouille de sa tunique, mais, en retirant la manche droite, ajustée au poignet, il laisse glisser de son doigt l'anneau d'argent au chaton de jaspe vert que la reine lui avait donné au jour de leur séparation. L'anneau tinte sur les dalles avec un son clair, Tristan se penche pour le ramasser et le contemple longuement. Comme par enchantement, la radieuse image d'Iseult la blonde surgit devant lui et l'emplit jusqu'au fond de l'être d'un indicible émoi. L'anneau magique a fait son œuvre. Il a replacé devant les yeux de l'amant l'image, un instant estompée, de la bien-aimée lointaine. Un remords s'insinue dans son âme et bientôt la domine : il se repend de sa conduite et s'absorbe en d'amères réflexions. Cet anneau,

qu'il a remis à son doigt, lui remémore le pacte de
mutuelle fidélité conclu avec Iseult à l'heure du
dernier adieu. Il soupire du fond du cœur et se
dit : « Voici que je me suis placé moi-même, par
une folle erreur, dans une dure nécessité. Mon
devoir de mari est de me coucher là puisque j'ai
épousé cette jeune fille. Les convenances exigent
que je m'étende près d'elle : il n'est plus temps
de me retirer ! Voilà le beau travail de mon cœur
dément, futile et volage ! »

Tristan se couche; Iseult l'enlace tendrement, lui
baise la bouche et la face. Elle désire ardemment ce à quoi Tristan se refuse. Ce n'est pas qu'il
ne soit fort disposé à caresser sa jeune femme, mais
un plus grand amour le retient et fait taire l'appel
de ses sens. La passion pour Iseult la blonde, plus
forte que jamais dans son cœur, paralyse sa volonté
et rend la nature impuissante. Il voit que la jeune
fille est désirable et qu'elle est ardente; il aspire
à des voluptés, mais l'autre désir est assez fort
pour dompter l'instinct de sa chair : tout cède
à ce grand amour. Et c'est pour Tristan une peine,
un tourment, une inquiétude et une angoisse de
ne savoir comment se tenir chaste, quelle conduite
tenir avec sa femme, à quel stratagème recourir.
Il se soustrait aux embrassements de la jeune
épouse et élude le plaisir qu'elle recherche. Il donne
un seul baiser à Iseult aux blanches mains et
lui dit : « Ma belle amie, ne prenez pas ceci
pour une vilenie ou un outrage. Je veux vous
faire un aveu en vous priant de le garder pour
vous seule, car jamais je ne l'ai confié à personne
d'autre. Ici, à mon côté droit, je porte une blessure qui m'a longuement affligé et, cette nuit encore,

me tourmente durement. Les fatigues que j'ai endu-
rées en guerroyant les ennemis de votre père ont
réveillé en moi la douleur. Je ne puis plus, à cause
d'elle, me livrer aux ébats amoureux. Nous les
retrouverons bien assez quand nous le voudrons. »
Iseult lui répondit : « Je suis affligée, plus que je
ne saurais le dire, de ce mal dont vous souffrez.
Quant à la chose dont vous m'entretenez, je veux
et puis bien m'en passer pour ce soir. » Ainsi
demeura Tristan, durant toute cette nuit, étendu
sans se mouvoir auprès de son épouse. Elle qui des
jeux d'amour ne savait rien si ce n'est l'accoler
et le baiser, s'endormit en toute simplesse, au côté
de Tristan. Mais le matin venu, quand les servantes lui ajustèrent la guimpe des femmes épousées.
elle sourit tristement et songea qu'elle n'y avait
guère droit.

XXIX

L'EAU HARDIE

Quelques mois après leurs noces, Tristan et Iseult
aux blanches mains se rendirent, avec Kaherdin,
au pèlerinage des Sept Saints de Bretagne. Kaherdin chevauchait à la droite de la jeune femme qui
montait en amazone, et Tristan à sa gauche. Ils
échangent mille propos plaisants et ce qu'ils disent
les absorbe tellement qu'ils laissent aller leurs chevaux au gré de leur caprice. Ils arrivent par aventure à un petit cours d'eau presque à sec qu'ils
franchissent à un gué encombré de pierres. Moins
souple que le cheval de Tristan, celui de Kaherdin
se dérobe, celui d'Iseult se cabre; elle donne de
l'éperon; mais en élevant son talon pour éperonner
à nouveau, il lui faut ouvrir les genoux et soulever
sa robe en se retenant de la main droite à l'arçon
de la selle. Le palefroi pousse en avant, retombe
sur ses sabots, mais glisse sur une pierre branlante
au milieu du ruisseau. En posant le pied sur la
pierre mal assurée, le cheval fait jaillir très haut
une gerbe d'eau qui saute sous la robe d'Iseult,
entre ses genoux. La jeune femme, saisie par

le froid de l'eau sur sa chair, jette un cri et se
met à rire. Kaherdin qui l'entend craint d'avoir
provoqué son hilarité par quelque parole risible
ou quelque geste maladroit. Un peu confus, il
dit à sa sœur : « Tu ris de très grand cœur, mais
je ne sais pourquoi. Qu'ai-je donc fait qui te
mette en telle gaieté ? — Frère, dit-elle, ce n'est pas
de toi que je ris et tu ne dois pas t'en offusquer.
Je ris de la plaisante aventure qui vient de m'arriver quand mon cheval a fait sauter l'eau du gué entre
mes jambes. Au moment où l'eau froide a jailli
sous ma robe, j'ai tressailli et j'ai dit à mi-voix :
« *Eau, tu es bien hardie en vérité et tu es allée plus
loin entre mes cuisses que n'a fait la main d'aucun
homme, pas même celle de Tristan !* » Tristan
feignit de ne pas avoir entendu ce propos et, donnant des éperons, prit de l'avance sur ses compagnons. Quant à Kaherdin, il se tourna vers sa sœur
et lui dit : « Que me contes-tu là ? Tristan n'a-t-il
pas été plus hardi avec toi que l'eau de ce ruisseau ?
— Frère, je t'ai dit la chose, mais j'ai déjà trop
parlé et je m'en repens. » Kaherdin étonné la pressa
si vivement de questions qu'elle finit par lui dire
la vérité sur sa nuit de noces. « Qu'est-ce à dire ?
fit Kaherdin, ne partagez-vous pas le même lit,
Tristan et toi, depuis plusieurs mois que vous êtes
mariés ? Dois-je comprendre que vous vivez à l'écart
l'un de l'autre comme si vous étiez moine et nonne ?
Si Tristan ne joue pas avec toi aux jeux de l'amour,
je prétends qu'il te fait la pire des offenses !
— Je t'avoue, beau frère, que Tristan ne m'a jamais
touchée : c'est tout juste si, parfois, avant de s'endor-
mir, il me donne un baiser. — Par Dieu ! ma
sœur, Tristan nous a gravement trompés et déçus,

toi-même et toute notre famille. S'il te dédaigne,
si pure et si franche, c'est à coup sûr qu'il aime
une autre femme. Ah ! si je l'avais su plus tôt,
jamais il n'aurait franchi le seuil de ta chambre !
— Frère, il ne faut pas le condamner sans l'entendre : Tristan est loyal et juste et il a sans doute
ses raisons pour agir ainsi. Peut-être te les dirait-il
si tu l'interrogeais toi-même ? »

Kaherdin entraîna son cheval vers Tristan qui
s'était éloigné quelque peu, perdu dans sa rêverie.
Mais quand il arriva à sa hauteur et qu'il fut à
même de lui parler, il se trouva si embarrassé que
les mots lui manquaient pour s'exprimer. Il éprouvait une vive contrariété et un cuisant souci, car
il supposait que Tristan avait fait fi de sa sœur
parce qu'il ne voulait pas avoir un héritier issu
de la lignée du duc Hoël. Kaherdin continua de
chevaucher à côté de Tristan, le visage sombre et
l'air courroucé, sans lui adresser la parole ni répondre aux questions de son ami. Tristan s'affligea
de le voir de si méchante humeur, lui qui se montrait d'ordinaire un si joyeux compagnon !

Leur pèlerinage terminé, quand ils furent rentrés
au château de Karhaix, Tristan le prit à part et
lui dit : « Ami, pourquoi éviter tout entretien avec
moi ? En quoi t'ai-je déplu ? Il ne sied point à
un gentilhomme de bouder son meilleur ami
sans lui en donner la raison. » Kaherdin, dominant
son courroux, se résolut enfin à lui exprimer franchement les griefs qu'il avait contre lui : « Je ne
sais pourquoi, Tristan, tu feins de ne pas savoir
ce que je te reproche : tu n'ignores pourtant pas
que j'ai le droit de te haïr. Aucun des hommes de
ma lignée n'agirait autrement à ma place et, quand

ils apprendront ce que je sais, ils te détesteront comme moi. As-tu mesuré la portée de l'affront que tu nous fais ? Tu as épousé ma sœur en justes noces, de ton plein gré et de ta libre volonté; et pourtant plusieurs mois se sont écoulés sans que tu aies consommé cette union. Il est clair que tu dédaignes de t'unir à elle parce que tu méprises notre famille : tu ne veux point avoir de ma sœur un héritier. Je te le déclare tout net : si tu n'avais pas été mon compagnon d'armes et mon ami, je t'aurais fait payer chèrement cette injure. Voici mon dernier mot : si tu ne répares pas ta faute et si tu ne traites pas désormais ma sœur comme ta vraie femme, je te lance mon défi, car un tel outrage ne se lave que dans le sang ! » Tristan lui répondit : « Frère, les griefs que tu portes contre moi ne sont, hélas ! que trop réels. Je les comprends et j'en reconnais le bien-fondé. Tu dis vrai : je suis venu parmi vous pour votre malheur. Si le mal secret qui tourmente mon cœur n'avait pas altéré ma raison et troublé mon bon sens, je n'aurais jamais contracté ce mariage. Quand je t'aurai révélé ma misère, ton courroux s'apaisera peut-être. Sache donc que j'aime d'un ardent amour une autre Iseult, la plus belle de toutes les femmes. Durant des années, elle a vécu auprès de moi et nous avons connu le bonheur des amants. Quand l'infortune de ma vie m'a contraint à me séparer d'elle, je lui ai promis de garder toujours son souvenir et de lui rester fidèle, mais j'avais compté sans l'affreux tourment de la jalousie qui torture mon cœur. Depuis que je l'ai rendue à son époux, je me suis persuadé à moi-même, dans mon délire, qu'elle m'avait mis en oubli et qu'elle trouvait

sa joie et son plaisir auprès d'un autre que moi.
Insensé ! J'ai cédé à l'illusion de me venger en
cherchant, moi aussi, la joie et le plaisir auprès
d'une autre femme et c'est pourquoi, de bonne
foi et sans songer à mal, j'ai épousé ta sœur.
Hélas ! dès le soir des noces, j'ai éprouvé toute
l'étendue de mon erreur : jamais, je le sais maintenant, il ne me sera possible de m'unir charnellement à une autre femme qu'à cette Iseult dont je
viens de te révéler l'existence. — Quel conte me
fais-tu là ! s'écria Kaherdin. Tes paroles sont ingé-
nieuses et tu sais trouver de beaux prétextes pour
excuser ta faute. Crois-tu que je sois assez naïf pour
ajouter foi à de telles fables ? La lointaine Iseult
dont tu parles, qu'est-ce sinon une chimère que
tu as forgée à plaisir pour apaiser ma colère ?
— Tu te trompes, ami; c'est une femme de chair et
d'os. Elle vit à Tintagel, au royaume de Cornouailles, et son époux, à qui je l'ai rendue, est ce fameux
roi Marc dont la renommée est venue, depuis
longtemps, jusqu'ici. Tu sais déjà que je suis le
fils du roi Rivalen de Loonois; apprends maintenant que le roi Marc est mon oncle, frère de ma
mère et que l'unique objet de mon amour est
Iseult la blonde, fille de Gormond, roi d'Irlande
et femme du roi Marc. Diras-tu encore que ce sont
là des chimères et les songes creux d'un esprit
malade ? »

Kaherdin fut plongé par ces révélations dans
une stupeur si profonde qu'il en demeura longtemps tout interdit, ne sachant que répondre. Alors
Tristan reprit de lui-même la parole et lui conta
par le menu tout le mystère de sa vie. Il dit
comment il était allé en Irlande demander en

mariage au nom du roi Marc l'Iseult aux cheveux
d'or; comment sur la mer il avait bu, sans le savoir,
et partagé avec Iseult le philtre d'amour que la
reine d'Irlande avait destiné au roi Marc pour la
nuit de ses noces; comment trois ans durant, Iseult
et lui-même avaient été liés l'un à l'autre par la
force invincible du boire herbé. Il dit les embûches et les ruses du nain bossu, la traîtrise et les
dénonciations des barons félons, la reine menée
au bûcher et livrée à la troupe des lépreux, la
vie âpre et dure des amants dans la forêt sauvage,
et comment il avait rendu Iseult au roi Marc après
la fin du sortilège et comment il avait épousé
Iseult aux blanches mains pour tenter d'oublier
celle qui demeurait pour lui la seule et unique
Iseult. Il ajouta : « Si ta sœur, ami, m'a épousé
pour son malheur, crois bien que je souffre dou-
blement : pour elle et pour moi qui n'ai point voulu
l'offenser. » Kaherdin fut frappé de l'accent de
sincérité de Tristan et il comprit qu'il disait la
vérité; il eut pitié de lui et, changeant de ton,
lui parla moins amèrement : « Tristan, dit-il, voici
un instant seulement, j'aurais voulu te tuer. Je
sens maintenant que ma fureur s'apaise et que mon
amitié revit. Assurément, si tu es lié pour toujours
à une autre femme par un si puissant amour, ma
sœur ne peut songer à te conquérir, car tout partage
te serait odieux. Si je pouvais constater de mes
yeux que la reine de Cornouailles t'aime d'un
amour sans égal et que sa beauté est sans pareille,
je te pardonnerais, quoi qu'il m'en coûtât, le tort
fait à ma sœur. — Je ne demande, reprit Tristan,
qu'à t'en donner la preuve. Veux-tu m'accompagner jusqu'en Cornouailles ? Là demeure, dans

le haut palais du roi Marc, la blonde Iseult, mon
unique amour. Quand tu l'auras vue, tu me jugeras. »

Peu de jours après, Tristan et Kaherdin, s'étant
mis d'accord, confièrent au duc Hoël et à sa fille
Iseult qu'ils avaient fait vœu de passer en Angleterre, pour y visiter les moutiers où l'on vénérait
les tombeaux des saints de jadis. Ils prirent le
bourdon et la besace des pèlerins et n'emmenèrent
avec eux, sous le même accoutrement, que Gorvenal
et l'écuyer de Kaherdin. Les quatre hommes gagnè-
rent à pied le rivage et trouvèrent place sur une
nef qui les porta en Grande-Bretagne.

XXX

L'ORFRAIE ET LE CHAT-HUANT

TRISTAN se trompait : Iseult ne l'avait pas mis en oubli. Il est vrai que le roi Marc lui faisait une vie facile et brillante et qu'il se montrait empressé et généreux auprès d'elle, ce dont elle lui savait gré; rien de tout cela n'avait effacé en son cœur le souvenir de Tristan ni affaibli l'amour qu'elle lui portait. Iseult, seule en sa chambre en compagnie du chien Husdent, qui lui rappelait sans cesse son ami, soupire pour celui qu'elle désire tant. Son cœur et sa pensée n'ont plus qu'un seul objet : l'aimer. Ce qui l'afflige le plus, c'est que, depuis son départ, elle n'a jamais eu de lui aucune nouvelle : elle ignore où il est et dans quel pays, et s'il est mort ou vivant. Elle en demeure accablée de tristesse et son esprit est hanté par l'affreuse pensée que son ami a peut-être perdu la vie. Elle avait longtemps espéré qu'un messager lui viendrait de sa part; son attente avait été vaine. Fort et hardi comme il était, n'avait-il pas exposé son corps en aventure ?

Il y avait bien à la cour de Marc des gens qui étaient informés des exploits de Tristan en Petite-Bretagne, mais, parce qu'ils ne l'aimaient guère,

ils cachaient à Iseult le bien qu'ils entendaient
dire de lui, se réservant de publier en tous lieux
le mal qu'ils en apprendraient par ouï-dire. Aussi
Iseult faisait-elle en sorte de ne point rencóntrer
ces barons cornouaillais : plutôt vivre sans compagnie, dit le Sage, que d'être environné d'ennemis !
Un jour en sa chambre, elle s'assied et, pour mieux
songer à son ami, elle chante en s'accompagnant sur
la harpe un lai breton qui' avait été composé
par Tristan. Elle dit comment Guiron fut surpris
et tué par le mari de la dame qu'il aimait par-
dessus toute chose, comment, par ruse, le jaloux
donna le cœur de Guiron à manger à sa femme
et comment celle-ci en conçut une indicible douleur. La reine chante doucement; elle accorde sa
voix à la harpe. Les mains sont belles, le poème
est touchant et le ton grave. Survient alors Kariado,
ce riche comte de haut parage, qui avait été jadis
le compagnon de Tristan à la cour de Marc et
qui, le premier, poussé par la jalousie, avait dénoncé
au roi les amours de son neveu et de la reine.
Depuis lors, Kariado n'avait jamais cessé de courtiser Iseult, bien qu'elle l'eût toujours éconduit
avec mépris. S'il n'avait pas fait cause commune
avec les barons félons, c'était uniquement pour ne
pas s'attirer l'inimitié ouverte de la reine, car il
gardait toujours l'espoir de la fléchir par ses galanteries et d'obtenir ses faveurs. A l'égard de Tristan,
son ancien compagnon, il ne perdait pas une occasion de manifester sa malveillance et il se réjouissait des épreuves qui l'accablaient. Une fois de
plus, Kariado avait laissé son beau château et ses
terres fertiles; il était venu à Tintagel dans l'intention de gagner l'amour de la reine. Iseult tenait

ses prétentions pour folie pure; depuis que Tristan avait quitté le pays, le galant avait perdu son temps à la courtiser sans jamais rien obtenir. C'était un beau seigneur, courtois, altier et fier, mais il valait mieux dans les chambres des dames qu'en bataille; au demeurant, bel et bon discoureur et fin conteur.

Il trouva Iseult chantant le lai de Guiron et, comme il savait bien que Tristan en était l'auteur, il en profita pour faire, sur le ton de la plaisanterie, de fâcheuses allusions à la mort possible du neveu de Marc : « Dame, dit-il, voilà un chant bien sinistre, où l'on ne parle guère que de meurtre et de sang ! On peut bien dire que c'est là le chant de l'orfraie, puisque le chant de cet oiseau fait, selon la commune croyance, présager un trépas. J'en déduis qu'il va être bientôt question de mort d'homme. De plus votre lai, à mon avis, annonce la mort de l'orfraie elle-même, c'est-à-dire le chanteur qui a composé ce lai. » Iseult lui répondit : « Vous dites vrai : mon chant fait présager la mort de l'orfraie, mais l'orfraie ou le chat-huant n'est autre que vous qui chantez pour le deuil des autres; c'est votre mort à vous qu'il vous faut redouter quand vous craignez que mon chant ne soit de mauvais augure. Je gage que vous m'apportez aujourd'hui, selon votre habitude, une mauvaise nouvelle : vous vous comportez point pour point comme le chat-huant. Jamais, je puis l'affirmer, vous ne m'avez appris de nouvelles dont j'aie eu lieu d'être satisfaite et jamais vous n'êtes venu ici sans en annoncer de mauvaises. Vous ne sortiriez même pas de chez vous si vous ne teniez à conter une chose fâcheuse. Vous, Kariado, n'avez jamais eu la moindre volonté de partir au

loin pour accomplir des exploits dont on parlerait.
Jamais on n'entendra sur votre compte une seule
nouvelle dont vos amis puissent tirer honneur ou
dont soient contristés ceux qui vous haïssent. Vous
êtes toujours disposé à dauber sur les actions
d'autrui, mais des vôtres, on ne parlera jamais. »
Kariado alors répartit : « Dame, vous voici en
colère sans que je sache trop pourquoi. Je serais
bien fol d'appréhender la mort que vous augurez
pour moi; cela ne m'importe guère. Vous dites
que je suis le chat-huant; je pourrais vous répondre que vous êtes l'orfraie et que l'un et l'autre
sont des oiseaux de malheur. Toutefois, chat-huant
ou non, c'est une dure nouvelle que je vous apporte
sur le compte de Tristan votre ami : il est perdu
pour vous, car il a pris femme en autre terre. Il
vous sera loisible, désormais, de vous pourvoir
ailleurs, puisqu'il dédaigne votre amour. Il a épousé
en justes noces une autre Iseult, la fille du duc
Hoël de Bretagne. » Iseult répondit avec dépit :
« Toujours vous avez été chat-huant pour dire
du mal de Tristan. Que Dieu me prive de tous
ses biens si pour vous je ne deviens orfraie !
Vous m'avez dit une mauvaise nouvelle, je ne
vous en dirai pas de bonne. Je vous le déclare :
vous me requérez d'amour en pure perte, vous
n'obtiendrez jamais de moi la moindre faveur et,
de ma vie, je n'aimerai ni vous ni votre galan-
terie. J'aurais cherché bien funeste aventure si,
naguère, j'avais agréé votre service. Mieux vaut
perdre l'amour de Tristan que de gagner le vôtre ! »
Elle éprouve un violent courroux et Kariado ne
s'y trompe guère. Il sent qu'il serait contraire
à ses intérêts d'aviver par d'autres paroles l'an-

goisse de la reine : il prend congé d'elle et s'éloigne.

La reine demeure seule, en proie à une grande
détresse. Tristan s'est parjuré. Tristan ! Est-ce possible ? Elle voudrait s'assurer de la vérité du fait,
mais elle est tellement blessée et humiliée en son
cœur qu'elle n'ose se confier à âme qui vive, pas
même à Brangien la sage ni au franc Périnis.

XXXI

LES RETROUVAILLES DES AMANTS

Pour Tristan et Kaherdin voguant vers la Cornouailles avec leurs écuyers, le vent fut léger et bon.
Ils débarquèrent un matin, avant l'aurore, non
loin de Tintagel, dans une crique déserte voisine
du château de Lidan. Tristan savait que Dinas de
Lidan, le bon sénéchal du roi Marc, les héberge-
rait et saurait cacher leur venue. Au petit jour,
les quatre compagnons montaient vers Lidan
quand ils virent venir derrière eux un homme qui
suivait la même route, au petit pas de son cheval.
Ils se jetèrent sous le couvert des bois et l'homme
passa sans les voir, car il sommeillait en selle.
Tristan le reconnut : « Frère, dit-il tout bas à
Kaherdin, c'est Dinas de Lidan lui-même. Il dort;
sans doute revient-il de chez son amie et rêve-t-il
encore d'elle ? Il ne serait pas courtois de l'éveiller;
suivons-le de loin. » Il rejoignit Dinas, prit doucement son cheval par la bride et chemina sans
bruit à ses côtés. Enfin, un faux pas du cheval
réveilla le dormeur. Il ouvrit les yeux, vit Tristan,
hésita un instant et dit : « C'est toi ! C'est toi,
Tristan ! Dieu bénisse l'heure où je te revois :
je l'ai si longtemps attendue ! — Ami, Dieu te

sauve ! Quelles nouvelles me diras-tu de la reine ?
— Hélas ! de dures nouvelles. Depuis ton départ en
exil, elle languit et pleure pour toi. Ah ! pourquoi
revenir près d'elle ? Veux-tu chercher encore ta
mort et la sienne ? Tristan, aie pitié de la reine,
laisse-la en repos ! — Ami, dit Tristan, accorde-
moi un don : cache-moi à Lidan et porte-lui mon
message. Fais que je puisse la revoir une fois, une
seule fois ! » Dinas répondit : « J'ai pitié de ma
dame et ne veux faire ton message que si je sais
qu'elle t'est restée chère par-dessus toutes les femmes. — Ah ! sire, dis-lui qu'elle demeure l'unique
objet de mon amour, et ce sera vérité. — Suis-moi
donc, Tristan : je t'aiderai en ton besoin. »

A Lidan, le sénéchal hébergea Tristan et Gorvenal, Kaherdin et son écuyer. Quand Tristan lui
eut conté de point en point ses noces malheureuses
avec Iseult aux blanches mains, Dinas s'en fut à
Tintagel pour avoir des nouvelles de la reine.
Il apprit qu'à trois jours de là, le roi Marc et la
blonde Iseult avec tous les écuyers et les veneurs,
quitteraient Tintagel pour s'établir au château de
Lancïen. Tristan, quand il en fut informé, confia
au sénéchal l'anneau de jaspe vert et le message
qu'il devait porter à la reine.

Dinas retourna à Tintagel, monta les degrés
et entra dans la salle. Le roi et Iseult étaient assis
à l'échiquier. Dinas prit place sur un escabeau
près de la reine, comme pour observer son jeu
et, par deux fois, feignant de lui désigner les pièces, il posa sa main sur l'échiquier. A la seconde
fois, Iseult reconnut à son doigt l'anneau de jaspe.
Alors, elle n'eut plus envie de jouer. Elle heurta
légèrement le bras de Dinas, en telle guise que

plusieurs pièces tombèrent en désordre. « Voyez, sénéchal, dit-elle, vous avez troublé mon jeu si bien que je ne saurais le reprendre. » Marc quitte la salle, Iseult se retire en sa chambre et Brangien amène Dinas auprès d'elle : « Ami, vous êtes messager de Tristan ? — Oui, reine; il est à Lidan, caché dans mon château. — Est-il vrai qu'il ait pris femme en Bretagne ? — Reine, on vous a dit la vérité sur ce point. Mais il assure qu'en dépit de ce mariage, qu'il n'a jamais consommé, il ne vous a point trahie; que pas un seul jour il n'a cessé de vous chérir par-dessus toutes les femmes; qu'il mourra s'il ne vous revoit, ne fût-ce qu'une fois. Il vous adjure d'y consentir, par la promesse que vous lui fîtes le jour où il vous rendit au roi. » La reine se tut quelque temps, songeant avec déplaisir à l'autre Iseult en qui elle ne pouvait s'empêcher de voir une rivale. Enfin elle répondit : « Oui, le jour où il se sépara de moi, après notre exil dans la forêt, j'ai dit, il m'en souvient : *Si jamais je revois l'anneau de jaspe vert, ni tour, ni fort château, ni défense royale ne m'empêcheront de faire la volonté de mon ami, que ce soit sagesse ou folie...* — Reine, à deux jours d'ici, la cour doit quitter Tintagel pour gagner Lancïen; Tristan vous mande qu'il sera caché dans un fourré le long de la route. Il vous supplie de le prendre en pitié. — Je l'ai dit : rien ne m'empêchera de faire la volonté de mon ami. »

Le surlendemain, tandis que toute la cour de Marc s'apprêtait au départ, Tristan et Gorvenal, Kaherdin et son écuyer, par des chemins secrets, se mirent en marche vers le lieu désigné. A travers la forêt, deux routes conduisaient de Tintagel vers

Lancïen : l'une belle et bien ferrée, par où devait
passer le cortège, l'autre pierreuse et abandonnée.
Tristan et Kaherdin appostèrent sur celle-ci leurs
deux écuyers et leur ordonnèrent de les attendre
en ce lieu avec leurs chevaux et leurs écus. Eux-
mêmes se glissèrent sous bois et se cachèrent dans
un buisson d'épines. Bientôt, le cortège apparaît
sur la route. C'est d'abord la troupe du roi Marc.
Viennent, en belle ordonnance, les fourriers et
les maréchaux, les cuisiniers et les échansons, viennent les valets de chiens menant lévriers et bra-
chets, puis les fauconniers portant les oiseaux
sur le poing gauche, puis les veneurs, puis les
barons et les gens d'armes. Alors s'avance le cortège
de la reine. Les lavandières et 'les chambrières
viennent en tête, ensuite les femmes et les filles
des barons et des comtes. Enfin approche un palefroi monté par la plus belle que Kaherdin ait
jamais vue de ses yeux : elle est bien faite de corps
et de visage, les hanches un peu basses, les sourcils
bien tracés, les yeux riants, les dents menues; une
robe de rouge samit la couvre. « C'est la reine, dit
Kaherdin à voix basse. — La reine ? dit Tristan;
non, c'est Brangien, sa servante ! » Mais dans une
trouée lumineuse que faisait le soleil à travers
les grands arbres, Iseult la blonde apparut, ayant
à sa droite le duc Audret. Elle était vêtue de brocart, les longs cheveux d'or encadrant le visage au
teint clair, la tête légèrement inclinée comme si
l'alourdissait un grave souci. « Cette fois, dit Tristan à mi-voix, c'est la reine ! » Kaherdin la contem-
plait de tous ses yeux et tel était son ravissement
qu'il demeura bouche bée. A partir de cet instant,
il ne douta plus de la parole que Tristan lui avait

dite. A ce moment, du buisson d'aubépines où
se tenaient les deux compagnons, montèrent des
chants de fauvette et d'alouette, et Tristan mettait
en ces mélodies toute sa tendresse. La reine a
reconnu la voix de son ami. Alors elle se tourne
vers le fourré d'épines et dit à voix haute : « Oiseaux de ce bois qui m'avez réjouie de vos chansons,
je vous prends à mon service. Tandis que mon
seigneur Marc chevauchera jusqu'à Lancïen, je
veux retourner à Tintagel car ce voyage me lasse.
Oiseaux, faites-moi cortège jusque-là ! Ce soir, je
vous récompenserai richement, comme de bons
ménestrels. » Tristan retint ses paroles et se réjouit.
Puis Iseult fit appeler Brangien et lui parla en
confidence : « Amie, mon cœur me dit que Tristan n'est pas loin et que tout à l'heure cesseront
mes angoisses. Quand nous serons de retour à Tintagel, veille à la porte. Il se peut qu'il cherche à
me rejoindre sous quelque déguisement. Tu sauras
bien le reconnaître et tu me l'amèneras en secret. »

Fourbu d'avoir couru la plaine à la poursuite
du gibier, le roi avait fait dresser ses pavillons dans
une prairie et s'y reposait. Le duc Audret l'y
avait rejoint tandis que la reine était rentrée à
Tintagel. La nuit tomba, noire et sans lune. Tristan
et Kaherdin se dirigèrent vers le château. Tristan
savait qu'Iseult avait compris son message et il ne
doutait pas d'être bien accueilli. Sous la chape du
pèlerin, il portait un bliaut de soie, des chausses
bien ajustées et son épée pendue à sa ceinture.
Arrivés au pied des murailles, les deux compagnons s'avancèrent jusqu'au fossé et hélèrent le
portier : « Seigneur, ayez pitié de deux pèlerins
qui demandent asile pour la nuit et, s'il se peut,

quelque nourriture. » On leur ouvrit, car il était d'usage à Tintagel de faire l'aumône aux pieux voyageurs et de leur donner l'hospitalité. A peine les étrangers avaient-ils franchi la herse que Brangien s'avança vers eux; elle prit Tristan par la main et, sans mot dire, l'entraîna à travers les galeries obscures, jusqu'à la chambre des femmes. Tristan, malgré son déguisement, n'eut pas à montrer l'anneau. Iseult, qui l'attendait, se jeta dans ses bras et ils demeurèrent longuement enlacés. Puis elle le fit asseoir auprès d'elle et le pria de lui conter sa vie depuis qu'ils étaient séparés. Oubliant tout ce qui n'était pas leur amour, ils s'abandonnèrent à la joie comme s'ils étaient réunis pour toujours. Quand l'aube parut, Brangien, l'avisée, qui avait tenu compagnie à Kaherdin durant la nuit, fit sortir les deux hommes du château par une porte dérobée.

Les amants comptaient sans la malice de leurs ennemis. Le duc Audret, dont la haine pour Tristan n'avait pas faibli, s'était étonné de l'étrange manège d'Iseult s'adressant aux oiseaux de la forêt, de son entretien confidentiel avec Brangien et de son brusque retour à Tintagel. Comme il connaissait de longue date la virtuosité de Tristan dans l'imitation du chant des oiseaux, il ne lui fallut pas longue réflexion pour soupçonner que Tristan était revenu en Cornouailles et que la reine n'allait pas tarder à le rejoindre. Il entra dans le pavillon où se reposait le roi et lui dit : « Sire, il se passe des choses étranges. Malgré sa promesse, Tristan est revenu. Il va tenter de revoir la reine, et elle le recevra, car ils n'ont jamais cessé de s'aimer. Elle est avertie de son retour et je sais qu'elle se prépare à l'accueil-

lir à Tintagel, en compagnie de Brangien et de
Périnis qui furent toujours ses complices. Roi,
songez à défendre votre honneur ! Tandis que
vous vous déportez au déduit de la chasse, Iseult
et votre neveu se livrent au déduit de l'amour. »
Marc l'entendit, mais il hésitait à le croire, car
Iseult lui avait fourni mainte assurance de sa
loyauté et Tristan, d'après ce qu'on lui avait dit,
guerroyait de l'autre côté de la mer. Il ne voulait
pas non plus interrompre son plaisir, car il se disposait à chasser les oiseaux de rivière à l'aide de
faucons savamment dressés.

Après une absence de deux jours, Audret était de
retour à la tente du roi. « Sire, mon pressentiment
ne m'avait pas trompé. J'ai couru jusqu'à Tintagel
et j'ai vu de mes yeux la trahison d'Iseult. Chaque
nuit, Tristan vient frapper à la porte, déguisé en
pèlerin. L'impudente Brangien le conduit secrètement à la chambre de la reine. Je ne vous dirai
rien de plus, sinon que cette nuit-ci, vous pourrez
les surprendre. » Marc se leva d'un bond et dit
à Audret : « Neveu, je te sais gré de ta vigilance.
Si tu as dit vrai, tu en recevras telle récompense
que tu n'auras plus rien à souhaiter. Ordonne à
mes valets de replier les tentes. Fais seller nos chevaux ;
je pars avec toi. » Ils firent telle diligence qu'ils
furent à Tintagel avant la nuit. Au cours de cette
chevauchée silencieuse, le roi doutait encore en
lui-même de la véracité des paroles d'Audret.

Dès son arrivée, Marc voulut s'informer lui-même
et fit mander Brangien qui, terrifiée par ses menaces, ne pouvait manquer, pensait-il, de tout révéler.
Elle ne se fit pas attendre et vint, la fidèle, en feignant la plus grande surprise. « Demoiselle, dit

le roi, il faut que vous répondiez franchement. Si vous mentez, votre corps sera brûlé et vos cendres jetées au vent. Le bruit court que Tristan est revenu, malgré ma défense, et que la reine, oubliant son devoir, le reçoit chez elle durant la nuit. Dites-moi comment cela s'est fait, car, si je suis trahi par mon neveu, ma vengeance sera sans pitié. » Brangien sourit à ce discours et répondit sans s'émouvoir : « Sire, je vous dois obéissance et respect. Quand votre honneur est en péril, je n'ai pas le droit de me taire. A l'instant même où vous m'avez appelée, j'allais de bon gré vous avertir de ce qui se trame. Il est vrai, seigneur, qu'Iseult s'ennuie, parce que, depuis bientôt une semaine, vous la négligez. *Vide chambre fait dame folle*, dit le vilain, et *proie facile tente le larron*. Si vous n'y prenez garde, elle se croira délaissée et commettra quelque sottise. Vous vous imaginiez, en éloignant Tristan, supprimer tout péril, mais elle ne l'a jamais aimé. Celui qui la requiert avec insistance, c'est Kariado, le riche comte. Il lui a fait de si beaux dons, il a tant vanté sa grâce et sa beauté que peu s'en est fallu qu'elle ne succombât. Si elle n'a pas, je vous le jure, trahi la foi qu'elle vous doit, c'est grâce à mes soins et à mes conseils. Kariado, sire, est beau, courtois et plein de ruse; il sait dire les mots qui plaisent à Iseult et devancer ses désirs. C'est merveille qu'elle n'ait pas déjà commis quelque folie avec ce galant qui la presse. Tristan, le pauvre, n'est pas dangereux. Laissez-le en paix et méfiez-vous de Kariado. » Marc lui répondit : « Je ne refuse pas de te croire, mais Tristan n'a-t-il pas enfreint ma défense en revenant ici ? — Sire, on le dit, et c'est possible, mais la reine ne veut plus

le revoir et elle a chargé Kariado de l'éloigner s'il
reparaissait. Je crains même que ce traître, poussé
par la jalousie, ne lui tende une embûche. Je
connais mieux que quiconque les torts et les défauts
de Tristan, mais ne serait-ce pas un grand péché
si Kariado venait à le tuer ? » Le roi demeura per-
plexe, car Tristan lui était toujours cher. Mais
que faire pour le sauver ? Faute de mieux, il suivra
le conseil de Brangien : « Belle amie, dit-il, je me
rends à vos raisons et ne tenterai rien contre Tristan.
Mais je chasserai de la cour Kariado, ce fourbe
qui veut m'abuser. Quant à vous, ne quittez pas
la reine des yeux et surveillez-la sans cesse. Je
ne veux pas qu'elle ait, avec quelque homme que
ce soit, d'entretien secret. Je la place sous votre
garde et vous m'en rendrez compte. » Sans tarder,
la jeune fille courut chez la reine et lui rapporta
la conversation qu'elle venait d'avoir avec le roi.

Le soir venu, quand Tristan se présenta à la
porte du château, elle lui dit : « Un grand péril
menace Iseult. Le roi est informé de votre retour
en ces lieux; gardez-vous désormais d'approcher du
château, si ce n'est la nuit tombée et avec précaution; et que les écuyers, pour passer inaperçus, se
dissimulent à tous les regards dans un coin écarté
de la forêt ! »

XXXII

LE PÉCHÉ ET LA PÉNITENCE D'ISEULT

Le duc Audret, persuadé du retour de Tristan, entretenait des espions pour savoir ce qui se tramait au palais. Il apprit ainsi que Brangien rejoignait chaque nuit un inconnu. Un soir même, Audret faillit le surprendre avec la servante : c'était Kaherdin. Il parvint à s'échapper, mais Audret entrevit, dans l'ombre, un autre homme qui sortait de chez la reine; à coup sûr, c'était Tristan. Il résolut de s'emparer de lui. Le lendemain, il se mit à sa recherche, accompagné d'une petite troupe. Par malheur, le hasard le conduisit tout droit au petit bois proche du château où se cachaient Gorvenal et l'écuyer de Kaherdin avec les chevaux et les armes de leurs maîtres. Comme les deux hommes avaient la tête couverte d'un heaume à visière, Audret les prit pour Tristan lui-même et pour l'inconnu qu'il avait failli surprendre avec Brangien. Dès qu'ils virent Audret s'approcher d'eux, les écuyers prirent la fuite et s'éloignèrent au plus vite. Audret leur cria de toutes ses forces : « Honte à vous, couards ! Vous vous dérobez comme des lâches ! » Puis, s'adressant à celui qu'il croyait être Tristan : « Arrête ! Tristan, je t'en conjure au nom de ta

prouesse ! » Les deux fuyards ne se retournèrent
même pas. Alors Audret reprit : « Arrête ! Tristan,
je t'en conjure par le nom d'Iseult la blonde ! »
Une seconde et une troisième fois il renouvela cette
adjuration par le nom d'Iseult la blonde. En vain :
les deux hommes ne ralentirent pas leur allure
et finirent par disparaître au tournant d'un chemin.
Les gens du duc Audret ne purent saisir que l'un
des chevaux que les écuyers entraînaient avec eux
par la bride et ils le ramenèrent au château de
Tintagel.

Dès qu'il rencontra la reine, Audret lui dit :
« Dame, je sais maintenant que Tristan est revenu
dans ce pays. Je l'ai aperçu près d'ici, dans un
bois, en compagnie d'un inconnu. Tous deux ont
pris la fuite par un vieux chemin abandonné.
Par trois fois je l'ai sommé de s'arrêter en le conju-
rant au nom d'Iseult la blonde, mais il a pris peur
et n'a pas osé m'attendre. — Sire Audret, vous dites
mensonge et folie ! Vous ne me ferez jamais croire
que Tristan, conjuré par mon nom à trois reprises,
ne se soit pas arrêté et n'ait pas osé vous faire
face ! — C'est pourtant lui que j'ai vu ! Je me
suis même emparé de l'un de ses chevaux : vous
pouvez l'apercevoir, tout harnaché, là-bas dans la
cour. »

Là-dessus Audret prit congé de la reine qu'il
laissa toute désemparée. Elle se mit à pleurer et
dit : « Malheureuse, j'ai trop vécu, puisque j'ai vu
le jour où Tristan me méprise et me honnit. Jadis,
conjuré par mon nom, quel ennemi n'aurait-il pas
affronté ? Il est hardi et vaillant de son corps :
s'il a fui devant Audret, s'il a refusé d'obéir à la
triple conjuration qui lui était faite en mon nom,

c'est que l'autre Iseult le possède et qu'il ne fait plus, en réalité, aucun cas de moi ! Il était revenu pourtant et je l'avais accueilli avec joie. Or il ne lui a pas suffi de me trahir, il a voulu me honnir par surcroît ! N'avais-je pas assez de mes tourments anciens ? Qu'il s'en retourne donc, honni à son tour, vers Iseult aux blanches mains ! »

La reine appela Périnis le fidèle et lui redit les nouvelles qu'Audret lui avait apportées : « Ami Périnis, cherche Tristan sur la route abandonnée qui va de Tintagel à Lancïen. Tu lui diras que je ne le salue pas et qu'il ne soit pas si hardi que d'oser approcher de moi désormais, car je le ferais chasser par les sergents et les valets. » Périnis se mit aussitôt à la recherche de Tristan et de Kaherdin; quand il les eut trouvés, il leur transmit le message de la reine. « Frère, s'écria Tristan étonné, que me dis-tu là ? Comment aurions-nous fui, Kaherdin et moi, devant le duc Audret, puisque nous n'avons pas retrouvé nos écuyers dans le petit bois où ils devaient nous attendre ? Nous n'avions donc pas nos chevaux. Nous avons cherché en vain Gorvenal et l'écuyer de Kaherdin; nous les cherchons encore. »

A ce moment même, Gorvenal et l'autre écuyer débouchèrent par le vieux chemin abandonné, suivis d'un seul cheval. Interrogé par Tristan, Gorvenal ne fit aucune difficulté pour avouer qu'ils s'étaient enfuis : « Seigneur, que pouvions-nous faire d'autre pour ne pas tomber aux mains du duc Audret et de ses gens ? Si je m'étais laissé reconnaître, le félon aurait découvert du même coup le secret de ton retour en Cornouailles. » Alors le preux dit à Périnis : « Bel ami, retourne en hâte

vers ta dame : dis-lui que je lui mande salut et
amour, que je n'ai pas failli à la loyauté que je lui
dois et que jamais je n'ai fui devant personne ni
passé outre à une conjuration faite en son nom.
Dis-lui qu'elle me pardonne, puisque je n'ai point
failli et que toute cette affaire est le résultat d'une
méprise. Et ne manque pas de revenir vers moi
pour m'apporter son pardon : j'attendrai ici ton
retour. »

Périnis conta à la reine ce qu'il avait vu et
entendu; elle refusa de le croire : « Ah ! Périnis, tu
étais mon fidèle serviteur et mon père t'avait attaché, tout enfant, à ma personne. Pendant des
années, je n'ai rien eu à te reprocher, mais voici
maintenant que Tristan, l'enjôleur, t'a gagné par
ses mensonges ! Toi aussi, tu m'as trahie : va-t-en ! »
Le valet se prosterna à genoux devant elle, les
mains tendues : « Dame, j'entends là de dures
paroles qui m'offensent et m'affligent. Jamais je
n'eus telle peine de ma vie ! Mais peu me chaut
de moi : si je m'afflige, c'est pour vous, dame,
qui faites injustement outrage à mon seigneur
Tristan et vous montrez injuste envers lui. Je suis
sûr qu'un jour, mais trop tard, vous vous en repen-
tirez. — Va-t-en, je ne te crois pas ! Toi aussi,
Périnis, le fidèle, tu m'as trahie ! » Tristan attendit
longtemps le pardon de la reine : Périnis ne
revint pas.

Au matin, Tristan s'affubla d'une grande chape
en guenilles et teignit son visage avec du brou de
noix et du vermillon, afin de se donner l'aspect
d'un malade rongé et défiguré par la lèpre, comme
il avait fait lors de l'assemblée de la Blanche Lande.
Il prit entre ses mains le hanap de bois veiné que

lui avait donné la reine et une crécelle. Il pénétra
ainsi dans les rues de Tintagel et, contrefaisant sa
voix, il se mit à demander l'aumône aux passants.
Son unique désir et son espoir étaient d'apercevoir
la reine et de se faire reconnaître d'elle. Enfin,
elle sortit du château, accompagnée de Brangien
et d'une troupe de valets et de sergents. Quand
elle se fut engagée dans la rue qui menait à l'église,
le faux lépreux se mêla à la troupe des valets
en faisant tinter sa crécelle et en suppliant d'une
voix dolente : « Reine, faites-moi quelque bien,
vous ne savez pas à quel point je suis souffrant et
besogneux ! » Iseult ne fut pas dupe de la vieille
chape usagée et de la crécelle : elle reconnut Tristan à son beau corps, à sa noble stature et au hanap
de bois veiné dont elle lui avait fait présent. Dès
qu'elle le reconnut, elle frémit de tout son corps
mais, offensée dans son orgueil, elle ne daigna
pas abaisser vers lui ses regards. Le mendiant
l'implora à nouveau et c'était pitié de l'entendre.
Il la suppliait en se traînant après elle : « Reine,
si j'ose approcher de vous, ne vous courroucez pas !
Voyez ma détresse : ayez pitié de moi ! » Loin de
se laisser émouvoir, elle appelle les valets et les
sergents : « Chassez-moi ce truand », leur dit-elle.
Les valets le bousculent et le repoussent en le
frappant de leurs bâtons. Il leur tient tête farouchement et s'écrie : « Reine, ayez pitié ! j'ai tant
souffert par vous ! » Quand elle entendit ces
mots, Iseult éclata de rire et entra vite dans l'église.
Le mendiant se tut et s'éloigna.

Le jour même, Tristan, ayant quitté sa défroque
de lépreux, prit congé de Dinas de Lidan. Il était
si découragé qu'il semblait avoir perdu le sens.

Le lendemain, en compagnie de Gorvenal, de Kaherdin et de son écuyer, tous sous l'habit de pèlerin,
il reprit la mer pour rentrer en Petite Bretagne.

Hélas ! la reine ne tarda pas à se repentir de son
orgueil et de sa dureté. En repassant dans son esprit
toute la suite des événements, elle comprit enfin
que Périnis lui avait dit la vérité : Tristan n'avait
jamais fui devant le duc Audret; il n'avait jamais
été conjuré par le nom d'Iseult la blonde; elle
avait eu grand tort de le chasser. « Malheur à
moi ! dit-elle. J'ai péché contre mon ami ! Il me
haïra désormais et je ne le reverrai plus. Jamais il
ne saura quel est mon repentir ni quelle pénitence
je vais m'imposer et lui offrir comme gage de mon
remords. » De ce jour, pour se punir de son erreur
et de sa folie, Iseult la blonde revêtit un cilice et
fit le vœu de le porter contre sa chair tant qu'elle
n'aurait pas obtenu le pardon de Tristan.

XXXIII

TRISTAN FOU

De retour au château de Karhaix, dans la maison du duc Hoël, Tristan languit durant toute une année et se demande avec anxiété ce qu'il doit faire, car rien ne lui donne réconfort. Son seul espoir est de guérir du mal d'amour : il aimerait mieux mourir une bonne fois que de vivre dans la douleur tout le reste de sa vie. De toutes gens Tristan se cache et doute; il se tait même devant Kaherdin, son bon compagnon, même devant son ancien maître Gorvenal et, plus encore, devant sa femme, Iseult aux blanches mains. Un désir sourd le possède et le poursuit : repasser la mer pour voir, une fois encore, la blonde Iseult.

Un matin qu'il errait à l'insu de tous, ses pas le conduisirent vers le port où il trouva une grande et belle nef de marchands étrangers. Les nautonniers hissent la voile et tirent l'ancre. Ils disent qu'ils vont gagner la haute mer, car le vent est bon pour bien cingler. De la jetée, Tristan leur crie en se faisant un cornet de ses mains : « Où allez-vous ? » Plusieurs lui répondent à la fois : « En Angleterre ! » Tristan reprend : « Seigneurs, emmenez-moi avec vous ! — Nous le voulons bien, montez

vite ! » Tristan gravit la passerelle et saute sur le
pont. Le vent enfle les voiles et les pousse tout droit
vers l'Angleterre.

Au treizième jour, ils abordent au port de Tintagel. Tristan saute à terre et s'assied sur le rivage.
A un vilain qui passe il demande des nouvelles
du roi Marc et d'Iseult la blonde. Le vilain répond :
« Le roi est en son château et aussi la reine, mais
elle a l'air triste et pensive comme à l'ordinaire. »
Tristan cherche alors une ruse pour approcher son
amie sans être reconnu du roi Marc ni de personne
d'autre. Une étrange idée lui passe par la tête :
il va contrefaire le fou et s'introduire à la cour
sous ce nouveau déguisement. Sur ces entrefaites,
il aperçoit un pêcheur qui se dirige de ce côté-là,
vêtu d'une longue cotte de bure munie d'un capu-
chon. « Ami, fait-il, échangeons nos hardes : tu
auras les miennes qui sont encore bonnes et robustes, j'aurai ton vêtement qui me plaît fort. »
Le pêcheur regarde les habits de Tristan et voit
sans peine qu'ils sont meilleurs que les siens; il
les prend avec joie et lui abandonne de grand
cœur sa cotte toute velue et rapiécée. Tristan, avec
des ciseaux, coupe ses beaux cheveux et se fait
sur le haut du crâne une tonsure en forme de croix,
telle qu'on la faisait porter aux fous de ce temps-là.
Il prend une liqueur composée avec certaines herbes de sa connaissance et il en teint son visage qui
ne tarde pas à changer de couleur et à devenir tout
noir. Contrefaire sa voix était pour lui un artifice
familier. Dès lors, il n'était personne au monde qui
pût le reconnaître, tant à le voir qu'à l'entendre.
En passant le long d'une haie vive, il prit son couteau et coupa une forte branche de houx dont il

fit un bâton pour le suspendre à son cou. Arrivé
à la porte de la ville, tous ceux qui étaient là se
moquaient de lui. Le portier du château le salua
par plaisanterie : « Entre, fils d'Urgan le velu,
car grand et velu tu es, tu ressembles au géant
Urgan ! » Le fol entre par le guichet : les valets
courent à sa rencontre et crient, comme à la poursuite d'un loup : « Hou, hou ! au fou ! voici le
fou ! »

Les serfs et les écuyers le pourchassent à travers
la cour; souvent il se retourne et, si l'on frappe à
droite, il riposte d'un coup de bâton sur la gauche, comme s'il pourfendait un fantôme. Il s'approche de la porte de la grand'salle et entre sans façons,
le bâton à la main. Aussitôt le roi, assis sous le
dais auprès de la reine, l'aperçoit et dit : « Je vois
s'avancer de ce côté-ci un beau garçon, en vérité !
Faites-le venir devant moi. » Plusieurs se portent
à la rencontre du nouveau venu, le saluent en dérision comme il les salue lui-même et l'amènent vers
le roi. Marc lui dit : « Viens plus près, ami. D'où
arrives-tu et que demandes-tu ? » L'autre répond :
« Je viens de débarquer d'un navire de marchands.
Je veux bien vous dire aussi qui je suis et ce que
je demande : ma mère était une baleine qui vivait
en mer comme une sirène. Je ne sais pas où je
naquis, mais je sais bien qui m'a nourri : un grand
tigre m'allaita dans une grotte où il m'avait trouvé.
J'étais étendu sur une grosse pierre et il me nour-
rissait de sa mamelle. J'ai aussi une sœur très belle;
je vous la donnerai, si vous la voulez, en échange
d'Iseult que j'aime d'amour. Concluons ce marché !
Vous vous ennuyez avec Iseult : laissez-la-moi et
unissez-vous à une autre femme. Si vous m'aban-

donnez Iseult, je serai votre homme et je me mettrai à votre service jusqu'à la fin de mes jours. » Le roi s'en rit et lui dit : « Aussi vrai que Dieu puisse t'aider, si je te donnais la reine en présent, dis-moi ce que tu en ferais ? En quel lieu la mènerais-tu ? — Roi, dit le fou en tenant ses regards fixés sur Iseult, j'ai là-haut dans les airs une salle où je demeure. Elle est faite toute en verre, belle et grande : accrochée aux nues et toute baignée de soleil, quelle que soit la violence des vents, elle ne bouge ni ne tombe. Près de la salle est une chambre faite de cristal; quand le soleil se lève, merveilleuse est la clarté. » Le roi et les autres éclatent en rires bruyants et ils se gaussent entre eux des propos décousus du fou. « Voilà pour sûr un beau fou, plaisant à souhait et qui débite de joyeuses bourdes ! — Roi, fait le fou, j'aime Iseult au-delà de toute mesure ! pour elle mon cœur souffre et se plaint. Je suis Tantris le jongleur qui l'a tant aimée et qui l'aimera autant que durera sa vie ! » Iseult l'entend et soupire du fond du cœur; ce fou lui inspire de la colère et du dépit : « Tu mens, tu n'es pas Tantris ! » Le fou prête plus d'attention aux paroles d'Iseult qu'à celles de tous les autres; il voit bien qu'elle est irritée et que son visage a changé de couleur. Il reprend : « Reine, je suis Tantris, le ménestrel que vous avez soigné autrefois. Vous en souvient-il ? J'avais reçu une mauvaise blessure, car l'épieu était envenimé; le puissant venin s'était répandu dans tout mon corps et l'avait empoisonné. A mon arrivée, j'étais malade et chétif. Votre mère et vous avez guéri mes plaies par votre science admirable de la vertu des plantes et des herbes. Pour vous en remercier, je vous ai appris à jouer sur la harpe des lais de mon pays. Ne me reconnaissez-vous pas ? — Certes non, répliqua la reine, car Tantris était beau et noble et tu es par trop hideux et laid pour qu'on puisse te donner son nom. Laisse-nous : tu es fou de naissance et je ne fais nul cas de toi ni de tes sornettes ! »

Tristan se tourne brusquement et frappe au hasard de sa massue ceux qui se trouvaient près de lui : « Folles gens, au large ! Sortez de céans, laissez-moi seul avec la reine, car je suis venu pour l'aimer ! » Le roi se divertit fort, mais Iseult rougit et se fâche : « Qu'on chasse hors d'ici cet odieux bouffon ! » Imperturbable, le fou reprend ses divagations : « Hé ! ne vous souvient-il pas du jour lointain où le roi, voulant vous prendre pour femme, m'envoya vers vous ? Je vins en Irlande en me faisant passer pour un marchand. Cela ne m'empêcha pas, le jour venu, de combattre le dragon et de l'occire. — Insensé ! Jamais tu n'as accompli les hauts faits dont tu te vantes ! Je gage que tu étais ivre hier en te couchant et c'est l'ivresse qui t'a fait rêver tout cela. — Vous l'avez dit, ô reine, je suis ivre et c'est vrai, mais c'est pour avoir bu un breuvage tel qu'il n'y en eut jamais au monde. Souvenez-vous-en : votre père vous avait remise à moi et votre mère vous conduisit jusque sur la nef qui devait vous porter en Cornouailles. Quand nous fûmes sur la haute mer, je vais vous dire ce qu'il advint... » Sur ce, le fou s'interrompit et se mit à chantonner d'un air inspiré comme quelqu'un qui en sait plus long qu'il n'en veut dire. Voyant cela, Iseult dissimula son visage sous son manteau et voulut se lever pour s'en aller. Le roi l'attira doucement par le bras et la

pria de se rasseoir près de lui : « Patientez un
peu, ma douce amie; ne faut-il pas que nous allions
jusqu'au bout de sa folie ? J'ai hâte de voir où
ce truand veut en venir. » Puis se tournant à nouveau vers le fou, il lui posa maintes questions :
« Je veux savoir maintenant quel métier tu sais
faire. Sais-tu l'art de vénerie par chiens et par
oiseaux ? — Roi, quand il me plaît de chasser
dans les forêts, avec mes lévriers, je prends les
grues qui volent par les nues; avec mes limiers
je prends les cygnes, les oies blanches, les oies
bises; quand je tire à l'arc, je prends tout vivants
les plongeons et les butors. » Marc rit bonnement
et ainsi font grands et petits. Le roi dit ensuite :
« Dis-moi, beau frère, que sais-tu prendre à la
chasse en rivière ? — Sire, je prends tout ce qui s'y
trouve : avec mes vautours je prends les loups des
bois et les grands ours; avec mes gerfauts, les
sangliers que je poursuis par monts et par vaux;
avec mes petits faucons hautains, je saisis chèvres
et daims; avec l'épervier, je prends le renard qui
a une si gentille queue; avec l'émerillon, je prends
les lièvres. — Et que sais-tu faire encore ? — Je
sais bien accorder la harpe et jouer sur la rote et
chanter sur les notes. Avec un couteau je sais
tailler des copeaux que je jette dans les ruisseaux.
Riche reine, je sais aimer et nul amant ne me
surpasse ! Je sais aussi me servir d'un bâton ! » Et
disant cela, il se met de nouveau à frapper tous
ceux qui se tenaient autour de lui : « Laissez le roi
tranquille ! laissez le roi en paix; retournez dans
vos maisons ! Pouquoi restez-vous plantés là comme
des souches ? »

Quand le roi se fut diverti tout son soûl, il

commanda à son écuyer de seller son cheval pour
la chasse et il demanda à la reine si elle désirait
l'accompagner. « Sire, dit-elle, je vous en remercie,
mais je me sens mal en point et je souffre de
la tête : pour n'entendre aucun bruit, je veux aller
me reposer. » Elle vient en sa chambre où elle
retrouve Brangien; elle s'assied sur son lit, pensive
et dolente : « Brangien, ma douce sœur, il me
vaudrait mieux être morte tant la vie m'est dure
et âpre ! Tout ce que je viens de voir et d'entendre
me contrarie plus que je ne puis l'exprimer. —
Qu'avez-vous donc vu et entendu ? — Un fou est
venu dans la salle du château, tondu en croix, qui
m'a fait grand peine. Certes, ce fou est devin et
enchanteur car il sait toute ma vie de point en point.
Je ne vois pas qui pourrait lui avoir révélé tout
cela : en dehors de toi, de Tristan et de moi-même,
qui connaît ainsi le détail de nos aventures ? —
Dame, dit Brangien l'avisée, ce fou ne serait-il pas
Tristan lui-même ? — Ne plaise à Dieu ! il est
lourd, hideux et contrefait, tandis que Tristan
est beau, adroit et agile. Ah ! que Dieu confonde
ce fou ! maudite soit l'heure où il naquit et maudite
la nef qui l'a amené en ce pays ! C'est grand dommage que les marins ne l'aient jeté dans la mer
profonde ! — Dame, s'il n'est pas Tristan, ce fou
ne serait-il pas son messager ? — Je ne sais et je ne
le crois pas, mais va le trouver toi-même, belle amie,
et tâche d'apprendre de lui qui il est. »

Brangien s'empresse d'obéir à sa maîtresse : elle
vient tout droit en la grand salle et n'y trouve personne, ni serf, ni valet, hormis le fou assis sur un
petit banc. Tristan la reconnaît aussitôt : « Brangien ! sois la bienvenue ! Par Dieu, je te prie

d'avoir pitié de moi ! — Et pourquoi aurais-je pitié
de vous ? — En vérité, je suis Tristan qui ai tant
souffert pour l'amour de la reine Iseult. » Comme
elle hésitait à le croire, il lui rappela comment elle
avait versé à la reine et à lui-même le boire herbé
et comment elle avait pris la place d'Iseult dans
le lit du roi pour qu'il la trouvât pucelle. Brangien
en demeure tout interdite et ne sait que répondre.
Dans son affolement, elle s'enfuit vers la chambre
de la reine; le fou la poursuit en la suppliant encore
d'avoir pitié de lui. A sa suite, il pénètre dans la
chambre de la reine et, quand il voit Iseult, marche
droit vers elle et veut la baiser sur la bouche.
Elle, confuse et honteuse, se rejette en arrière. Tristan lui dit : « Reine franche et honorée, me tenez-
vous désormais pour si vil que vous ne veuilliez
plus m'aimer ? Hélas ! aurai-je tant vécu pour
découvrir que vous m'auriez pris en dédain ? »
Iseult lui répond : « J'ai beau vous regarder, rien ne
me dit que vous soyez Tristan — Reine, souvenez-
vous du nain Frocin qui nous guetta jour et nuit
et, entre nos lits, répandit la fleur de farine. —
Quel devin êtes-vous donc pour avoir surpris de
tels secrets ? — Iseult, il doit vous souvenir du
chien Husdent que je vous ai donné au jour de
notre séparation : qu'en avez-vous fait ? — J'ai
gardé sans cesse près de moi le chien dont vous
parlez. Brangien, va le chercher et amène-le ici par
la laisse. » La servante sort puis revient avec Husdent. Tristan appelle l'animal : « Çà, viens, Husdent ! tu étais à moi : je te reprends ! » Le chien,
dès qu'il le voit, accourt, bondit sur lui et lui fait
fête. Il lève la tête vers son maître, agite la queue,
lui lèche les mains et lui saute au visage. Iseult

s'en émerveille; elle frémit et tremble d'angoisse.
Tristan prend Husdent sur ses genoux et le flatte.
« Il se souvient mieux du soin que j'ai pris de
lui que vous ne vous souvenez de l'amour que
je vous ai porté ! » Iseult est piquée par ce reproche
èt la rougeur lui monte au visage. Tristan reprend :
« Dame reine, souvenez-vous de l'anneau de jaspe
que vous m'avez donné quand nous avons quitté
la forêt du Morois. Je l'ai reçu de vous quand je
vous ai laissée en vous recommandant à Dieu. »
Iseult dit : « C'est un signe auquel il me faut croire.
Si vous tenez l'anneau, montrez-le-moi ! » Il tire
l'anneau et le lui présente. Iseult le regarde un
moment, puis elle se met à pleurer : « Malheur à
moi ! Il faut que Tristan, mon doux ami, soit
mort, car jamais il n'aurait choisi un tel fou comme
messager et jamais il ne lui aurait confié cet
anneau ! » En voyant ses larmes, Tristan est pris
de pitié : « Dame, je vous vois si loyale et si belle
que je ne veux plus désormais me cacher. Il est
grand temps de me faire connaître et entendre
de vous. » Il cesse dès lors de contrefaire sa voix :
« Ah ! douce amie, pardonne-moi de t'avoir imposé
cette épreuve ! » Iseult n'hésite plus, elle reconnaît
la voix qui lui est si chère, elle jette ses bras autour
du cou de Tristan et lui donne des baisers.

Après cet échange de caresses, Tristan se tourne
vers Brangien et lui dit : « Apporte-moi de l'eau :
je veux enlever de mon visage ce jus d'herbe qui
le défigure. » La servante revient avec un bassin
plein d'eau fraîche et elle lui lave le visage : la
liqueur d'herbe s'en va avec la sueur. Les beaux
traits de Tristan retrouvent leur forme première.
« Hélas ! fait Iseult, comment ai-je pu ne pas te

reconnaître ? La crainte d'être victime d'une imposture me fermait les yeux. Ah ! Tristan, aie pitié
de moi : je me repens ! » Tristan la prend entre ses
bras et elle le presse contre sa poitrine. Sachez que
la reine ne le laissa point partir ce soir-là. Tristan
eut bon lit, bien fait et beau. Que pourrait-il désirer
de plus puisque la reine est avec lui ?

Le matin venu, Tristan dit : « Amie, si le roi
me surprenait avec toi en cette chambre, il nous
ferait tous deux mourir. Pour ton salut, bon gré
mal gré, il me faut une fois encore, m'éloigner de
toi. — Ah ! Tristan, beau doux ami, je sais qu'en
vérité, je ne te reverrai jamais plus sur cette terre. »
Tristan lui répondit : « Je ne sais ce que nous réserve
l'avenir, mais je suis sûr que je ne cesserai jamais
de t'aimer. » Iseult reprit : « Bel ami, prends-moi
dans tes bras et emporte-moi donc au pays fortuné
dont tu me parlais naguère, le pays dont nul
ne revient. Emporte-moi ! — Oui, nous irons ensemble au pays fortuné des vivants. Le temps approche :
n'avons-nous pas bu déjà toute misère et toute
joie ? Le temps approche : quand il sera accompli,
si je t'appelle, Iseult, viendras-tu ? — Ami, tu le
sais bien que je viendrai. » Lors Tristan prit congé
de son amie et jamais de sa vie il ne devait la
revoir.

XXXIV

LA SALLE AUX IMAGES

Rentré en Petite-Bretagne, Tristan vivait dans la peine et l'angoisse, car il ne voyait plus aucun moyen de rejoindre Iseult la blonde à Tintagel et ne pouvait goûter nulle véritable joie dès lors qu'il était séparé d'elle. Dans le château du duc Hoël, il demeurait auprès d'Iseult aux blanches mains que tous considéraient comme son épouse, mais elle n'était sa femme que de nom et il ne prit jamais avec elle aucune des privautés qui conviennent à un mari. Le duc Hoël ne conçut jamais le moindre soupçon de l'étrange comportement de son gendre, car sa fille était trop réservée pour lui révéler quoi que ce fût de son existence intime et de ses déboires conjugaux. Kaherdin demeurait le seul à connaître le triste état de sa sœur depuis qu'elle le lui avait révélé, en s'adressant à l'eau hardie, alors qu'ils chevauchaient ensemble au passage d'un gué. Le courroux qu'il en avait ressenti tout d'abord s'était apaisé dès lors que Tristan s'était ouvert à lui du drame de sa vie et avait fait avec lui le voyage de Cornouailles : au spectacle de la radieuse beauté de la blonde Iseult, il avait compris pourquoi son compagnon n'avait pas pu et ne pourrait jamais aimer charnellement une autre femme. Bien plus, l'amitié des deux jeunes gens devenait de jour en jour plus étroite et plus confiante.

Tristan avait coutume d'errer dans la forêt bretonne sous prétexte d'y poursuivre le gibier, mais, en réalité, pour y trouver la solitude propice aux rêveries et aux amoureux pensers qui le ramenaient toujours à l'Iseult aux cheveux d'or. C'est au cours de ces longs cheminements que l'idée lui vint à l'esprit de construire, au plus profond des bois, un refuge connu de lui seul où il aurait tout loisir de se retirer pour songer à son amie. Il se promettait, puisqu'il ne pouvait la voir en chair et en os, de sculpter sa statue avec une telle ressemblance qu'elle lui donnerait l'illusion de sa présence. Un heureux hasard ne tarda pas à lui faire découvrir le site qui, par son aspect sauvage et inaccessible, répondait le mieux à son projet.

Un jour que le duc Hoël chassait avec Tristan à travers la forêt, ils parvinrent à une rivière dont le lit large et profond les contraignit de s'arrêter. Le duc dit à son gendre : « Cette rivière marque la limite du duché de Bretagne : il ne s'étend pas plus loin. Le courant est si violent et si impétueux qu'il est impossible à un piéton ou à un cavalier de passer d'une rive à l'autre à moins de connaître le tracé d'un gué très étroit dont rien n'indique l'existence; aucun Breton n'en connaît aujourd'hui l'emplacement. Autour de ce gué se sont livrés naguère de violents combats où beaucoup de guerriers sont tombés de part et d'autre et leurs armes sont restées dans le lit de la rivière. La rive opposée appartient à un redoutable géant nommé Béliagog qui m'a souvent attaqué et qui a plus d'une fois pillé et ravagé mes domaines. Je ne l'ai repoussé qu'à grand peine et j'ai conclu avec lui un traité aux termes duquel ce fleuve marquerait à jamais la frontière de nos deux territoires : il s'est engagé à ne plus envahir mon duché et j'ai promis en retour de ne jamais franchir ce gué pour passer sur sa terre. Or je veux observer ce traité aussi longtemps que je pourrai, car, si je le romps, il a le droit de mettre mes domaines à feu et à sang et d'y faire tout le mal qu'il pourra. S'il rencontre de mes hommes sur son territoire, il a le droit de les occire. Si des bêtes ou des chiens à nous franchissent ce cours d'eau, nous sommes tenus de les racheter, sans qu'aucun de nous puisse les rappeler et les reprendre. Tous mes barons ont juré cet accord. A toi aussi, Tristan, je défends de passer ce fleuve, car ce serait pour ta honte et pour ta mort. » Tristan répondit : « Dieu le sait, beau sire, je n'ai aucun désir de m'avancer jusque là-bas. Qu'y aurais-je à faire ? Ce géant peut bien garder sa terre en paix; ma vie durant, je ne veux avoir avec lui nul différend. Je ne manque pas de forêts où chasser ! »

Pourtant il attacha longuement ses regards sur la forêt qu'il voyait au-delà du gué interdit : elle était faite de beaux arbres, hauts, droits et robustes et des essences les plus diverses. D'un côté elle était bornée par la mer et de l'autre par la rivière que nul ne pouvait franchir, en sorte qu'elle formait véritablement une île. Sur ces entrefaites, le duc tourna bride et mit fin aux réflexions de Tristan en éludant ses questions et en l'entraînant à sa suite sur le chemin du retour.

Durant toute la nuit qui suivit, Tristan songea à la belle forêt solitaire et à ses grands arbres; il

méditait d'y construire une noble demeure, connue
de lui seul, dédiée au souvenir et à l'image d'Iseult
la blonde. Il pensait aussi au géant Béliagog et il
était curieux de le rencontrer dans l'espoir de se
mesurer avec lui et d'accomplir quelque nouvelle
prouesse.

Quelques jours plus tard, il partit sans rien dire,
avec son destrier, ses armes de guerre et sa trompe
et il s'avança jusqu'à la rivière qui marquait les
fins et limites des terres d'Hoël et du géant. Le lit
très profond était bordé sur les deux rives par de
hautes berges de sable. Tristan chercha le gué, mais,
ne connaissant point les lieux, il lança son destrier
au plus profond du courant. L'eau recouvrit jusque
par-dessus leurs têtes cheval et cavalier; Tristan
coula à fond si rapidement qu'il pensa ne pas en
réchapper vivant. Cependant il s'évertua tant et si
bien qu'il finit par prendre pied sur l'autre berge.
Il ôta à son cheval le mors, les rênes et la selle
pour en faire dégoutter l'eau, mit l'animal au repos,
fit sécher ses vêtements, puis il remonta et s'enfonça
dans la forêt. Après avoir erré quelque temps, comme
il ne rencontrait personne, il prit sa trompe et en
tira un son si fort et si prolongé que le géant l'entendit.

Béliagog accourut aussitôt, armé d'une massue
en bois d'ébène. Il vit Tristan sur son destrier et lui
demanda avec colère : « Qui es-tu, toi qui oses
venir armé sur mes terres ? D'où es-tu ? Où veux-
tu aller ? Que cherches-tu céans dans ma forêt ? »
Le preux répondit tranquillement : « On me nomme
Tristan et je suis le gendre du duc de Bretagne. J'ai
vu cette belle forêt et j'ai pensé qu'elle était bien
propre à abriter une maison que j'y veux faire bâtir

car je vois ici les plus rares et les plus belles sortes d'arbres : je veux abattre les plus beaux au nombre de quarante-huit d'ici à deux semaines. » Ces paroles eurent le don d'irriter le géant qui répondit : « Aussi vrai que Dieu me protège, n'était que je vis en paix et en amitié avec le duc, je t'abattrais d'un coup de massue ! Quitte au plus vite cette forêt, heureux que je te laisse ainsi partir ! » Tristan reprit : « Je n'ai que faire de ta pitié ! Je veux abattre ici autant d'arbres qu'il me plaira et celui de nous deux qui vaincra l'autre disposera du reste de la forêt. » Le géant s'écria : « Tu n'es qu'un fou gonflé d'outrecuidance; mais tu ne m'échapperas pas à si bon compte. Tu vas payer de la vie ta folle démesure. Voyons si tu es capable de supporter mon attaque et si ton écu saura te protéger ! » Il fit tournoyer sa massue au-dessus de sa tête et la lança de toutes ses forces contre Tristan. Le preux l'esquiva et, à son tour, assaillit le géant. Comme celui-ci s'efforçait de ramasser son arme pour la lancer une seconde fois, Tristan se plaça entre le géant et sa massue et il chercha à lui trancher la tête; il manqua son but, mais, comme Béliagog se détournait pour éviter le coup, l'épée l'atteignit si violemment à la jambe qu'elle fut tranchée au-dessous du genou et tomba sur le sol. Tristan visait à nouveau la tête du géant quand celui-ci lui cria : « Sire, accorde-moi la vie sauve ! Si tu m'épargnes, je veux te servir fidèlement et te donner tous mes trésors. Je ne tiens à conserver aucun de mes biens, sauf la vie; emmène-moi où tu voudras et fais de moi selon ton plaisir ! »

Quand Tristan vit que le géant demandait grâce, il prit en gré sa soumission et ses promesses. Il

pansa même sa blessure et lui tailla une jambe
de bois qu'il attacha fortement au-dessous du genou.
Les serviteurs du géant, accourus au bruit du combat, le portèrent jusqu'à la grotte où il résidait. Il
montra à son vainqueur tous ses trésors et les lui
offrit, mais Tristan y fit peu d'attention, car sa pensée
n'était guère, à ce moment, dirigée vers les ri-
chesses. Quand Béliagog lui eut fait hommage par
serment, Tristan lui permit de conserver ses trésors
et de les garder dans sa demeure. Puis ils conclurent
une convention selon laquelle le géant s'engageait
à fournir à Tristan les ouvriers et les matériaux
de construction dont il aurait besoin. Le preux pouvait disposer librement de la forêt et y couper tous
les arbres qu'il voudrait. Enfin le géant accompagna
Tristan jusqu'au fleuve et, avant de prendre congé
de lui, lui enseigna le tracé exact du gué qui
permettait de passer sans danger.

De retour chez le duc Hoël, Tristan ne souffla
mot de son aventure, il fit comme si rien ne lui
était arrivé et Kaherdin, son compagnon, ne s'aperçut de rien. Dès le lendemain, Tristan se leva de
bon matin, chevaucha seul et secrètement, traversa
le fleuve au gué et parvint à la demeure de Béliagog. Le géant exécuta fidèlement leurs conventions :
il lui procura des ouvriers, des matériaux et tout
ce qu'il avait promis. Or Tristan, en cherchant le
site qui conviendrait le mieux à son projet, remarqua, à l'extrémité de l'île du côté de l'océan, un
tertre élevé entouré d'un fossé circulaire qui commu-
niquait par un chenal avec la mer et ce fossé
était si large qu'on ne pouvait prendre pied sur le
tertre ni en sortir si ce n'est lorsque la marée était
au plus bas. Le monticule était surmonté d'un

rocher parfaitement arrondi, dans lequel avaient été
creusées plusieurs chambres voûtées avec la plus
parfaite habileté. L'entrée était haute et carrée et
donnait lumière à une première pièce barlongue
d'environ dix toises de longueur et large de moitié.
De là, une porte donnait accès dans une seconde
salle grande du double de la première, éclairée
vers le haut par une baie qui laissait voir le ciel
et les étoiles et par où l'eau de pluie descendait
jusque dans une citerne. Au milieu de la voûte
se trouvait un arc de pierre décoré de feuillages,
d'oiseaux et de bêtes fantastiques. Aux deux retom-
bées de l'arc on voyait des ornements si singuliers
que nul homme vivant n'aurait pu en exécuter de
semblables. Cette belle voûte plut merveilleusement
à Tristan. Elle était l'œuvre d'un géant venu jadis
d'Afrique, et qui avait pillé toute la Bretagne jusqu'au Mont Saint-Michel.

Tristan avait longuement médité et prévu l'amé-
nagement de ce palais souterrain et il y mit toute
son entente. Durant les travaux, il se comporta
avec tant de discrétion que nul parmi les gens du
duc de Bretagne ne savait où il était ni à quoi il
occupait son temps. Il venait chaque jour de grand
matin et s'en retournait tard. Tristan commanda
tout d'abord de clore la grotte par une porte faite
de plusieurs bois précieux assemblés par grande
maîtrise. Au-dedans les parois furent taillées et
peintes de rinceaux et de feuillages. Dans la grand
salle, il fit clore la baie par une vitre faite de verres
de diverses couleurs, sertis de plomb.

Près de l'enceinte du tertre, mais à l'extérieur, il
fit construire une salle en bois excellent dont la forêt ne manquait pas et il entoura cette salle d'une

palissade : c'est là que travaillaient les artisans des
divers corps de métier, mais aucun d'eux ne savait
tout des intentions de Tristan ni pourquoi il faisait aménager ce palais et exécuter tant de sculptures
et de statues. Tristan pressa tant les charpentiers,
imagiers, peintres et orfèvres que bientôt leur tâche
se trouva achevée. Alors il leur permit de s'en aller,
non sans leur avoir fait jurer qu'ils ne diraient
rien à personne de tout ce qu'ils avaient vu; puis il
les accompagna jusqu'à ce qu'ils eussent quitté
l'île pour s'en retourner chez eux. Il ne garda plus
auprès de lui d'autre compagnon que Béliagog.
Tous deux portèrent à l'intérieur du palais souterrain les statues et les sculptures exécutées par les artisans et les assemblèrent selon le plan prévu par
Tristan. Chacune était peinte et dorée avec la plus
merveilleuse habileté.

Dans la première salle Tristan plaça la figure du
Morholt étendu mort sur son bateau. Devant lui
douze damoiseaux, sculptés en bois peint et en ivoire,
et autant de pucelles, tous affublés de soie et d'or-
frois, ballaient et menaient la carole : ils représen-
taient la jeunesse de Cornouailles célébrant joyeusement la victoire de Tristan sur le Morholt. Plus en
arrière, on voyait le dragon d'Irlande qui se dressait
sur sa queue, gueule béante et griffes en bataille.

La deuxième salle était ornée plus richement
encore que la première. Le centre était occupé par
une image d'Iseult la blonde, de grandeur naturelle : les proportions et les couleurs, le visage,
le port et la taille étaient rendus avec tant d'art
que personne à la voir, n'aurait pu douter que la
vie ne fût dans tous ses membres. De ses lèvres, par
un mécanisme ingénieux, s'échappait une haleine

si douce que son parfum remplissait la salle. Elle était aussi magnifiquement vêtue qu'il convenait à une reine. Elle portait un long surcot d'écarlate brodée, serré à la taille par une ceinture à ferrets d'argent à laquelle pendait une aumônière. Son chef, d'où tombaient deux longues tresses blondes, était orné d'un cercle d'or où s'enchâssaient des pierres de toutes couleurs; un riche collier descendait sur sa gorge qui semblait se soulever et respirer. De sa main droite, elle tenait un sceptre terminé par les fleurs les plus délicatement ouvrées. La main gauche, rehaussée d'un anneau de jaspe vert, déroulait une bandelette où se lisaient ces mots : « Tristan, prends cet anneau et garde-le pour mon amour, afin qu'il te souvienne de nos joies et de nos peines. » La figure du méchant nain Frocin, coulée en laiton, était mise sous ses pieds en guise d'escabeau. Iseult se tenait debout sur la poitrine du nabot difforme qui semblait pleurer. En face de la reine, adossée à un pilier, se trouvait Brangien sa servante, ayant à ses pieds le chien Husdent qui avait accompagné les fugitifs dans la forêt du Morois et que la reine gardait toujours près d'elle en souvenir de son ami; Tristan avait tenu à sculpter lui-même dans le bois l'image du fidèle animal. La statue de la servante était un peu moins grande que nature et plus petite que celle de sa maîtresse; aussi belle que Brangien elle-même et parée des plus beaux atours, elle tenait à la main un vase clos d'un couvercle, qu'elle offrait à Iseult avec un visage riant. Autour du vase étaient inscrits ces mots, tels qu'ils avaient été prononcés jadis sur le navire : « Reine Iseult, prenez ce breuvage qui a été préparé en Irlande pour le roi Marc. »

Dans le vestibule qui précédait la première salle, un peu en arrière de la porte d'entrée, Tristan dressa une statue plus grande que nature : celle du géant Béliagog. Il s'appuyait sur l'unique jambe qui lui restait et brandissait des deux mains sa massue d'ébène au-dessus de son épaule, comme pour protéger l'image de la reine. Il était recouvert d'une grande peau de bouc; elle ne descendait pas très bas, en sorte qu'il était nu à partir du nombril. Il grinçait des dents et lançait des regards furieux comme s'il voulait occire tous ceux qui tenteraient d'entrer dans la salle. De l'autre côté de la porte était posté un grand lion coulé en cuivre. Il se tenait sur ses quatre pattes et enroulait fortement sa queue autour d'une image faite à la ressemblance du mauvais conseiller Kariado qui avait honni et calomnié Tristan auprès du roi Marc.

Quand tous les ouvrages furent achevés, Tristan ferma la porte, en prit les clefs et il ordonna à Béliagog, comme à son valet et à son serf, de faire si bonne garde que nul ne pût approcher de la salle souterraine. Le géant conserva ses autres trésors et Tristan se réjouit grandement d'avoir pu réussir en cette entreprise. Il retourna comme il faisait d'ordinaire au château du duc Hoël à Karhaix : il mangeait, buvait et dormait auprès de sa femme Iseult aux blanches mains et s'entretenait amicalement avec ses compagnons. Par la suite, il continua à se rendre fréquemment à la salle aux images, mais par des chemins détournés, afin de n'être surpris par personne.

Chaque fois qu'il revoyait l'image d'Iseult, il la pressait entre ses bras et la baisait comme si elle eût été vivante et il lui rappelait leurs amours, leurs

peines et leurs tourments. Quand il était joyeux,
il s'asseyait sur un escabeau de chêne au milieu
de la salle et chantait pour plaire à son amie
l'un des lais qu'il avait composés en son honneur.
Mais quand la tristesse s'emparait de son âme, il
lui témoignait du déplaisir et de la colère, car il
lui arrivait encore d'imaginer dans ses songes qu'elle
le mettait en oubli et qu'elle n'avait pu se défendre,
en son absence, d'aimer un autre que lui. Il se
défiait surtout du beau Kariado, dont il savait
l'assiduité auprès de la reine et ce souci le portait
à concevoir de faux soupçons. Quand il était
en de tels sentiments, il faisait des reproches à Iseult,
parfois même il refusait de la regarder, de lui sourire et de lui parler. Dans ces moments-là, c'est à
Brangien qu'il s'adressait : « Belle, je porte plainte
auprès de vous pour l'infidélité et la trahison dont
use Iseult mon amie. » Puis, peu à peu, son assurance le quittait, son regard tombait sur la main
d'Iseult et sur l'anneau de jaspe vert. Il revoyait
l'expression qu'avait eue son visage au départ de
l'ami et se souvenait du pacte conclu à l'heure
de la séparation. Alors il lui demandait pardon
pour la folie qu'une heure il avait rêvée et il me-
surait à quel point ses faux soupçons l'avaient égaré.
C'est pour cela qu'il avait fait cette image : n'ayant
plus à qui découvrir sa volonté ou son désir, il
voulait lui dévoiler son cœur, ses pensées, sa folle
erreur, sa peine et sa joie d'amour.

Ainsi va Tristan que sa passion possède. Souvent
il fuit l'image, souvent il lui revient; souvent il a
pour elle des regards radieux et souvent il lui montre un visage chagrin.

XXXV

L'ULTIME BLESSURE

Lᴀ salle aux images était achevée depuis plusieurs
mois quand Kaherdin fit confidence à Tristan d'une
aventure amoureuse où il s'était engagé. Non loin
de Karhaix, dans un château fort isolé au milieu
des bois et entouré d'eau de toutes parts, vivait
un nain riche et puissant nommé Bedalis, mari jaloux d'une jeune femme d'une grande beauté qui
répondait au nom de Gargeolain. Kaherdin aperçut un jour la belle à la fenêtre de sa tour et en
fut tellement épris qu'il tenta plusieurs fois de la
rejoindre : toutes ses tentatives n'eurent pour résultat que d'exciter davantage la jalousie du mari
et de rendre plus étroite la captivité de l'épouse.
Cependant Gargeolain prit avec de la cire l'empreinte de la serrure de la porte, flanquée de deux tours,
qui se dressait à l'entrée du pont-levis et donnait
accès à la chaîne grâce à laquelle on pouvait
abaisser ce pont ou le relever. Elle la fit parvenir
à Kaherdin. L'amoureux chargea un ouvrier de lui
forger une clef d'après cette empreinte; quand elle
fut prête, il pria Tristan de l'accompagner dans son
équipée.

Sans autres armes que leurs épées, et suivis de

leurs seuls écuyers, ils arrivèrent devant l'entrée du
pont-levis. Bedalis était parti à la chasse et tous ses
serviteurs l'y avaient accompagné. Kaherdin ouvrit la
porte, abaissa le pont-levis et vint trouver Gargeolain
dans sa chambre. Tristan, en attendant le retour de
son ami, resta avec Gorvenal et l'autre écuyer dans
une salle voisine de l'entrée et ils s'étendirent sur
le sol recouvert de joncs fraîchement coupés. Kaherdin s'attarda si longtemps près de son amie qu'il
laissa au mari le temps de revenir. Lorsque Tristan
entendit le bruit de la chasse qui se rapprochait,
il rappela Kaherdin en toute hâte et les quatre
compagnons échappèrent de justesse à Bedalis.

Le nain, rentrant au château, s'étonna de trouver
la porte ouverte et le pont-levis abaissé; ses soupçons augmentèrent quand il vit flotter sur l'eau des
douves une couronne de roses rouges que Kaherdin
portait sur la tête et que, dans sa fuite précipitée,
il avait laissé tomber au passage. Il s'arma et, à
la tête d'une troupe nombreuse, se lança sur les
traces des fugitifs. Cernés par des adversaires bien
supérieurs en nombre, les quatre hommes se défen-
dirent avec un grand courage et tuèrent plusieurs
de leurs assaillants. Gorvenal avait tiré l'épée et
résistait vaillamment, mais il succomba sous le
nombre et s'abattit, percé de part en part. Tristan
venait à la rescousse quand Bedalis l'atteignit au
flanc d'un terrible coup de sa lance empoisonnée.
Le preux vacilla sous le choc, mais réussit à se maintenir en selle. Kaherdin et son écuyer firent des pro-
diges de valeur pour couvrir sa retraite jusqu'au
château de Karhaix où il parvint à bout de forces.

Les serviteurs se précipitèrent; on le descendit de
cheval avec mille précautions, mais il ne put se tenir

debout et tomba sans connaissance sur le pavement.
On le transporta dans la demeure où il résidait ha-
bituellement auprès de son épouse. Le premier soin
d'Iseult aux blanches mains fut de convoquer des
médecins pour panser sa plaie et le soigner. Il s'en
présenta un grand nombre, mais aucun d'eux ne put
reconnaître la nature du venin : tous leurs soins
furent inutiles. En dépit de tous les emplâtres, le
mal ne faisait qu'empirer, le teint du blessé s'alté-
rait, ses forces s'épuisaient, son corps était amaigri
et décharné. Tristan alors s'adressa à Kaherdin :
« Ecoute, dit-il, cher compagnon, je suis ici en pays
étranger et je n'y ai ni parent ni homme de ma
race pour me secourir en mon besoin. Depuis que
j'ai perdu mon cher Gorvenal, je n'y ai que toi
comme ami; tu es le seul être sur qui je puisse
m'appuyer. Sache-le, nul ne peut me guérir hormis
Iseult la blonde. Elle seule, si elle le veut, peut
accomplir ce miracle. Pourvu qu'elle soit informée
de l'état où je me trouve, je suis sûr qu'elle n'épargnera rien pour me tirer de là. C'est pourquoi, je
t'en requiers au nom de notre amitié, va la trouver
en Cornouailles au château de Tintagel et dis-lui
d'accourir sans retard avec toi pour sauver ma vie. »
Kaherdin fut ému des plaintes de Tristan et, pour
le consoler, lui dit de douces paroles : « Ne pleure
plus, Tristan, je ferai tout ce que tu voudras. S'il
le fallait, j'affronterais la mort pour te rendre la
santé. Dis-moi seulement le message que je dois
porter à la reine Iseult et je me préparerai sans retard à ce voyage. — Ecoute-moi donc, dit Tristan,
prends cet anneau de jaspe vert que m'a confié
Iseult la blonde pour qu'il soit entre nous un
signe de reconnaissance. Quand tu seras à la cour,

à peine lui auras-tu présenté cet anneau qu'elle te
reconnaîtra comme mon messager et trouvera le
moyen de te parler commodément sans que personne
puisse vous entendre. Après l'avoir saluée de ma
part, dis-lui qu'il n'y a pour moi aucun espoir de
guérison si elle ne vient pas me soigner en personne.
A moins qu'elle ne me réconforte d'un baiser de
sa bouche, il me faudra passer de vie à trépas avec
ma grande peine. Rappelle-lui que, pour son amour,
on m'a honteusement chassé et exilé en terre étrangère : je me suis donné tant de tracas et j'ai tant
lutté que je n'ai plus qu'un souffle de vie, tout
débile. Depuis que je fus contraint de m'éloigner
d'elle, jamais, tu le sais, je n'ai aimé d'autre femme : plus on s'est efforcé de me détacher d'elle,
moins on a pu y réussir. Mon compagnon, efforce-
toi de la conduire jusqu'à mon lit de douleur; si
tu ne reviens au plus tôt avec elle, jamais tu ne me
reverras. Prends garde aussi que personne n'en
sache rien en dehors de nous deux : tu la présenteras comme une habile guérisseuse venue d'une
terre étrangère pour soigner ma blessure. N'en dis
rien surtout à ta sœur Iseult aux blanches mains,
afin qu'elle ne soupçonne pas mon amour pour
l'Iseult d'Irlande. » Kaherdin répondit : « Dis-moi
quel navire je prendrai pour ce voyage et quel délai
tu m'accordes pour aller en Cornouailles et en
revenir avec la reine. — Prends la belle nef que
t'a donnée en présent ton noble père, le duc Hoël,
et recrute ton équipage parmi les meilleurs matelots de ce pays. Je ne sais au juste combien de
temps il te faudra pour aller à Tintagel et en revenir avec la reine : tout dépendra des vents et de
l'état de la mer. — A mon sens, fit Kaherdin, je

ne serai pas de retour, quelque diligence que je
fasse, avant une quarantaine de jours. — Il se
peut bien, dit Tristan; je ne sais si j'aurai la force
d'attendre si longtemps sans être secouru, mais
Dieu me soutiendra par la vertu d'espérance. Au
reste, pour que je languisse moins longtemps dans
l'incertitude de l'attente, je te prie, beau compagnon, d'emporter avec toi deux voiles : l'une
blanche et l'autre noire. Si tu peux décider Iseult
à venir près de moi pour guérir ma plaie, cingle
de la blanche au retour; ainsi la joie que j'en éprou-
verai commencera ma guérison avant même que tu
n'aies jeté l'ancre dans le port. Si, par malheur,
tu ne ramènes pas ma tendre amie, alors déploie
la voile noire et je cesserai de retenir ce qui pourra
me rester de vie. Va ! Je n'ai plus rien à te dire : que
Dieu te conduise en ton voyage et te ramène sain
et sauf ! » Kaherdin embrasse Tristan et, très
douloureusement, prend congé de lui.

Au premier vent favorable, Kaherdin prend la
mer, les marins dérapent les ancres, dressent le mât
et cinglent vers le large, poussés par une douce
brise. Durant plusieurs jours ils tranchent à vive
allure les vagues et les ondes, toutes voiles dehors.
Kaherdin a fait charger sous le pont des étoffes de
soie, de la vaisselle de Tours, des vins d'Anjou et de
Poitou, des oiseaux d'Espagne : il se fera passer pour
un marchand afin de dissimuler le but réel de sa
mission.

XXXVI

LA MORT DES AMANTS

Colère de femme est chose redoutable : tout homme
doit bien s'en garder car, là où une femme aura le
plus aimé, là elle mettra le plus d'ardeur à se
venger. Le ressentiment chez les femmes est plus
durable que l'affection : elles qui marchandent
l'amour prodiguent sans compter la haine aussi
longtemps que dure leur colère. Thomas d'Angleterre n'ose sur ce point dire toute sa pensée : ce
n'est pas l'affaire d'un poète.

Iseult aux blanches mains, tapie de l'autre côté
de la paroi, avait écouté et surpris l'entretien secret
de Tristan, son époux, avec Kaherdin, son frère.
Voilà qu'elle a découvert, d'un seul coup, tout le
mystère de cet amour ! La colère enfle son cœur :
elle n'a donc tant désiré Tristan que pour le voir
se tourner vers une autre ! A présent elle distingue
à merveille pourquoi Tristan a, depuis qu'il l'a
épousée, perdu toute joie et toute gaieté. Elle
retient bien dans le détail tout ce qu'elle a entendu
par ruse, tout en feignant de l'ignorer, mais dès
qu'elle en aura le loisir, elle ne se vengera que plus
cruellement de l'homme qu'elle croit aimer plus
que tout au monde. Aussitôt les portes ouvertes,

Iseult est entrée dans la chambre. Elle dissimule
à Tristan sa colère, elle le sert avec courtoisie et lui
fait gracieux visage comme une amie doit le faire
à son ami. Souvent même elle le baise et le prend
dans ses bras; elle simule un parfait amour, mais
elle médite une vengeance sournoise et guette le
moyen d'assouvir sa rancune. Souvent elle se met
en quête de nouvelles; elle demande quand Kaherdin doit revenir avec le médecin qui guérira Tristan.
Pourtant c'est d'un cœur faux qu'elle gémit sur
les souffrances de son époux : la dissimulation a élu
sa demeure en son âme et elle compte bien, si
elle en a le pouvoir, punir cruellement Tristan de
ce qu'elle considère comme une infidélité et un
outrage.

Pendant ce temps, Kaherdin vogue sur la haute
mer. Il aborde au port de Tintagel et débarque avec
sa marchandise. Devant le château du roi, il
déballe sa pacotille, étale des draps de soie, expose
dans des cages les oiseaux d'Espagne, bigarrés et
superbes. Tantôt il prend sur son poing un autour mué,
tantôt il déploie une étoffe de soie tissée en Orient.
Voici enfin une coupe d'un travail délicat, ciselée
et niellée. Il en fait présent au roi Marc et lui dit,
de la meilleure grâce du monde, qu'il vient en son
royaume porteur de riches trésors dans l'espoir de
gagner plus encore. Le roi lui donne toute fran-
chise et toute sécurité pour vendre sa marchandise
en son royaume.

Kaherdin sollicite alors la permission d'aller présenter à la reine Iseult ses riches joyaux. Il lui offre
un fermail d'or fin, le plus délicatement travaillé,
dit-il, qu'on puisse voir en tout le monde. Jamais
Iseult n'en avait vu d'aussi beau. Alors Kaherdin,

tirant de son doigt l'anneau de jaspe vert que Tristan lui avait confié, le place à côté du fermail et
dit : « Reine, voyez comme les pierres précieuses en-
châssées dans le fermail ont moins d'éclat que le jaspe
vert dont est fait le chaton de cette bague ! » Dès
que la reine voit l'anneau, elle ne s'y trompe pas :
c'est bien celui qu'elle avait donné à Tristan. Elle
examine de plus près les traits du marchand et reconnaît en lui Kaherdin, le compagnon de Tristan.
Alors son cœur bondit dans sa poitrine, elle pâlit
et soupire profondément, car elle redoute que le
prétendu marchand ne soit porteur d'une mauvaise
nouvelle. Pour en savoir plus long, elle lui demande
s'il veut vendre l'anneau de jaspe vert et quelle
somme il en veut. Kaherdin, tout en feignant de
marchander, la suit dans un coin de la chambre :
« Reine, dit-il, écoutez bien ce que je vais vous
annoncer : Tristan, votre ami, vous salue comme la
dame en qui est sa vie et sa mort. Il vous fait savoir
qu'il a été blessé par une lance empoisonnée : il
languit en d'affreuses douleurs et n'a plus nul espoir
de recouvrer santé et vie si vous ne venez le soigner
en personne. Il gît en grande douleur, infecté d'une
intolérable puanteur. Si vous lui refusez votre aide,
il ne pourra pas survivre. Par la foi que vous lui
devez, n'hésitez pour rien au monde à répondre à
son appel. Je suis venu tout exprès pour vous conduire jusqu'à lui. » En entendant ce message Iseult
est en proie à une angoisse telle qu'elle n'en connut
jamais. Son conseil est bientôt pris : elle va tenter
ce voyage et accompagner Kaherdin sur sa nef.

Vers le soir, Iseult prépare avec l'aide de Brangien ce qu'il lui faut pour la traversée et attend,
pour sortir du château, que tout le monde soit

endormi. La nuit tombée, tandis que Brangien
fait le guet, elle sort furtivement du palais sans
donner l'alerte à quiconque, en se glissant par une
poterne basse qui débouchait sur la mer. Le bateau
de Kaherdin attendait tout près de là. Dès que la
reine y est montée, les marins mettent à la voile et
ils s'en vont dans le vent. Bientôt la nef légère pointe
vers la côte armoricaine.

Or Tristan, que sa plaie retient étendu, souffre
le martyre sur sa couche : rien ne peut le soulager,
aucun remède ne lui profite et, quoi qu'il fasse,
rien ne l'apaise. S'il s'efforce encore de prolonger
sa vie, c'est qu'il attend l'arrivée d'Iseult la blonde,
espérant qu'elle va venir et soulager son mal. Chaque
jour il envoie quelqu'un sur la rive pour épier le
retour de Kaherdin, ce seul désir absorbe tout
l'élan de son âme. Souvent il ordonne qu'on le porte
sur le rivage, qu'on dresse son lit devant la mer pour
voir si la nef est en vue et quelle voile elle arbore.
Souvent aussi il se fait ramener chez lui par crainte
du malheur qu'il appréhende, car il a peur soudain que la reine ne vienne pas; si cela était, il
aimerait mieux l'apprendre d'un autre que de voir
de ses propres yeux le navire revenir sans elle.
Rentré dans sa demeure, il se plaint souvent à sa
femme, mais sans lui dire la vraie cause de son
tourment; il déplore seulement la lenteur de Kaherdin qui tarde à ramener le médecin qu'il lui
faut.

Le navire qui portait l'amie tant désirée approchait maintenant de la côte. L'étrave traçait sur les
flots un allègre sillage quand une bourrasque s'éleva,
prit le mât en vent debout et fit virer tout le vaisseau. Les matelots courent au lof, tournent la voile,

mais vainement : bon gré mal gré, ils déradent au large. Le vent fait rage, il soulève les vagues, la mer s'émeut jusqu'en ses profondeurs, le ciel s'assombrit et une brume épaisse s'étend sur les flots noirs. Il pleut, il grêle; au ciel s'amassent les nuées, sur le bateau boulines et haubans se brisent avec fracas. On amène le mât et l'on avance en louvoyant avec le vent et la lame. Iseult la blonde, saisie par le spectacle de cette tempête, s'adresse à Tristan comme s'il pouvait l'entendre : « Dieu ne veut pas me laisser vivre assez pour te revoir, ô mon ami ! Il a décidé que je périrais noyée dans la mer. Tristan, si j'avais pu te parler encore une fois, je n'aurais fait aucun cas de ma mort. Mais il ne dépend pas de ma volonté que je sois près de toi à cette heure; si Dieu l'avait permis, je serais déjà occupée à soulager ton mal. Ami, c'est ici la fin de mon rêve ! Je pensais mourir dans tes bras et reposer avec toi dans un même tombeau. Hélas ! c'est encore une illusion qu'il nous faut perdre ! »

Pendant deux jours, l'orage et la tempête sévirent sur la mer; le troisième, le vent s'apaisa et le beau temps revint. Kaherdin, en regardant au loin, vit surgir dans la brume les falaises de la côte bretonne. Tout heureux, il fit déployer au plus haut la voile blanche afin d'annoncer à Tristan la bonne nouvelle : Iseult la blonde arrive ! On était à la fin du délai de quarante jours environ que Kaherdin avait fixé à Tristan pour la durée totale du voyage. Comble d'infortune : voici que le vent mollit, le soleil chauffe. La mer se met au calme plat, la nef ne se meut ni d'un côté ni de l'autre et se laisse bercer par le clapotis des vagues. Les marins en sont exaspérés : la terre est là sous leurs yeux, toute proche, et nulle brise ne les y pousse. Les voilà dans le pire embarras.

Durant ce temps, Tristan, dolent et las, souvent se plaint, souvent soupire pour l'Iseult qu'il désire tant. Il tord ses mains et ses larmes coulent. En ce chagrin, en cette angoisse, il voit sa femme s'avancer devant lui; elle s'avise d'un perfide artifice et lui dit : « Voici Kaherdin qui arrive ! J'ai aperçu sa nef au loin sur la mer. Je suis sûre que c'est la sienne. Dieu veuille qu'il vous apporte une nouvelle dont vous aurez du réconfort ! » A ces mots, Tristan sursaute et dit : « Belle amie, êtes-vous bien sûre que ce soit la nef de Kaherdin ? — N'en doutez point; je l'ai bien reconnue. — Dites-moi, je vous prie, ne me le cachez pas : de quelle couleur est la voile qui flotte sur sa vergue ? » Iseult répond d'une voix qu'elle veut assurée : « La voile est noire ! » Tristan ne répond pas un mot. Il se retourne vers le mur, puis il dit : « Iseult, vous n'avez pas voulu venir auprès de moi ! Pour votre amour, il me faut aujourd'hui mourir ! » Puis, après un court instant, il ajoute d'une voix éteinte : « Je ne puis plus longtemps retenir ma vie. » Par trois fois il prononça : « Iseult amie ! »; à la quatrième, il rendit l'âme.

Au même moment, le vent se leva sur la mer : il conduisit sans tarder jusqu'au rivage la nef de Kaherdin. Avant tous les autres, Iseult la blonde est descendue à terre. Elle entend de grandes plaintes s'élever dans les rues de Karhaix et le glas qui tinte aux clochers des églises. Elle demande aux passants pourquoi sonnent ces cloches, pour qui s'émeut tout ce peuple. Un vieillard lui répond : « Belle dame, que Dieu m'assiste ! nous avons en ce lieu un grand malheur : Tristan le preux, le franc, est mort ! Il vient de trépasser en son lit d'une blessure dont nul médecin n'a pu le guérir. » A cette nouvelle, Iseult la blonde reste muette de douleur. Elle court par les rues, telle une folle, sa robe dégrafée, car elle veut devancer tous les autres au château. Les Bretons l'admirent sur son passage : jamais ils n'avaient vu femme d'une pareille beauté, mais ils ne savent ni qui elle est, ni d'où elle vient.

Iseult franchit la porte du château et gagne aussitôt la chambre où reposait le corps de son ami. Iseult aux blanches mains se lamentait devant le corps, pleurant et poussant de grands cris. La nouvelle venue, blême et sans une larme, s'approche d'elle et lui dit : « Femme, relève-toi et laisse-moi seule en ce lieu. J'ai plus le droit de m'affliger que toi. Crois-m'en : je l'ai plus aimé ! » Elle se tient debout devant la couche funèbre, la tête tournée vers l'Orient, les mains levées vers le ciel, et elle prie en silence; puis elle s'adresse à lui pour déplorer son trépas : « Ami Tristan, tu es mort pour mon amour. Puisque tu n'es plus en vie, je n'ai plus moi-même aucune raison de vivre. Tout désormais me sera sans douceur, sans joie, sans plaisir. Maudit soit l'orage qui m'a retardée sur la mer ! Si j'avais pu venir à temps, je t'aurais rendu la santé et nous aurions doucement parlé du tendre amour qui nous unit. Mais, puisque je n'ai pu te guérir, puissions-nous du moins mourir ensemble ! » Elle s'approche du lit et s'étend de tout son long sur le corps de Tristan, visage contre visage, bouche contre bouche. Dans cette étreinte suprême, elle succombe à la violence de sa douleur et expire dans un sanglot.

Kaherdin, avec l'assentiment du duc Hoël, son père, trop âgé désormais pour décider par lui-même, fit rendre les derniers devoirs à la reine Iseult et à Tristan. Il fit embaumer leurs corps avec du vin, du piment et des aromates et placer chacun d'eux, cousu dans une peau de cerf, en une barque faite d'un tronc d'arbre évidé au feu. Les deux corps furent ainsi transportés par un navire jusqu'au port de Tintagel et remis au roi Marc par un envoyé de Kaherdin.

« Sire, dit le messager, le duc Hoël de Bretagne et Kaherdin, son fils, vous mandent par moi salut et amitié. Ils m'ont chargé de vous remettre les corps de la reine Iseult la blonde, votre épouse, et celui du preux Tristan, votre neveu, dont Dieu mette les âmes parmi les saintes fleurs du paradis ! Tristan qui a délivré le duché de Bretagne de tous ses ennemis et pris à femme la fille du duc Hoël, a été blessé par le fer empoisonné d'un nain que Dieu maudisse ! Comme tous les médecins étaient impuissants à guérir sa blessure, il a fait appeler en toute hâte la reine Iseult, votre épouse, qui deux fois déjà, par la haute science héritée de sa mère, l'avait arraché à la mort. Hélas ! bien qu'accourue au premier appel, elle est arrivée trop tard à Karhaix, alors que Tristan venait de rendre l'âme, et elle est morte elle-même de saisissement et de compassion. Puisse le Seigneur Tout-Puissant vous accorder soutien et consolation quand vous avez perdu à la fois la plus belle des femmes et le plus vaillant des neveux ! Puisse-t-il vous accorder longue vie, santé, honneur et victoire sur vos ennemis ! »

Le roi Marc fut touché de ce discours et, quand il vit les deux corps enveloppés dans des peaux de

cerf et couchés dans des barques, il sentit s'éteindre
sa colère et s'apaiser son ressentiment comme naguère, quand il avait découvert les deux fugitifs,
étendus l'un près de l'autre, dans la hutte de feuillage de la forêt du Morois. A grand honneur,
parmi les lamentations du petit peuple, il fit mettre
en terre près d'une chapelle les corps des deux
amants. Sur la tombe d'Iseult la blonde il planta
un buisson de roses rouges et sur celle de Tristan,
un cep de noble vigne. Les deux arbustes grandirent
ensemble et leurs rameaux se mêlèrent si étroitement qu'il fut impossible de les séparer; chaque
fois qu'on les taillait, ils repoussaient de plus
belle et confondaient leur feuillage.

Ici finit le roman de Tristan et Iseult. A tous les
amants, le conteur adresse son salut : aux rêveurs,
aux enamourés, aux jaloux, à tous ceux que mord
le désir, aux enjoués, aux éperdus, à tous ceux qui
liront cette histoire ! Si je n'ai dit à tous ce qu'ils
eussent souhaité, je l'ai dit du moins le mieux que
j'ai pu et j'ai dit la vérité pure autant que j'ai pu
la connaître. J'ai un peu retranché du récit; ce
que j'ai conservé, je l'ai choisi pour illustrer et
embellir cette histoire afin qu'elle plaise aux amants
et qu'ils y trouvent de quoi se verser au cœur quelque délice. Puissent-ils en avoir réconfort contre
les trahisons, contre les torts, contre les peines,
contre les larmes, contre tous les chagrins d'amour !

NOTES ET COMMENTAIRES

LE CADRE ARCHAÏQUE
DU PLUS ANCIEN *TRISTAN*

Il subsiste dans les rédactions françaises et étrangères des xiie et xiiie siècles du roman de *Tristan* des vestiges évidents d'un état social nettement antérieur à cette époque. Tous les critiques s'accordent à reconnaître ces vestiges; ils diffèrent seulement sur l'importance qu'il convient de leur attribuer dans la recherche de l'état le plus ancien de la légende.

Pour citer l'un des traits les plus généraux de cette société archaïque, on est frappé dès l'abord du rôle primordial qu'y jouent la magie, l'astrologie et la sorcellerie. La reine d'Irlande est une magicienne insigne et sa fille, Iseult la blonde, est la digne élève de sa mère, ayant appris d'elle l'art de lutter contre les poisons et de guérir les blessures en apparence incurables. Tristan lui-même emploie des procédés magiques pour stimuler l'amour d'Iseult et l'inciter à le rejoindre : tel est le sens primitif des copeaux gravés aux initiales des deux amants et de la baguette de coudrier qui porte en creux les lettres du nom de Tristan. Le nain Frocin, bien que méprisé, joue un rôle non négligeable à la cour de Marc et le roi ajoute foi, comme ses barons, aux révélations que le petit bossu lit dans les étoiles comme aux prédictions qu'il tire de l'observation des astres.

Des êtres plus ou moins surnaturels se mêlent constam-

ment au commun des hommes. La reine d'Irlande a pour
frère un géant, le Morholt, maître de la mer, monstre analogue au Minotaure de Crète, dans la légende grecque,
levant comme lui sur les peuples vaincus un tribut de
jeunes gens et de jeunes filles. Au début de sa carrière,
Tristan, déjà vainqueur du Morholt, triomphe en Irlande
du dragon effrayant qui terrorisait le pays. Vers la
fin de sa vie, Tristan combat et soumet le géant Béliagog,
dans l'épisode de la « Salle aux images » et il reçoit
du nain Bedalis la blessure empoisonnée qui causera
sa mort. Quoi d'étonnant si toute cette histoire d'amour
est dominée par le sortilège du philtre, le « vin herbé »,
sur la nature duquel nous aurons à revenir ? Il convient
de citer aussi l'anneau de jaspe vert qu'Iseult remet à
Tristan et dont la vertu magique se manifeste durant la
nuit de noces du héros avec la fille du duc Hoël, en
empêchant la consommation du mariage.

Le monde des vivants est tout proche de l'autre monde,
celui des dieux et des morts, et les communications sont
fréquentes de l'un à l'autre. Si le roi Marc a des oreilles
de cheval, tout comme le roi Midas, dans la légende
grecque, avait des oreilles d'âne, c'est que les dynasties
royales de ces époques lointaines invoquaient comme
ancêtre et comme protecteur une divinité de forme animale; Marc est étymologiquement un cheval, c'est-à-dire
qu'il s'identifie à une divinité zoomorphe analogue au
dieu-cheval Rudiobus, dont on a trouvé la statue en bronze
dans le trésor de Neuvy-en-Sullias (Loiret) ou à la déesse
Epona qui était primitivement une jument avant de devenir une sorte de fée chevauchant une jument. Dans le
même ordre d'idées, quand Tristan voit que la blessure reçue du Morholt ne peut être guérie par aucun
médecin, il recourt à ce que les traditions celtiques appellent un « voyage de guérison » (*Imrama*), c'est-à-dire
qu'il se fait placer dans une barque livrée aux seules
forces des courants et des vents, avec le ferme espoir d'être
ainsi conduit vers une île merveilleuse, telle que l'île
d'Avalon, séjour bienheureux où des fées et d'autres

êtres surnaturels le délivreront de son mal. De fait, la
lointaine Irlande vers laquelle il est poussé par le destin
n'est-elle pas une terre de fées et de géants ? Quand
Tristan veut consoler Iseult de leurs communes épreuves,
il lui décrit avec une sorte de ferveur la maison de verre
suspendue au-dessus des nuages, tout le jour inondée
par le soleil et pleine de chants d'oiseaux, dans laquelle,
après leur mort, ils vivront ensemble à jamais. La croyance
en ce palais de verre est antérieure au christianisme :
c'est une survivance des traditions religieuses des Celtes.
Dans l'épisode du saut de la chapelle, Tristan fait un
bond prodigieux par la fenêtre de l'abside d'un oratoire chrétien et il arrive sain et sauf au bas de la falaise, mais on n'a pas assez remarqué que, selon Béroul,
il atterrit d'abord, soutenu par le vent qui gonfle ses
vêtements, sur une « pierre lée », toponyme qui désigne invariablement un dolmen dans tout le folklore
français :

> *Seignors, une grant pierre lee*   948
> *Out u mileu de cel rochier :*
> *Tristan i saut mot de legier.*
> *Li vens le fiert entre les dras,*
> *Quil defant qu'il ne chie a tas.*
> *Encor claiment Cornoualan*
> *Cele pierre le Saut Tristan.*

S'il y a miracle, il semble que l'honneur en doive être
partagé entre le saint titulaire de la chapelle et la
tombe du héros celtique qu'abritait le dolmen [1].
    Les institutions juridiques auxquelles il est fait allu-
sion sont fondées sur la certitude que les puissances célestes
interviennent nécessairement pour découvrir le coupable et innocenter le juste; de là des rites comme le

1. La chapelle des Sept-Saints de Bretagne, qui a été étu-
diée et mise à l'honneur par le regretté Louis Massignon, a
été construite en partie sur une table de pierre qui est un dolmen, voisin d'une source sacrée où l'eau jaillit par sept ori-
fices différents.

combat judiciaire, que Tristan ne cesse de réclamer, et le serment absolutoire auquel Iseult se soumet avec succès en jurant sur les reliques des saints. De telles pratiques ont survécu assurément jusqu'au xiiᵉ siècle, mais elles sont dans le *Tristan* plus que des survivances : les seules formes connues de la procédure criminelle.

Parmi les coutumes qui se rapportent à la guerre, on relève celle du combat singulier que se livrent dans une île les champions de deux peuples ennemis, sans que personne d'autre assiste à cet affrontement : il est clair qu'il s'agit, là encore, d'une sorte de « jugement de Dieu », comme c'est le cas pour le combat de Tristan contre le Morholt, dans l'île Saint-Samson, réplique de la victoire du petit David sur le géant Goliath. Du même ordre sont les batailles livrées sur les gués : dans l'épisode de la « Salle aux images », le duc Hoël désigne à Tristan une rivière qui marque la frontière de ses domaines avec ceux du géant Béliagog et il fait mention des batailles qui ont été livrées naguère sur le gué, au milieu du courant. Or il s'agit là d'une coutume celtique bien attestée par les textes et les découvertes archéologiques, car on trouve souvent des armes proto-historiques en explorant les gués des rivières dans les territoires anciennement peuplés par les Celtes [1]. Les gués étaient l'objet d'un culte chez ces mêmes peuples et l'on sait que les Romains, quand ils ont colonisé la Gaule, ont dédié à leur empereur divinisé non seulement des sanctuaires (Clermont-Ferrand était alors *Augustonemetum*, « le sanctuaire d'Auguste ») et des villes fortifiées (Autun était alors *Augustodunum*, « la ville forte d'Auguste ») mais aussi des gués : Limoges était *Augustoritum*, « le gué consacré à Auguste ». Cela explique que dans le plus ancien *Tristan*, les actes les plus solennels se déroulent auprès des gués : Tristan remet Iseult à Marc devant toute la cour au gué Aven-

---

1. On me permettra de citer ici mon article *Les combats sur les gués chez les Celtes et chez les Germains* dans *Revue Archéologique de l'Est*, V, 1954, pp. 186-193 et fig. 82.

tureux et Iseult se justifie par serment, en présence du roi Arthur et des compagnons de la Table Ronde, au gué du Mal Pas (c'est-à-dire du passage périlleux) aux confins de la Blanche Lande.

Non moins attestée chez les Celtes est la coutume de couper la tête de l'ennemi vaincu et de l'emporter comme trophée pour la suspendre à un arbre, à un poteau ou dans une niche pratiquée dans un pilier, devant un temple ou une maison. Cet usage a été reconnu par Fernand Benoît et Henri Rolland à Roquepertuse, Entremont et *Glanum*. Il faut certainement rapporter à cette coutume le geste de Gorvenal quand, après avoir mis à mort dans la forêt du Morois l'un des ennemis de Tristan, il lui coupe la tête et suspend ce trophée sanglant au poteau central de la hutte de feuillage, probablement circulaire, dans laquelle Tristan banni s'est réfugié avec Iseult. Au reste, les braies que porte Tristan quand Marc le surprend endormi auprès d'Iseult dans cette hutte de feuillage sont un vêtement d'origine celtique, celui que porte le fameux « Gaulois couché », cette applique de bronze découverte à Alésia en 1906 par le Commandant Espérandieu.

De ce Tristan archaïque Gaston Paris a tracé un portrait si vivant que nous ne résistons pas au plaisir de le citer : « En combinant les indications souvent bien fugitives des conteurs français, on arrive à entrevoir ce qu'a pu être chez les Celtes ce poème sauvage, tout entier bercé par la mer et enveloppé dans la forêt, dont le héros, demi-dieu plutôt qu'homme, était présenté comme le maître ou même l'inventeur de tous les arts barbares, tueur de cerfs et de sangliers, savant dépeceur de gibier, lutteur et sauteur incomparable, navigateur audacieux, habile entre tous à faire vibrer la harpe et la rote, sachant imiter jusqu'à l'illusion le chant des oiseaux, et avec cela, naturellement invincible dans les combats, dompteur de monstres, protecteur de ses fidèles, impitoyable à ses ennemis, vivant d'une vie presque surhumaine, objet d'admiration, de dévouement et d'envie. Ce type s'est

formé à coup sûr très anciennement dans le monde
celtique : il était tout indiqué qu'il se complétât par
l'amour [1]. »

Quant à la résidence du roi Marc à Tintagel, autant
que nous puissions la reconstituer d'après divers épisodes
traditionnels du roman, elle avait peu de chose en commun avec un château féodal des xie et xiie siècles. Cette
résidence comportait un certain nombre de grandes pièces,
toutes au rez-de-chaussée : il n'est fait nulle part mention
d'un étage ou d'un escalier qui y donnerait accès. L'une
de ces pièces est la grand salle où se déroulent les fes-
tins (épisode de la harpe et la rote) et où le roi réunit ses
barons en conseil (épisode du cheveu d'or apporté par
une hirondelle). Il semble que cette salle était percée de
larges baies qui ouvraient du côté de la mer. Du côté
opposé, en venant de la forêt, on accédait à l'une des
portes de cette salle par un escalier de plusieurs marches :
le forestier qui a surpris les amants dans une hutte de la
forêt du Morois gravit cet escalier et entre tout essoufflé
dans la salle où Marc délibère avec ses barons.

Non loin de là est la chambre du roi, tellement vaste
qu'une vingtaine au moins de fidèles et de privés, ou
d'hôtes de marque, peuvent y coucher dans des lits
disposés autour de celui du roi. Le sol est en terre battue
et, aux jours de fête, il est jonché de glaïeuls ou de joncs
fraîchement coupés. La reine couche souvent dans cette
chambre soit dans le lit du roi (épisode de la nuit de
noces de Marc), soit dans un lit voisin de celui du roi
(épisode des faux sanglantes). Dans l'épisode de la fleur
de farine, il semble bien que la reine soit couchée dans
le lit du roi, au centre de la salle; Marc l'y laisse seule
quand il sort avec ses fidèles, au milieu de la nuit, pour
aller chasser à l'affût. Quand Tristan, après le départ des
chasseurs, saute d'un seul bond pour rejoindre la reine
sans laisser l'empreinte de ses pas sur la farine, c'est le

---

1. Ce passage est extrait de la préface que Gaston
Paris a écrite pour l'adaptation de Joseph Bédier, pp. VI-VII.

lit même du roi qu'il rougit du sang de sa blessure. Dans
l'épisode des faux sanglantes, qui est certainement l'un
des plus anciens, Marc a fait disposer dans le sol en terre
battue de la chambre du roi des pièges à loup, armés
de faux acérées, mais évidemment dissimulées par les
joncs ou les glaïeuls répandus sur le sol : il compte ainsi
décourager par de cruelles blessures les galants qui tenteraient d'approcher la reine. Il semble nécessaire d'admettre, dans ces conditions, que la reine occupait cette nuit-
là un lit différent de celui du roi, bien que voisin, car on
se représente mal un galant, fût-il le plus audacieux de
tous, profitant de l'obscurité pour aller conter fleurette à
la reine si celle-ci est alors couchée auprès du roi et dans
le lit même de celui-ci. La chambre royale était norma-
lement obscure pendant la nuit; quand on voulait y faire
la lumière, on allumait des flambeaux (épisodes de la
nuit de noces et de la fleur de farine). Dans la journée,
elle était éclairée par des fenêtres à ébrasement extérieur, puisque Tristan dépose sur cet ébrasement la lettre
par laquelle il propose au roi Marc de lui rendre Iseult
(épisode de l'ermite Ogrin). La présence de fenêtres de ce
type permet de supposer que les murs de cette chambre,
comme ceux des autres pièces de la résidence royale,
étaient construits en pierre, probablement en pierre
sèche. Etant donné les vastes dimensions de la chambre,
il est douteux qu'elle ait été voûtée; il était plus facile
de la couvrir d'un plafond et d'une charpente avec un
système de poutres horizontales portant sur des piliers.

   A côté de la chambre du roi, il y avait une autre
chambre réservée aux femmes; la reine y passait la nuit
avec sa servante Brangien et les autres femmes à son
service quand elle ne couchait pas dans la chambre du
roi. La pièce était chauffée par une cheminée, dont les
cendres étaient périodiquement recueillies et enlevées au
moyen d'une corbeille d'osier. Dans l'épisode de Kariado,
Brangien se sert de cette corbeille vide pour masquer
la lumière de la chandelle de cire tandis que Tristan
est dans le lit de la reine. Plusieurs épisodes montrent

que cette chambre donnait accès par une porte au verger qui se trouvait derrière la résidence royale (Marc juché dans le grand pin), mais il est évident qu'il y avait au moins une autre porte pour communiquer avec la chambre du roi. L'eau qui venait de la fontaine du verger coulait ensuite dans un canal de pierre qui traversait la chambre des femmes en son milieu (épisode des copeaux gravés jetés par Tristan dans la fontaine pour prévenir Iseult de sa présence). Ce procédé, bien primitif mais attesté par l'archéologie, distribuait l'eau courante nécessaire aux besognes de lavage et d'entretien assignées au personnel féminin. Il n'est pas téméraire d'admettre que cette canalisation passait ensuite par les cuisines, lesquelles formaient sûrement une annexe de la chambre des femmes. Il est dit plusieurs fois que cette chambre réservée à la reine était décorée de riches tentures et garnie de tapis. Elle était éclairée, comme la chambre du roi, par des fenêtres hautes à ébrasement externe, devant lesquelles un rideau était tendu. Ces ouvertures devaient être placées très haut, immédiatement au-dessous du plafond. Cela ressort de la scène où Tristan décoche une flèche de son arc dans l'œil de l'un de ses ennemis qui s'était hissé de l'extérieur sur le rebord de l'une des fenêtres et, en poussant le rideau avec un bâton aiguisé, se proposait de surprendre les ébats amoureux de la reine avec Tristan.

La ville, groupée autour du port, s'étendait visiblement entre la résidence royale et la mer, tandis que le verger se trouvait derrière la chambre du roi et celle des femmes, en direction de la forêt. Ce verger était entouré d'une haute palissade de pieux acérés, plantés probablement sur un talus et précédés d'un fossé, que Tristan devait traverser avant d'escalader la palissade : c'est là un type de fortification courant dans le haut Moyen Age. Dans le verger, jaillissait une fontaine, ombragée par un grand pin et dont l'eau était recueillie dans une vasque de pierre avant de s'écouler par un canal qui, comme on le sait déjà, traversait ensuite la chambre des femmes.

Cette association de la source, de l'arbre et de la pierre est un trait typiquement celtique dont on pourrait multiplier les exemples : rappelons seulement, dans la forêt de Brocéliande, le *perron* de Bérenton, sous un arbre auprès d'une fontaine, dont Chrétien de Troyes parle longuement dans son roman d'*Ivain*.

En conclusion, les indices archéologiques que nous avons relevés nous orientent vers une période de l'histoire de la Grande-Bretagne antérieure aux XIᵉ et XIIᵉ siècles et qui correspond en gros à ce que les historiens appellent aujourd'hui le haut Moyen Age : époque d'une civilisation beaucoup plus fruste et plus sauvage, encore toute pénétrée, malgré la conversion des Celtes au christianisme, de traditions religieuses et de coutumes guerrières antérieures à cette conversion.

LES TRADITIONS DES CONTEURS GALLOIS SUR TRISTAN

Il n'est pas douteux, et nul ne le conteste, que les légendes relatives à Tristan sont nées en Grande-Bretagne et qu'elles y ont connu le premier stade de leur développement avant d'être transplantées sur le sol français par des jongleurs bretons ou anglo-normands. Ces jongleurs ont probablement fait des incursions sur le continent aussitôt après la conquête de l'Angleterre par les Normands, dès le dernier tiers du XIᵉ siècle; ils étaient bilingues et débitaient leurs histoires dans un jargon où des mots français estropiés se mêlaient à des mots anglais. La première branche du *Roman de Renart,* aux alentours de 1175, campe la savoureuse figure de l'un de ces jongleurs bretons, dont Renart, sous le nom de Galopin, contrefait le langage pour duper Isengrin. Or le prétendu jongleur sait conter de Tristan, mais il connaît également le *Lai du chèvrefeuille (charpel)*

et le *Lai de dame Iseult,* qui sont évidemment des récits
épisodiques empruntés à la légende de Tristan [1] :

> *Je fout savoir bon lai breton*   2435
> *et de Mellin et de Notun,*
> *dou roi Lartu et de Tritan,*
> *de Charpel et de saint Brandan.*
> *— Et sez tu le lai dam Isset ?*
> *— Iai, iai, dist il, godistonnet;*
> *Je les savrai mout bien trestouz.*

C'est un autre fait indubitable que ces jongleurs bretons ou anglo-normands diffusaient, au sujet de Tristan,
des contes qui ne coïncidaient que sur l'essentiel, c'est-
à-dire sur la physionomie morale des principaux personnages et sur les grandes lignes du récit, mais qui,
sur tout le reste, présentaient d'innombrables variantes.
Il y a lieu de faire ici des réserves sur la théorie de
Joseph Bédier d'après laquelle tous les textes conservés
des xiie et xiiie siècles dériveraient d'un premier roman
français de Tristan, composé par un écrivain de génie,
vers le milieu du xiie siècle; c'est à ce poète supposé que
Bédier fait honneur à la fois de l'ordonnance logique des
principaux épisodes et du sens profond de l'affabulation.
On peut croire que la réalité n'est pas aussi simple :
sans nier l'existence d'un premier roman français nar-
rant de façon suivie toute la vie de Tristan, de la naissance à la mort, on ne peut méconnaître la coexistence
d'autres versions plus ou moins partielles de la légende,
œuvres de jongleurs rivaux, souvent fixées par la seule
mémoire et transmises par la seule tradition orale.
Comme l'a très bien dit M. Anthime Fourrier, il convient
d'écarter résolument « le postulat selon lequel, par nature,
par principe et par définition, une légende orale est
incohérente » et « ne prend forme que dans et par un

---

1. *Le Roman de Renart*, 1re branche, éd. Mario Roques,
Paris, Champion, 1969, p. 82.

texte, après quoi elle disparaît. Rien de plus faux en vérité. Une légende orale est toujours bel et bien cohérente. Mais par le fait même qu'elle passe de bouche en bouche, elle subit plus facilement qu'un texte écrit des variations et des modifications : elle est plus mouvante, plus instable, mais ne perd jamais l'essentiel de sa structure interne [1]. » Cet état de chose explique la constante hésitation des conteurs français ou allemands de la fin du XIIᵉ siècle et du début du XIIIᵉ, Béroul comme Thomas, Eilhart comme Gottfried, qui, à propos de tel ou tel épisode, confessent leur perplexité ou proclament leur désaccord devant les disparates et les contradictions qu'offraient les différentes versions du *Tristan* que diffusaient les jongleurs contemporains. C'est ainsi que Béroul s'insurge contre les jongleurs qui faisaient mettre à mort par Tristan et Gorvenal le chef des lépreux auquel Marc avait livré la reine : « Les conteurs qui prétendent que les deux hommes tuèrent Ivain sont des vilains : ils ne savent pas bien l'histoire. Béroul l'a mieux en mémoire : Tristan était trop preux et trop courtois pour tuer des gens de telle sorte. » (V. 1265 à 1270.) Qu'on le note bien : Béroul, comme les rivaux qu'il critique, ne cache pas qu'il sait le conte par cœur et que l'exactitude de son récit vient de la fidélité de sa mémoire :

> *N'en sevent mie bien l'estoire,*
> *Berox l'a mex en sen memoire.*

Plus significative encore est la mise au point de Thomas à propos des ménestrels qui font amener Iseult auprès de Tristan mourant par Gorvenal, alors qu'elle le fut par Kaherdin : « Parmi ceux qui font profession de conteurs et qui récitent le conte de Tristan, les récits sont divergents. Je l'ai entendu raconté par plusieurs gens et je sais parfaitement ce que chacun d'eux en dit et ce qui

---

1. *Le courant réaliste dans le roman courtois en France au Moyen Age*, I, Paris, 1960, p. 34.

en a été mis par écrit. Mais, d'après ce que j'ai moi-
même entendu, ces conteurs ne suivent pas le récit de
Bréri qui savait les gestes et les contes de tous les rois,
de tous les comtes qui ont existé en Bretagne... Ces con-
teurs-là se sont fourvoyés et ils se sont éloignés de la
vérité. Je me refuse à me porter garant de ce qu'ils
disent, mais je ne veux pas non plus entrer en dispute
avec eux. Qu'ils s'en tiennent à leur opinion et moi à
la mienne : le bon sens finira bien par l'emporter. »

> *Entre ceus qui solent cunter*   841
> *E del cunte Tristan parler*
> *Il en cuntent diversement :*
> *Oï en ai de plusur gent.*
> *Asez sai que chescun en dit*   845
> *E ço que il unt mis en escrit,*
> *Mes sulun ço que j'ai oï*
> *Nel dient pas sulun Breri*
> *Ky solt les gestes e les cuntes*
> *De tuz les reis, de tuz les cuntes*   850
> *Ki orent esté en Bretaingne* [1].

Or le Bréri auquel Thomas se réfère comme au conteur
qui a donné le récit le plus fidèle des aventures de Tristan, ne semble pas être un ménestrel français; Bréri est
un nom gallois, cité sous la forme *Bleheris* par Wauchier
de Denain, dans sa continuation du *Perceval* de Chrétien
de Troyes [2] :

> ... *Si con le conte Bleheris*
> *Qui fu nes e engenuis*
> *En Gales, dont je cont le conte.*

A quelle époque vivait ce Bréri ? Nous n'avons sur ce

1 *Les fragments du Tristan de Thomas*, éd. Bartina H. Wind,
Leyde, 1950, pp. 143-144.

2. D'après J. L. Weston, *Wauchier de Denain and Bleheris*
(*Bledhericus*) dans *Romania*, XXXIV, 1905, pp. 100-101.

point qu'un témoignage assez vague du clerc gallois Giraut de Cambrie dans sa *Descriptio Kambriæ* écrite en 1194 : il latinise le nom en *Bledhericus* — forme qui correspond exactement au *Bleheris* de Wauchier de Denain — et fait l'éloge de « ce fameux conteur *Bledhericus* qui a vécu peu avant notre époque [1]. » Comme Giraut de Cambrie est né en 1147, on peut croire que Bréri a vécu dans le premier tiers du XIIe siècle. Même si Bréri n'a pas été l'introducteur en France de la légende de Tristan, comme le pensait R. S. Loomis [2], ce que nous savons de sa nationalité et de sa connaissance approfondie de la « matière de Bretagne » nous autorise à voir dans le pays de Galles la terre d'élection du primitif roman de *Tristan*.

De fait, nous trouvons des vestiges de l'ancienne légende galloise de Tristan dans les *Mabinogion*, ces répertoires des contes traditionnels du pays de Galles, rédigés au XIIIe siècle seulement, mais dont la matière remonte aux IXe et Xe siècles. Le *Livre Rouge* classe les héros de ces contes par groupes de trois ou triades, conformément au caractère sacré du nombre trois chez les Celtes. Les triades 29 et 43 nomment *Drystan ab Tallwch* (c'est-à-dire « fils de Tallwch ») tantôt comme « l'un des trois porte-diadème de l'île de Prydein » (c'est-à-dire « l'un des trois grands princes de l'île de Bretagne »), tantôt comme « l'un des trois maîtres ès machines de l'île de Prydein » (c'est-à-dire « l'un des hommes les plus habiles de la Grande-Bretagne pour la construction des machines », ce qui fait penser immédiatement à l'invention d'un arc qui ne manquait jamais son but, « l'arc qui-ne-faut »). Le *Songe de Rhonawby* introduit dans un dénombrement de conseillers du roi Arthur ce même *Drys-*

1. *Descriptio Kambriæ*, éd. J. F. Dimock, Londres, 1868, p. 202. (Cambria est le nom latin du pays de Galles.)
2. *Bleheris and The Tristram Story*, dans *Modern Language Notes*, XXXIX, 1924, pp. 319-329; voir aussi Mary Williams, *More about Bleddri* dans *Etudes Celtiques*, II, 1937, pp. 219-245.

tan ab Tallwch. La triade 81 du *Livre Rouge* donne comme « l'un des trois amoureux de l'île de Prydein » Trystan, fils de Tallwch, amant d'Essylt, femme de March, fils de Meirchiawn, son oncle; Tristan était donc déjà célèbre chez les Gallois des IXe et Xe siècles comme l'amant d'Iseult, femme de son oncle Marc et « l'une des trois femmes impudiques de l'île ».

Chose plus surprenante, la triade 63 donne Tristan pour « l'un des trois grands porchers de l'île de Brydein », ce qui nous reporte à la civilisation avant tout pastorale du haut Moyen Age où les troupeaux de porcs constituaient l'un des éléments majeurs de la fortune des grands propriétaires terriens et où les plus grands rois ne rougissaient pas de faire l'élevage de ces animaux dans les vastes forêts de chênes qui leur appartenaient. Que Tristan ait excellé à garder de tout dommage un nombreux troupeau de porcs, c'était pour l'époque une qualité qui ne comportait aucun aspect péjoratif. Ce fait est mis en lumière par un épisode particulier de la légende de Tristan que rapporte cette même triade 63 : « Un certain jour, Drystan, fils de Tallwch, garda les porcs de Marc, fils de Meirchyon, pendant que le porcher allait porter de sa part un message à Essylt. Arthur, Marc, Kei et Bedwyr survinrent tous les quatre, mais ils ne purent lui enlever une seule truie, ni par ruse, ni par violence, ni par larcin [1]. » Ce résumé de l'épisode, si bref qu'il soit, sous-entend que Marc ignorait les relations amoureuses de son neveu avec sa femme, car il n'aurait pas participé à ce jeu avec Arthur, Keu et Béduer s'il avait su que le gardien de porcs, dont Tristan avait pris la place pour quelques heures, s'était absenté pour porter à sa femme une lettre d'amour de son neveu.

La situation des trois personnages : le mari, la femme et l'amant, était donc déjà dans la légende galloise ce

1. Joseph Bédier. *Le Roman de Tristan par Thomas*, II, Paris, 1905, pp. 106-107. D'après J. Loth, *Les Mabinogion*, Paris, 1889, I, p. 311 et II, pp. 231, 238, 246-248 et 260.

qu'elle est dans le roman français. Bédier, après avoir remarqué que Tristan devait avoir revêtu pour la circonstance les haillons du porcher et que ce déguisement avait excité la verve de Marc, d'Arthur et de leurs compagnons, souligne avec raison « le comique barbare de cet épisode qui nous apparaît comme ancien entre tous [1] ».

LES PROTOTYPES HISTORIQUES
DES PERSONNAGES DE TRISTAN ET DE MARC

Tandis que la légende française donne pour père à Tristan un certain Rivalen, roi de Loonois, région que l'on ne sait pas identifier avec précision, on a remarqué que la légende galloise le présente comme le fils d'un certain *Tallwch*. Ce nom est complètement inconnu par ailleurs dans le pays de Galles; où les conteurs gallois ont-ils pu le prendre ? Ce problème a été résolu en 1893 par l'érudit allemand Zimmer [2]. Il a relevé dans les *Annales de Tigernach* et dans les *Annales d'Ulster*, c'est-à-dire dans des sources irlandaises, des listes de rois qui ont dominé du VIe au VIIIe siècle sur les marches pictes du sud de l'Ecosse : le nom de *Drest, Drust* ou *Drostàn* (forme dérivée) y alterne avec le nom de *Talorc*. Un roi qui régna sur les Pictes de 780 à 785 s'appelait *Drest filius Talorgen*. Or ce nom de *Talorc* ne se trouve que chez les Pictes. Comme *Drystan* est la forme galloise correspondant au picte *Drustan* et comme *Tallwch* correspond de même à *Talorc*, le *Drest filius Talorgen* des annales irlandaises a toutes les chances d'être identique au *Drystan ab Tallwch* des triades 29 et 43 du *Livre Rouge* gallois. On est amené ainsi à supposer que Tristan fut d'abord un

1. Ouvrage cité, II, p. 115.
2. *Zeitschrift für französische Sprache und Literatur*, XIII, p. 73.

héros national des Pictes. Ce peuple belliqueux et indompté se partageait avec les Scots, aux premiers siècles de notre ère, le territoire de l'Ecosse actuelle; ses perpétuelles incursions contraignirent les Romains à construire les murs d'Adrien et de Septime Sévère. Les Pictes furent presque complètement exterminés au cours du ixe siècle, à la bataille de Stirling, par le roi des Scots, Kenneth II (833-857), qui réunit les deux couronnes. Rien ne nous est parvenu des chants épiques qu'ils ont dû posséder; nous connaissons tout juste, comme l'a noté Gaston Paris, quatre ou cinq mots de leur langue et les noms de quelques-uns de leurs chefs, parmi lesquels *Drustan*.

Ferdinand Lot a singulièrement accru la portée de cette découverte de Zimmer dans le commentaire qu'il a donné d'une ancienne description de la Grande-Bretagne où l'Ecosse est divisée en quatre régions : l'*Albania* au nord-ouest, la *Loonia* au sud-est, la *Galweya* au sud-ouest et la *Moravia* au nord-est [1]. Ces quatre noms se retrouveraient, d'après le grand historien du Moyen Age, dans tel ou tel des romans conservés de *Tristan* : l'*Albania* serait cette *Almein* dont nous parle le poème anglais *Sir Tristrem*, au vers 906; la *Galweya* serait l'actuel *Galloway*, dont le nom en ancien français était *Gavoie* et qui se retrouve dans Béroul :

> *Au riche roi aut, en Gavoie,*   2631
> *A qui li roiz Cornoz guerroie.*

La *Loonia* serait l'actuel *Lothian* où se trouve Edimbourg et correspondrait à l'ancien français *Loonois*, patrie de Tristan que Béroul cite sous la forme *Loenois*, (v. 2868). La *Moravia* serait l'actuel comté de *Murray*, dont la ville d'Elgin est le chef-lieu, et correspondrait à la forêt du *Morrois* souvent citée par Béroul. Joseph Bédier est demeuré sceptique pour deux de ces topo-

1. *Romania*, XXV, pp. 16-18.

nymes : *Almein* et *Gavoie*, mais il s'est déclaré convaincu
par les arguments de Ferdinand Lot en ce qui concerne
le *Loonois* et le *Morrois* (que nous écrivons Morois).
Il en résulte que, au stade le plus ancien que nous
puissions entrevoir, l'action du roman de *Tristan* se déroulait principalement en Ecosse. « Nous admettrons
donc qu'à l'insu de nos trouvères, Tristan de Loonois
s'appelait primitivement Drostan, fils de Talorc. Il était
un héros picte, et sa légende avait pour berceau et pour
premier théâtre le Lothian sur les confins actuels de
l'Angleterre et de l'Ecosse, ainsi que le Murray sur les
plateaux de la Haute Ecosse [1] ».

De cette constatation importante dérive un autre ensei-
gnement : puisque les anciens conteurs gallois, en trans-
férant la légende picte de *Drustan* dans le royaume de
Cornouailles, ont conservé le nom du *Morois*, tout en
le localisant arbitrairement sur le nouveau théâtre de
l'action, c'est donc que le Morois jouait déjà dans la
légende picte le rôle que nous lui connaissons dans toutes
les versions ultérieures conservées du roman de *Tristan*. Il
est évident que le nom du Morois est inséparable de
l'épisode si caractéristique de la fuite des amants et de
leur vie dans la forêt : le transfert du toponyme impli-
que nécessairement le transfert de l'épisode et ne saurait s'expliquer autrement.

Le roi Marc du roman semble bien avoir, lui aussi,
pour prototype un personnage historique. Un moine breton de l'abbaye de Landevennec, dans le Finistère, a
composé vers 884 une vie latine de saint Paul Aurélien,
premier évêque de Saint-Paul-de-Léon, en Bretagne armoricaine, lequel serait mort en 583. Quand ce prélat résidait encore en Grande-Bretagne d'où il partit pour prêcher en Armorique « sa renommée était parvenue aux
oreilles du roi Marc, qu'on appelait aussi *Quonomorius* [2] ».

1. Ouvrage cité, II, p. 110.
2. *Acta Sanctorum*, tome II de mars, p. 114; voir *Revue
celtique*, V, p. 431 et I, p. 224.

C'est l'unique mention que l'on ait du roi Marc dans un texte d'allure historique. On a au moins une raison de prendre cette indication au sérieux, c'est que le nom *Quonomorius* est réellement celtique, car il se lit sous la forme *Cunomorus* sur une pierre tombale du VI⁰ siècle. D'autre part, Ferdinand Lot a démontré que le moine de Landevennec a tiré la matière de son récit de sources galloises. Il n'est donc pas téméraire de penser que le roi Marc du VI⁰ siècle, contemporain de saint Paul Aurélien, est celui qui a été mis en scène dans la version galloise de la légende de Tristan.

En ce qui concerne Iseult, aucun document ne permet de lui attribuer une quelconque réalité historique. Les triades 63 et 81 du *Livre Rouge* nomment *Essylt* la femme de Marc, amante de Tristan. Cette forme pourrait être celtique, mais il semble plus probable qu'elle dérive du germanique *Ishild*. Cette origine germanique ne serait pas autrement surprenante car, comme l'a rappelé Joseph Bédier [1], « sur les rivages irlandais s'étaient formés au IX⁰ siècle des royaumes norvégiens de pirates qui s'en venaient — comme le Morholt — rançonner les côtes celtiques de la Grande-Bretagne : Galles, Cornouailles, et leur domination n'a été ruinée qu'au XI⁰ siècle ». Les noms de femmes germaniques dont le second élément est - *hilde* ont donné le plus souvent en ancien français des formes terminées en - *eult* ou - *eut* : *Mathildis* a donné *Maheut* ou *Mahaut*, *Richildis* a donné *Richeut*. *Iseult* ou *Iseut* peut donc représenter un germanique *Ishild*. L'une des triades des *Mabinogion* mentionne comme amante de Tristan *Essylt Fyngwen*, fille de *Culvanawyd*, une des trois femmes impudiques de l'île [2]. Faut-il voir en elle une « fille de Viking » dont le surnom « à la crinière blonde » évoquerait la blondeur lumineuse ? Cela s'accorderait bien avec le fait que, dans toutes les versions du roman, les Cornouaillais aussi

1. *Le Roman de Tristan par Thomas*, II, p. 113.
2. Joseph Loth, Les *Mabinogion*, I, p. 224.

bien que les Bretons armoricains manifestent un étonne-
ment et une admiration extrêmes devant les cheveux d'or
d'Iseult la blonde. Tristan a été tellement frappé par la
teinte insolite de sa chevelure qu'il reconnaît immédiatement le cheveu apporté par l'hirondelle comme appar-
tenant à la fille du roi d'Irlande; et quand Iseult débarque à Karhaix, les habitants de la ville bretonne sont
dans la stupeur en la voyant parcourir les rues car « jamais ils n'avaient vu d'aussi belle femme », dit Thomas.

ORIGINE CELTIQUE
DU THÈME CENTRAL ET DE LA STRUCTURE
NARRATIVE DU CONTE DE TRISTAN

Gertrud Schoepperlé Loomis, dans sa thèse *Tristan
and Isolt : A study of the sources of the romance* publiée
en 1913, a fait remarquer la première les liens de parenté
que la légende de Tristan présente avec les *aitheda* de
l'ancienne littérature épique irlandaise. L'*aithed* relate
l'enlèvement de la femme d'un roi ou d'un prince par
un jeune héros, neveu ou vassal de ce prince, et la
fuite des amants dans une forêt où ils vivent misérable-
ment, sans cesse traqués par le mari outragé et par ses
gens. Schoepperlé a fondé son étude comparative sur
toute une série d'*aitheda* qui portent tous comme titre
les noms associés de l'amant et de l'amante : *Diarmed
et Grainne, Baile et Ailinn, Noisé et Derdriu, Cano et
Créd*, etc. Tous ces contes présentent avec un certain
nombre de variantes la même structure narrative et ils
ont tous en commun l'intervention d'une contrainte
magique, la *geis;* c'est un sortilège par lequel la femme
du roi, en employant certaines paroles appropriées,
contraint malgré lui le neveu ou le vassal du souverain
à l'enlever. « Il est constant, écrit M. Jean Marx, que,
dans la famille royale celtique, la femme trahisse l'époux-

roi avec son neveu favori... Grainne trahit son époux
Finn, pour le neveu favori de celui-ci Diarmaid, comme
Guenievre trahit Arthur pour son neveu favori Mordred...
On a remarqué depuis longtemps que c'est la femme qui,
dans la littérature celtique, choisit, conquiert, lie et
enchaîne l'homme souvent contre son gré et ses inclina-
tions... Les *geasha* (pluriel de *geis*) peuvent être imposées
à l'individu par des paroles appropriées et contenant
une force astreignante et obligatoire... La parole lie si
elle est dite comme il faut et tant qu'il faut. Plus l'homme
a d'honneur, de prestige, plus sa qualification sociale
est élevée, ses ancêtres certains, son rang assuré, moins
il peut se dérober à la *geis*. L'amour lui-même dans la
littérature irlandaise est une *geis* qui lie [1] ».

Il suffit d'analyser l'un de ces récits pour saisir le
schéma narratif de tous les autres. Nous nous bornerons
donc ici à résumer *Diarmaid et Grainne*, celui des
aitheda qui présente les analogies les plus frappantes
avec le conte de *Tristan*. Grainne, fille de Cormac, roi
d'Irlande, a épousé par la volonté de son père le vieux
chef guerrier Finn. Elle s'éprend du jeune et vaillant
Diarmaid, neveu préféré de Finn; elle est séduite surtout par une tache de rousseur qu'il porte au visage,
sorte de grain de beauté. Diarmaid refuse de répondre
à ses avances car il se sent lié à Finn par le double lien
de la vassalité et de la consanguinité. La nuit même qui
devrait être celle des noces de Finn avec Grainne, celle-
ci a recours à une *geis* pour contraindre Diarmaid à
l'enlever. Elle feint de croire qu'il ne sera pas assez
audacieux pour accomplir un tel exploit et lui lance
un défi sous la forme rituelle. Il enlève donc Grainne
avant la consommation de son mariage et les deux fugitifs, poursuivis par le vieux Finn, mènent dans la forêt une
vie âpre et dure, sans coucher deux fois de suite dans
le même lieu. Cependant Diarmaid ne s'unit pas charnellement à Grainne, car il ne veut pas attenter à l'hon-

1. *La légende arthurienne et le Graal*, 1952, pp. 66-78.

neur de Finn. Quand il dort avec Grainne sur un lit de feuillage, il place entre leurs deux corps une pierre qui est un symbole et un gage de chasteté. A chacune de ces haltes, il laisse avant de s'éloigner un morceau de venaison crue pour signifier à Finn que sa femme est demeurée intacte (la chair n'a pas été consommée). Il résiste aux reproches et aux sarcasmes de Grainne, jusqu'au jour où elle est éclaboussée à la cuisse par l'eau d'une flaque où elle a mis le pied; elle prononce alors une nouvelle formule rituelle de défi : « O Diarmaid, grande est ta valeur dans les combats et pourtant cette eau est plus hardic que toi ! » Cette seconde *geis* contraint Diarmaid à céder au désir de Grainne et à la posséder. Finn, sur l'intercession d'un personnage surnaturel, Oengus, pardonne aux amants. Mais quand Diarmaid est blessé à mort par un sanglier, Finn, qui possède des dons magiques de guérisseur, refuse de le sauver. Après avoir consacré un certain temps au deuil de son amant, Grainne achèvera ses jours en paix auprès de son mari [1].

Le conte de *Diarmaid et Grainne* nous a été conservé dans un texte du XIIe siècle, mais il est assuré que sa tradition remonte au VIIIe ou au IXe siècle. Ses similitudes avec le roman de *Tristan* sont évidentes et montrent que les deux récits ont entre eux des rapports étroits. On notera toutefois que certains traits caractéristiques des mœurs et coutumes celtiques ne subsistent plus dans le *Tristan* qu'à l'état de vestiges plus ou moins altérés ou déformés, parfois même à l'état de réminiscence dont le véritable sens n'était plus compris. Tristan, comme Diarmaid, est remarquable par sa force physique, sa souplesse, sa vaillance et son aptitude à réaliser des sauts prodigieux. Comme Diarmaid, Tristan possède la femme de son oncle avant même que celui-ci ait pu consommer le mariage. La vie des amants traqués dans la forêt est

---

1. Nous empruntons en partie ce résumé à Jean Frappier, *Etudes sur les romans de Tristan au XIIe siècle* dans *Cahiers de Littérature*, I, 1966, pp. 9-10.

identique, avec cette différence essentielle que Tristan
possède Iseult dès le début tandis que Diarmaid se refuse
à Grainne jusqu'à l'épisode de « l'eau hardie » qui met
fin à ses hésitations. Il n'en reste pas moins que l'épée
nue placée par Tristan entre les corps des deux amants
correspond exactement au symbole de la pierre magique
que Diarmaid place chaque nuit sur sa couche de feuillage entre son corps et celui de Grainne. Cet épisode
de la hutte de feuillage apparaît, dans le *Tristan*, comme
une simple survivance d'un thème qui avait perdu déjà
une grande partie de sa signification et de son prestige.
Tristan succombe à une blessure mortelle qui n'a pas
été soignée à temps, et c'est une nouvelle ressemblance
avec Diarmaid. Par contre, Iseult ne peut survivre à
Tristan tandis que Grainne finit par oublier son chagrin
et par vivre en paix auprès de son mari. La *geis* de « l'eau
hardie » ne subsiste dans le *Tristan* que comme une
anecdote où la formule de défi, prononcée par Iseult
aux blanches mains, a perdu son caractère magique et sa
vertu contraignante.

A la lumière de cette comparaison, la vie des amants de
Cornouailles dans la forêt du Morois apparaît comme
l'épisode central du *Tristan*, mais cet épisode est lui-
même commandé et dominé par celui du « boire herbé »
qui est l'invention vraiment originale du roman de *Tristan*. On est amené à penser que les créateurs de ce roman
vivaient dans un temps et dans un pays où le sortilège
de la *geis* avait cessé d'être en faveur et avait été remplacé, dans le domaine éternellement mouvant de la
magie amoureuse, par d'autres rites ésotériques. Il est vrai
que le « boire herbé » ne semble pas dû, à première vue,
à l'initiative de la femme, tandis que la *geis* était dans les
aitheda un procédé voulu et employé par la femme seule.
Il s'agit de savoir si un examen attentif des versions les
plus anciennes du *Tristan* ne permet pas de réduire nota-
blement cette opposition et de découvrir qu'Iseult a
été, comme Grainne, la meneuse du jeu.

NATURE EXACTE DU « BOIRE HERBÉ » (LOVENDRIN) ET DURÉE LIMITÉE DE SON ACTION

Quand la reine d'Irlande voit approcher le moment où sa fille va s'embarquer pour la Cornouailles afin d'y devenir la femme du roi Marc, la tendresse maternelle lui inspire l'idée de brasser dans du vin, par art de magie, des racines, des herbes et des fleurs dont elle sait les vertus aphrodisiaques et de composer ainsi un « breuvage d'amour » qui assurera le bonheur conjugal de sa fille. Il suffira que les deux époux partagent ce *vin herbé* et en boivent ensemble, dans la nuit de leurs noces, pour que naisse entre eux un amour plus absolu, plus ardent, plus constant que la nature, réduite à ses seules forces, n'en a jamais produit. L'effet sera immédiat : les époux n'auront pas plus tôt bu ensemble le boire d'amour qu'un désir puissant, irrésistible, s'emparera de leur être et les poussera l'un vers l'autre sans que leurs volontés propres puissent aucunement intervenir. Peu importe qu'avant d'avoir partagé ce breuvage ils aient ou non éprouvé de l'inclination l'un pour l'autre : l'action du *boire* ne requiert aucun préalable sentimental ou physiologique, elle est automatique, immédiate, hors de la portée de l'action des hommes. Cette force mystérieuse est extérieure à l'homme et à la femme qui la subissent sans avoir la faculté de la maîtriser ou de la modérer.

C'est assez dire combien *ce vin herbé* diffère d'un simple aphrodisiaque : autant que la plus haute magie l'emporte sur une vulgaire pharmacie. La comparaison serait moins boiteuse avec les philtres de l'Antiquité grecque (*philtron*) et latine (*philtrum*), dont le nom est de la racine du verbe grec *philein*, « aimer ». Ovide, dans son *Art d'aimer*, déconseille de faire boire des philtres aux

jeunes filles qu'on veut rendre amoureuses parce que ces
drogues excessives égaraient, selon lui, leur raison en
même temps qu'elles altéraient la fraîcheur de leur teint
et les jetaient dans des accès de fureur érotique[1].

> *Non data profuerint pallentia philtra puellis :*
> *Philtra nocent animis vimque furoris habent.*

Ce n'est donc pas sans quelque abus que les érudits
modernes — et moi-même à leur suite — appliquent au
vin herbé le nom savant de *philtre* qui n'est entré dans
la langue française qu'à la fin du XIVe siècle et que n'ont
connu ni Béroul ni Thomas, ni l'auteur du plus ancien
roman en prose. Une différence essentielle subsiste entre
les philtres de l'Antiquité et le *vin herbé* : le philtre n'était
administré qu'à la jeune femme qu'il s'agissait de séduire
et le séducteur, soucieux de rester maître de lui-même,
se gardait bien d'en boire, tandis que le *vin herbé* ne pro-
duisait son effet que si l'homme et la femme le parta-
geaient entre eux et le buvaient ensemble, dans une seule
et même coupe. Tel était le *lovendrin*, le *lovendrant*
(boisson d'amour) dont les jongleurs bretons ou anglo-
normands ont apporté de Grande-Bretagne et répandu
en France le nom prestigieux, que Béroul emploie encore.

Tant que durait l'action du *vin herbé*, l'homme et la
femme ressentaient un besoin si impérieux de s'unir charnellement qu'ils ne pouvaient rester séparés plus d'un
jour sans risquer de tomber malades, ni plus d'une semaine sans risquer d'en mourir. Ainsi l'avait voulu la
reine d'Irlande selon Eilhart d'Oberg, pour qui l'action
du *vin herbé* avait été fixée par la magicienne à une
durée de quatre ans. Béroul diffère d'Eilhart sur ce point
et assure que la durée de l'action du *boire* était de trois
ans seulement. Nous lui avons donné la préférence en
cela, car le nombre trois avait — on l'a déjà vu — un
caractère sacré aux yeux des Celtes.

1. *Ars amatoria*, II, vv. 106-107.

> *Seignors, du vin de qoi il burent*   2133
> *Avez oï, por qoi il furent*
> *En si grant paine lonctens mis.*
> *Mais ne savez, ce m'est avis,*
> *A conbien fu determinez*
> *Li lovendrins, li vin herbez :*
> *La mere Yseult qui le bolli*
> *A trois anz d'amistié le fist.*   2140
> *Por Marc le fist et por sa fille :*
> *Autre en pruva, qui s'en essille.*
> *Tant con durerent li troi an,*
> *Out li vins si soupris Tristan*
> *Et la roïne ensemble o lui*
> *Que chascun disoit : « Las n'en suis ! »*

Joseph Bédier a eu le tort de ne pas croire sur parole Eilhart et Béroul quant à la limitation dans le temps de l'action du *vin herbé*. Sous l'influence de conceptions romantiques ou wagnériennes, Bédier était persuadé que le philtre, pour avoir tout son sens, devait exercer son pouvoir sans fin, dans la vie et dans la mort. Quelque noble et grandiose que soit ce mythe, il ne résiste pas à un examen critique de l'ensemble des textes anciens, comme l'ont montré de nos jours plusieurs éminents spécialistes[1]. Il est constant que, durant les trois premières années, Tristan et Iseult ne pouvaient demeurer plus d'une semaine sans s'unir charnellement : tout l'intérêt du récit réside dans la variété sans cesse renouvelée des ruses qu'ils inventent pour se rejoindre. Au contraire, après la fin de l'action du philtre, c'est-à-dire après l'épisode de la hutte de feuillage et la deuxième visite à l'ermite Ogrin, il leur devient possible de se séparer et de vivre des mois entiers sans se rencontrer, bien qu'ils

---

1. Maurice Delbouille, *Le premier roman de Tristan* dans *Cahiers de Civilisation Médiévale*, V, 1962, pp. 273-286 et 419-435. Eugène Vinaver, *La forêt de Morois*, même revue, XI, 1968, pp. 1-13.

en souffrent cruellement. Certes, ils continuent à s'aimer de toutes leurs forces, mais cet amour n'est plus alors un effet direct du philtre, il est le fruit et la conséquence des joies et des souffrances de trois ans de vie commune. Le couple formé sous l'action du philtre survit à l'action du philtre lui-même mais cet amour, bien que d'une qualité exceptionnelle, est désormais à la mesure humaine, pareil à l'amour des hommes et des femmes de tous les pays et de tous les temps. La reine d'Irlande avait calculé que sa fille et le roi Marc, après s'être aimés trois ans par la vertu souveraine du *vin herbé*, continueraient à s'aimer tout bonnement, tout naturellement, par la seule force de l'habitude devenue une seconde nature. L'essentiel pour la reine était d'éviter aux époux, dans les premiers temps de leur mariage, l'incompréhension mutuelle, les malentendus, les incompatibilités d'humeur. Après trois ans d'étroite union, la reine savait bien que la vie conjugale continuerait d'elle-même, par la seule force de la vitesse acquise. Elle avait compté, hélas ! sans la fameuse « méprise » de Brangien !

Selon Béroul, les trois ans étaient presque achevés, à deux ou trois jours près, quand le roi Marc surprit la reine et Tristan endormis l'un près de l'autre sous la loge de feuillage. L'action du *vin herbé* commençait alors à décliner et ce déclin se marquait par l'atténuation de l'un des effets les plus notables du philtre : l'insensiblité des amants aux souffrances de toute sorte et à la douleur. Tant que le philtre avait eu son plein effet, les deux fugitifs avaient supporté sans peine, et comme sans y prendre garde, les épreuves et les privations de la vie dans la forêt, absolument comme Tristan ne sentait pas sa blessure rouverte quand il étreignait Iseult dans le lit du roi Marc. Tout change à la fin du délai de trois ans. Tristan rentre de chasse épuisé et fourbu. Iseult est accablée par la chaleur. Les amants n'aspirent plus qu'au repos : ils sont redevenus sensibles à la souffrance et se laissent par elle détourner du plaisir. Pour la première fois depuis deux ans qu'ils vivent dans la forêt,

Tristan marque sa volonté de demeurer chaste ce jour-là en plaçant son épée nue entre son corps et celui d'Iseult. La tendresse subsiste puisque Tristan a passé sa main gauche sous la tête de sa belle amie et a posé son autre main sur son cou et ses longs cheveux. Mais Tristan manifeste par le rite magique de l'épée nue sa résolution de ne pas posséder ce jour-là la femme de son oncle. C'est ce que Marc comprendra, en homme bien informé des gestes et des symboles ésotériques. De là sa clémence et les dons précieux, gages du pardon et de la confiance rendue, que les amants découvriront à leur réveil.

Stupéfaits et n'osant en croire leurs yeux, mais suspectant une embûche, ils prennent le parti de fuir vers les confins du pays de Galles. C'est là que Tristan, tandis qu'il poursuit une biche, a, selon Béroul, la brusque intuition que l'heure a sonné à l'horloge du destin : elle marque l'achèvement de la période de trois ans et la fin de l'action du *vin herbé*. Sur-le-champ, il regrette d'avoir offensé son oncle en lui enlevant sa femme légitime; il se repent d'avoir fait mener à celle-ci une vie si misérable et, avec une sincérité touchante, il prie Dieu de lui accorder la grâce de pouvoir rendre Iseult à son mari :

> *L'endemain de la saint Jehan*   2147
> *Aconpli furent li troi an*
> *Que cil vin fu determinez...*
> *A un cerf traist, qu'il out visé,*   2153
> *Par les flans l'a outrebersé.*
> *Fuit s'en li cerf, Tristan l'aqeut...*
> *La ou il cort après la beste,*
> *L'ore revient — et il s'areste —*
> *Qu'il ot beü le lovendrant.*
> *A lui seus senpres se repent :*   2160
> *« Ha ! Dex », fait il, « tant ai traval !*
> *Trois anz a hui, que rien n'i fal :*
> *Onques ne me failli pus paine*

Dex ! tant m'amast mes oncles chiers,   2170
Se tant ne fuse a lui mesfez !

....

Et poise moi de la roïne   2179
Qui je doins loge por cortine !
En bois est, et si peüst estre,
En beles chanbres, o son estre,
Portendues de dras de soie.
Por moi a prise male voie.   2184
A Deu, qui est sire du mont,
Cri ge merci, que il me donst
Itel corage que je lais
A mon oncle sa feme en pais.

....

Tristan s'apuie sor son arc,   2195
Sovent regrete le roi Marc,
Son oncle, qui a fait tel tort,
Sa feme mise a tel descort.

Cette longue citation était nécessaire, car elle marque avec force un tournant décisif de l'action, puisque Tristan éprouve pour la première fois des sentiments qui lui étaient inconnus depuis qu'il avait bu le *vin herbé* : les regrets, le repentir et l'humiliation devant Dieu. Rien ne montre plus clairement que l'effet du philtre a cessé d'un seul coup, à l'heure et à la minute précises, aussi brusquement qu'il avait commencé. Pour ma part, j'ai cru devoir souligner, dans ma reconstitution du roman, que cette soudaine reprise de conscience de Tristan avait été provoquée par le spectacle des feux de la Saint-Jean qu'il voyait s'allumer sur les collines du pays de Galles; trois ans auparavant, jour pour jour, heure pour heure, il avait bu le philtre avec Iseult sur la nef irlandaise, alors que les marins célébraient dans

l'île la fête du solstice d'été. Cette scène de l'évanouis-
sement du sortilège est le point culminant, la ligne de
partage des eaux de tout le roman. Désormais Tristan
ne subit plus la contrainte extérieure du philtre; il retrouve le libre exercice de sa volonté et aspire à réparer ses torts envers son oncle, mais il n'en aime pas
moins Iseult, devenue, pour employer une image bibli-
que, « la chair de sa chair ». Avec son libre arbitre, il
retrouve les scrupules, les doutes, les hésitations, les
déchirements, toute la gamme des souffrances humaines.
La série des cruels départs et des retours toujours décevants va commencer; le drame va devenir de plus en plus
sombre jusqu'à la mort des amants.

Comme l'a dit en termes excellents M. Maurice Delbouille[1], « l'action revient au niveau de la vie en rame-
nant les héros à la conscience de leurs actes et de
leurs sentiments, en substituant au sublime d'une passion merveilleuse les limites et la vérité d'un amour
moins parfait mais plus réel, en faisant place aux heurts
et aux déchirements d'une aventure vraiment humaine
qui oppose dorénavant des êtres redevenus sensibles, réduits à leur imperfection naturelle et condamnés à souffrir jusqu'à la mort, laquelle peut seule mettre un terme
à leur détresse. »

De son côté, Joseph Bédier a tracé un raccourci saisissant de tout le second versant du roman, celui qui
conduit à la tragique conclusion : « D'un effort obs-
tiné, sans cesse repris, sous des déguisements vils, au risque d'être bâtonné par les valets ou tué comme un larron, Tristan lépreux, Tristan pèlerin, Tristan fou, chassé,
revenant encore, reviendra vers la reine, doutant d'elle qui
doute de lui. Et chacun de ces retours, dont la répéti-
tion est voulue et puissante, ne fait qu'accroître les tortu-
res des misérables. Alors toute misère bue, il ne leur reste
plus qu'une épreuve, ou qu'un refuge, et c'est la mort[2] ».

1. *Le premier roman de Tristan*, p. 430.
2. *Le roman de Tristan par Thomas*, II, p. 177.

LA JALOUSIE, TORTURE SUPRÊME DES AMANTS

La pire souffrance des amants, en cette seconde phase
de l'action, est le supplice de la jalousie. Le philtre
n'avait pas rendu les amants insensibles aux seules souffrances physiques, telles que le froid, la faim, la mala-
die, les blessures; il les rendait inaccessibles aux souffrances morales et notamment à la jalousie. Pas une seule
fois Tristan ni Iseult ne souffrent de ce mal, si commun parmi les amants, durant les trois ans où ils demeurent sous le coup du sortilège. Et pourtant Iseult, dès la
nuit de noces et par la suite, se montre à l'égard de
Marc une épouse tendre, enjouée, ardente au plaisir;
le roi se déclare enchanté d'elle et lui rend caresses
pour caresses. Tristan le sait; Tristan n'en est pas jaloux.
Tant que dure l'action du philtre, il n'a pas même l'idée
de s'en offusquer. Que dis-je ? Il se réjouirait plutôt de la
rouerie d'Iseult qui écarte ainsi les soupçons de Marc.
Au reste, de quel droit Tristan aurait-il pu reprocher à
Iseult sa bonne entente avec son époux ? N'était-ce pas
lui qui l'avait conquise et demandée en mariage pour le
compte de Marc ? Donnée par son père au roi de Cornouailles, remise entre les mains et au pouvoir de ce roi
par Tristan lui-même, que pouvait-elle faire d'autre, dans
l'état de passivité et de subordination où se trouvaient les
femmes de l'époque, que d'accepter le mari qui lui avait
été imposé et de vivre avec lui aussi agréablement que
possible ? En se partageant entre Marc et Tristan, Iseult
n'était infidèle qu'au mari : elle ne trahissait pas l'amant
et celui-ci n'avait pas à être jaloux.

Gardons-nous bien d'attribuer à Tristan les conceptions anachroniques de Chrétien de Troyes qui, dans une
page fameuse de son *Cligès*, flétrit Iseult comme impudique et la ravale au rang d'une « vilaine » parce qu'elle

a constamment partagé son corps entre deux hommes :

> Je ne me porroie acorder   3150
> A la vie qu'Iseuz mena.
> Amors an li trop vilena,
> Car ses cors fu a deus rantiers
> Et ses cuers fu a l'un* antiers.
> Einsi tote sa vie usa   3155
> Qu'onques les deus ne refusa.
> Ceste amors ne fu pas resnable...

Chrétien aurait voulu qu'Iseult réservât son corps à l'homme qu'elle aimait de cœur, c'est-à-dire à Tristan, et en refusât la jouissance à son mari. C'est là une pure vue de l'esprit, une chimère, car l'eût-elle voulu, Iseult n'aurait pu se refuser au mari et se réserver à l'amant sans se mettre en conflit ouvert avec les interdits de son milieu social, ce qui lui aurait fait encourir à la fois l'opprobre et la mort. La règle qu'énonce Chrétien de Troyes dans sa célèbre maxime : « Que celui-là ait le corps qui a le cœur » est une théorie morale, sans doute légitime en soi, mais dont l'application pratique était impossible dans le cas particulier d'Iseult la blonde.

Il se trouve pourtant que la distinction de Chrétien entre le cœur et le corps permet d'expliquer pourquoi Tristan n'a pas même songé, tant qu'a duré l'action du philtre, à reprocher à Iseult le partage de son corps entre lui-même et le roi Marc. Dans le contexte social du temps, une seule chose lui importait : c'était de posséder, lui seul, le cœur de son amie. Or il en avait la certitude par le fait même qu'il avait pleinement conscience d'être lié étroitement et exclusivement à Iseult par la force invincible du sortilège, tandis qu'elle-même lui était unie par cette même force, supérieure à leurs deux volontés. Après cela, peu importait à Tristan que, par la loi du mariage féodal, Iseult fût contrainte de partager son corps entre Marc et lui-même dès lors que Tristan demeurait le seul maître du cœur. Ainsi, durant toute la période de trois ans, où les amants furent dominés et comme domptés par la puissance supranaturelle du *vin herbé*, l'un comme l'autre furent inaccessibles au doute et, par conséquent, à la jalousie. Le problème de la fidélité de l'autre ne se posait même pas pour eux, puisqu'ils avaient le sentiment intime d'être liés par un attrait permanent et irrésistible.

Pourquoi donc Tristan se met-il à douter d'Iseult la blonde et devient-il terriblement jaloux dès que la force du sortilège s'est évanouie ? C'est que le doute sous toutes ses formes est entré dans son âme dès que l'heure a sonné qui marquait l'achèvement de la période des trois ans. Il commence alors à douter de tout, et d'abord de son droit à garder Iseult près de lui et à continuer de vivre avec elle. Pour la première fois depuis qu'il avait bu le philtre, il se sent coupable de trahison à l'égard de son oncle; des remords l'assiègent qui vont l'amener bientôt à rendre Iseult à son mari. Mais comme il continue de l'aimer, il ne s'est pas plus tôt éloigné d'elle qu'un autre doute le saisit : ne va-t-elle pas l'oublier ? Ne va-t-elle pas insensiblement lui reprendre son cœur ? Tristan, exilé en Petite Bretagne, est obsédé par une image qui le torture : celle de la blonde Iseult heureuse et comblée entre les bras du roi Marc. Cette image le fait d'autant plus souffrir qu'elle contraste avec la vie solitaire qu'il mène en pays étranger, occupé sans cesse aux travaux de la guerre et privé des joies de l'amour. Il se prend alors à imaginer qu'Iseult, parmi le luxe et les plaisirs, en est venue peu à peu à oublier son ami. Pourquoi, dès lors, se targuer d'une vaine fidélité et s'imposer des sacrifices auxquels, de son côté, la bien-aimée se refuse ? La rencontre fortuite d'Iseult aux blanches mains, qui lui rappelle Iseult la blonde par le nom et par la ressemblance, inspire à Tristan l'idée d'un mariage qui le ferait bénéficier du même bonheur, simple et tranquille, qu'il attribue dans ses rêves à la dame de Tintagel. Qu'importe qu'il n'aime pas vraiment de cœur la fille du duc Hoël ? Tristan sait bien qu'Iseult la blonde n'aime pas vraiment de cœur le roi Marc. Il s'agit pour lui simplement, selon l'expression de Thomas « d'éprouver ce qu'est le plaisir sans l'amour ». Du même coup, il se vengera de la bien-aimée en se comportant à son exemple et lui donnera, en quelque sorte, une leçon de fidélité en épousant Iseult aux blanches mains. C'est là une subtile manœuvre de la jalousie pour punir l'infidèle supposée et la ramener à son unique amour.

On sait la piteuse issue de cette expérience de Tristan : la seule vue et le tintement sur les dalles de l'anneau de jaspe vert suffisent à faire surgir devant lui, à l'heure de l'hyménée, la radieuse figure d'Iseult la blonde. C'en est fait : Tristan est repris tout entier et le malencontreux mariage ne sera jamais consommé. Au lieu du plaisir escompté, le nouveau marié, frappé d'une sorte d'inhibition, est incapable de remplir son office. L'épouse délaissée, après des semaines d'attente silencieuse, se résoudra à alerter son frère Kaherdin par la plaisante apostrophe à « l'eau hardie ». Peine perdue : les reproches indignés de Kaherdin ne changeront rien à l'attitude de Tristan. Il n'en résultera qu'un premier « retour » en Cornouailles avec Kaherdin comme compagnon et comme témoin du charme incomparable de « l'unique bien-aimée ». Emerveillé, Kaherdin concédera que l'amant d'une si rare beauté ne peut trouver sa joie auprès de nulle autre femme. Il sera dès lors le plus fidèle et le plus dévoué compagnon de celui qui ne sera jamais son beau-frère que de nom.

Tristan se trompait quand il imaginait qu'Iseult la blonde l'avait oublié et qu'elle ne l'aimait plus comme autrefois : en vérité, elle ne pensait qu'à lui. Qu'on relise à cet égard l'épisode si poignant de l'orfraie et du chathuant : Iseult, ayant auprès d'elle le chien Husdent qui lui rappelle son ami, chante en s'accompagnant sur la harpe un lai mélancolique composé naguère par Tristan. Avec un hautain mépris, elle repousse les galanteries de Kariado. Sa fidélité est sans faille, mais elle souffre, elle aussi, de la jalousie, surtout quand Kariado lui

révèle perfidement la nouvelle du mariage de Tristan
avec la fille du duc de Bretagne. Une seule fois, Iseult
la blonde doutera de Tristan, le jour où elle le fera
chasser et rudoyer par ses valets parce qu'elle croit faus-
sement, par suite d'un malentendu, que son ami, conjuré
par le nom d'Iseult la blonde, a refusé de répondre à
celui qui lui adressait cette adjuration. L'erreur reconnue, Iseult voudra expier sa faute en portant un cilice
contre sa chair, appliquant ainsi à l'amour humain les
pratiques les plus austères de l'amour divin.

Viendra l'heure fatale où l'épouse délaissée, rongée elle
aussi par la jalousie, se vengera par un cruel mensonge :
« La voile est noire ! » Alors Tristan perd la foi en
Iseult la blonde : si elle a refusé d'accompagner Kaherdin au chevet de l'ami blessé, c'est donc qu'elle l'a
oublié et qu'elle en aime un autre. La vie ne vaut plus
d'être « retenue ». Tristan meurt désespéré. Iseult la blonde,
arrivée trop tard auprès de lui, expire à son tour sur le
corps du bien-aimé.

Doutant l'un de l'autre depuis qu'ils ne sont plus em-
portés par l'ivresse du philtre et doutant finalement d'eux-
mêmes, les deux parfaits amants, épuisés à la longue
par la fièvre de la jalousie, ne retrouvent enfin la séré-
nité et l'apaisement qu'en se réfugiant ensemble dans la
mort.

LA PRÉTENDUE « MÉPRISE » DE BRANGIEN

De toute évidence, le point sur lequel ma reconstitution s'écarte le plus de celle de Bédier est celui de
la prétendue « méprise » de Brangien lorsqu'elle verse
à Tristan et à Iseult, que la grande chaleur avait altérés,
le *vin herbé* destiné à la nuit de noces du roi Marc. Tous
les textes anciens qui nous sont parvenus, à l'exception
d'un seul passage dans un seul de ces textes, présentent

cette fatale erreur comme le résultat d'une pure inad-
vertance, d'une simple étourderie de la servante d'Iseult.

On sait que la reine d'Irlande avait confié à la garde
de Brangien le *boire d'amour*, contenu dans un flacon ou
coutret. Elle avait recommandé à la jeune fille de n'en
souffler mot à quiconque et de le dissimuler à tous les
regards jusqu'à l'heure où Brangien en personne, après
l'entrée des nouveaux époux dans le lit nuptial, verserait
la liqueur magique dans une coupe que Marc et Iseult
videraient à tour de rôle. La mère d'Iseult n'avait pas
laissé ignorer à Brangien le motif qui l'avait portée à
user de ce sortilège : il s'agissait de surmonter par la
magie la répugnance non dissimulée qu'éprouvait sa fille
à épouser le roi Marc, car elle estimait que Tristan,
l'ayant conquise par sa victoire sur le dragon, aurait
dû l'épouser lui-même et qu'elle souffrait de se sentir
par lui dédaignée et livrée à un autre homme.

Brangien était une captive, achetée toute petite à
des pirates norvégiens; comme elle était du même âge
qu'Iseult, elle avait été élevée avec elle à la cour d'Irlande. Elle était vive d'esprit, avisée, ingénieuse et rusée :
ainsi apparaît-elle dans tous les épisodes du roman. Elle
avait accompagné la reine d'Irlande et la jeune Iseult le
jour où elles avaient retrouvé, parmi les hautes herbes du
marécage, le corps inanimé du vainqueur du dragon et
l'avaient transporté, avec l'aide du valet Périnis, dans la
chambre de la reine. Elle avait été témoin des soins em-
pressés qu'Iseult la blonde avait prodigués au blessé; elle
savait mieux que personne que si sa jeune maîtresse, ayant
reconnu en l'étranger le meurtrier de son oncle, avait
finalement renoncé à se venger de lui, c'est que le désir
passionné de la vengeance avait cédé la place en elle
à un autre sentiment, plus puissant encore, et qui allait
bien au-delà de la simple admiration ou de la gratitude.
Brangien avait ensuite assisté à la confusion du sénéchal
couard et elle avait vu Iseult la blonde obtenir de son père
le pardon du meurtrier du Morholt. Bien plus, sur la
nef irlandaise où elle tenait compagnie à Iseult, elle avait

entendu les lamentations de sa maîtresse lorsqu'elle s'affligeait de quitter son pays natal pour une terre étrangère et s'irritait sourdement d'être livrée par Tristan à un roi inconnu. C'était plus qu'il n'en fallait pour que Brangien prît une pleine conscience du sentiment secret — et peut-être encore inconscient — qui portait dès lors la jeune Iseult vers Tristan. C'en était assez pour qu'elle mesurât à quel point la reine d'Irlande avait été bien inspirée de préparer le philtre, destiné à apaiser le douloureux ressentiment et l'affliction de son enfant. Dès lors, tout ce que nous savons par les anciens textes sur le caractère de Brangien doit nous faire admettre qu'elle a veillé avec un soin jaloux sur le précieux dépôt que la reine d'Irlande lui avait confié et d'où dépendait le bonheur conjugal de la princesse.

Dans ces conditions, comment croire que Brangien se soit montrée assez étourdie et assez inconsciente pour avoir versé le contenu du mystérieux *coutret* à Tristan et à Iseult, accablés par la chaleur, qui lui demandaient un rafraîchissement ? La chose est tellement invraisemblable et tellement incompatible avec le caractère de Brangien qu'on est fondé à rejeter cette explication comme absurde. Elle a d'ailleurs causé un visible embarras à tous les conteurs, des plus anciens aux plus récents, du XIIᵉ au XVIᵉ siècle. Nulle part cette perplexité n'est aussi apparente que dans le *Nouveau Tristan* de Jean Maugin, publié en 1554, où Brangien favorise et encourage l'amour naissant d'Iseult pour Tristan. Dans la scène du philtre, l'auteur suggère une manœuvre pleinement consciente de la servante : « Altéré Tristan de l'air salé, de la chaleur du soleil, et de la douleur récente des traits sortant des yeux de la déesse, qui lui avaient transpercé cœur et âme, demanda du vin, que Governail alla querir en diligence. *Ou fust par mégarde, ou de penser arresté*, ou pressée Brangienne de la parole hâtive de Governail, poussé de l'impatience de son seigneur, semblable à aucuns de jourd'hui qui n'ont loisir de demander blanc ou clairet, au lieu du flacon ordinaire, elle lui bailla le vase où estoit la mixtion incitative à l'amour [1] ».

Jean Maugin, il est vrai, admet, comme Gottfried de Strasbourg qui suivait en cela Thomas, que Tristan s'était épris d'Iseult sur le navire avant même de boire le philtre, tandis que la plupart des conteurs présentent Tristan avant le philtre comme scrupuleusement fidèle à son rôle de messager du roi Marc, escortant la jeune épouse avec toute la réserve et le respect que lui imposait cette mission. Telle était sans nul doute l'attitude de Tristan à l'égard d'Iseult dans le conte primitif : il n'était pas, et il ne pouvait pas être insensible à la beauté de la jeune fille qu'il avait conquise pour son oncle et le soin qu'il avait pris d'entrelacer dans le tissu de son bliaut l'un des cheveux d'or de la belle ne laisse aucun doute à cet égard. Il n'empêche que l'épisode du philtre perdrait beaucoup de sa force et de sa beauté si l'on admettait, comme Thomas, Gottfried et Jean Maugin, que Tristan était tombé amoureux d'Iseult et l'avait laissé paraître à leur entourage avant même d'avoir bu le philtre. Le *vin herbé* n'a de sens que s'il courbe soudain sous le joug de l'amour un homme qui en avait été parfaitement indemne jusque-là. C'est précisément l'apparente indifférence de Tristan, résolument fidèle à son devoir envers le roi Marc, qui explique l'initiative de Brangien, n'hésitant pas à détourner le philtre de l'usage que lui avait assigné la reine d'Irlande et le faisant boire à Tristan lui-même pour l'attacher de vive force à Iseult.

Nous dirons plus loin pourquoi tous les conteurs, à l'exception d'un seul, ont renoncé à la donnée primitive de la désobéissance consciente de Brangien aux ordres de la reine d'Irlande et pourquoi ils ont adopté la version invraisemblable de la pure « méprise ». Bornons-nous, pour l'instant, à constater le désarroi où les a jetés cette altération du récit primitif. Les uns font ver-

---

1. Je dois la connaissance de ce passage à Mme Laurence Harf, agrégée des lettres, que je tiens à remercier ici.

ser le *vin herbé* par Brangien elle-même qui n'aurait pas
reconnu le *coutret* confié à sa garde et aurait cru tenir
en main une quelconque bouteille de vin; d'autres, sen-
tant l'invraisemblance de cette confusion, ont préféré
dire que le *coutret* se trouvait rangé, par suite d'une
négligence de Brangien, parmi d'autres flacons dont
rien, apparemment, ne le distinguait, ce qui aurait amené
un jeune valet ou une petite servante dont on ne dit pas
le nom à verser, sans se douter de rien, le contenu du
coutret à Tristan et à Iseult. Montrons brièvement que
le second arrangement n'est pas moins invraisemblable
que le premier.

Nous ne possédons plus le passage de Béroul qui contait
la mésaventure du *vin herbé*, mais il semble que nous en
retrouvions la substance dans *La Folie Tristan* de Berne,
où l'incident est narré par Tristan en ces termes :

> Granz fu li chauz s'aümes soi.   430
> Brangien, qui ci est devant toi,
> Corut en haste au trosseroil.
> Ele meprist estre son voil :
> Do bruvagë empli la cope,
> Moūt par fu clercs, n'i parut sope.
> Tandi lo moi et je lo pris...

« La chaleur était grande et nous eûmes soif. Brangien,
qui est là devant toi, courut en hâte là où se trouvait son
bagage. Elle commit involontairement une méprise : elle
emplit une coupe du breuvage qui était fort clair et ne
contenait aucun ingrédient en suspension. Elle me tendit la coupe et je la pris... » Le mot significatif dans ces
sept vers est *trosseroil,* mot de la famille du verbe *torser,*
trosser, qui signifie l'action de rouler sur eux-mêmes des
vêtements ou du linge afin d'en constituer un bagage
pour le voyage sous la forme d'une trousse, protégée par
une enveloppe de cuir et maintenue par plusieurs courroies. Les trousses de ce genre ont été d'un usage courant dans la cavalerie jusqu'à la guerre de 1914; les cava-

liers les plaçaient derrière eux sur les reins de leur monture et fixaient solidement les courroies à des anneaux ménagés dans la partie arrière de la selle appelée *trous-sequin*. Quand on était poursuivi par l'ennemi, on disait qu'on l'avait « à ses trousses ». Quand on était attaqué au coin d'un bois par un voleur de grand chemin qui coupait les courroies et faisait main basse sur les trousses, on disait qu'on avait été « détroussé ». Le *trosseroil* n'est pas un récipient pour mettre du vin ni un tonneau, comme Godeffroy l'a prétendu par une erreur comique dans son *Dictionnaire de l'ancien français*; c'est un bagage, une trousse propre à être transportée à dos de cheval ou de mulet, derrière le cavalier. Le bagage dont veut parler Tristan doit être celui de Brangien et non celui d'Iseult, car la future reine de Cornouailles devait emporter pour ses noces un riche trousseau, nécessairement réparti entre plusieurs trousses. Au reste *trosseroil* a bien l'allure d'un diminutif et désigne plutôt le modeste bagage de la servante. C'est dans ce petit bagage qu'elle avait placé, parmi ses hardes, le *coutret* que la reine d'Irlande avait confié à sa garde et que personne ne devait voir.

On saisit immédiatement à quoi tendent les explications philologiques que nous venons de fournir. Puisque Brangien a été prendre le *coutret* dans son *trosseroil* et qu'elle l'a tiré du milieu de ses robes et de son linge, il devient impossible de soutenir qu'elle l'en a tiré par inattention ou par mégarde. Ce ne peut être que volontairement et à bon escient qu'elle a fait boire le philtre à Iseult et à Tristan. Quand l'effet du *boire herbé* apparaîtra à tous les yeux, Brangien l'avisée, Brangien l'astucieuse, Brangien la rusée ira, répétant avec de grands soupirs qu'elle n'avait pas voulu cela et qu'elle a été victime d'une « méprise ». Il faudrait être bien naïf pour la croire sur parole et, pour notre part, nous nous y refusons.

Le roman en prose du XIIIe siècle a curieusement associé le sage écuyer de Tristan, Gorvenal, à la pré-

tendue étourderie de Brangien. Celle-ci avait, nous
dit-on, placé le vase d'argent qui contenait le philtre
parmi des vases de même métal, dont il y avait sur le
navire une grande abondance[1]. L'auteur de cet arrangement a peut-être cru rendre son récit moins incroya-
ble en mettant l'erreur en partie sur le compte de Gorvenal qui, n'étant au courant de rien, n'avait aucune
raison de prendre l'un des récipients plutôt qu'un autre.
Mais cette version du récit n'est pas moins absurde que
la précédente, car on ne saurait admettre que Brangien
ait déposé le précieux *coutret* dans un meuble banal
auquel tous les serviteurs de la reine avaient accès et
parmi de nombreux autres vases dont rien ne le distinguait. Si Brangien s'était comportée de la sorte, l'acci-
dent eût été inévitable et le philtre aurait été bu, tôt
ou tard, au cours de la traversée, par des gens à qui
il n'était pas destiné. Encore une fois, il est impossible
d'admettre que Brangien, si pleine de bon sens, ait
agi d'une façon aussi déraisonnable et se soit montrée
à ce point indigne de la confiance de la reine.

Pour les mêmes raisons exactement, il y a lieu de
rejeter l'arrangement adopté par Eilhart d'Oberg et Gottfried de Strasbourg selon qui c'est une jeune servante
anonyme (*juncfrauwelïn*) qui a pris le *coutret* et en a
versé le contenu à Tristan et à Iseult. Même remarque
pour la variante que la *Saga* norvégienne a préférée en
remplaçant, en son chapitre LXXX, la petite servante

---

1. Bédier, *Le roman de Tristan par Thomas*, II, p. 341,
Les parties anciennes du Roman en prose : tel « Tristan oult
soif, si demanda du vin. Gouvernal et Brangien y vont
pour apporter, si trouverent le boire amoureux entre les autres
vaisseaulx d'argent dont il y avoit planté; si en furent
decheüs, car ilz ne s'en pristrent garde. Brangien prent la
couppe d'or et Gouvernal verse en la couppe du boire qui
cler estoit comment vin : et vin estoit ce voirement, mais
il y avoit avec autres choses meslees. Tristan but toute
plaine la couppe, et puis commande que on le doint a Yseult,
et on lui donne. Et Yseult boit. Ha ! Dieu ! quel boire !
Or sont entrez en la rote qui jamais ne leur fauldra jour
de leurs vies, car ilz ont beü leur destruction et leur mort. »

par un valét, comme Thomas devait déjà le faire, si
l'on en juge par *La Folie Tristan* d'Oxford :

> *J'oi sai; a baivre demandai.*   647
> *Ben savez si vairs vus dit ai.*
> *Un valet ki a mes pez sist*
> *Levat e le costerel prist;*
> *En un hanap d'argent versat*
> *Le baivre ke il denz truvat,*
> *Puis m'assist le hanap al poing*
> *E je en bui a cel bosuing.*
> *La maité ofri à Ysolt*
> *Ki sai aveit e baivre volt.*

Le ménestrel Jean Renart, de Dammartin-en-Goële,
aux environs de l'an 1200, a été beaucoup plus sage
quand il s'en est tenu, dans son *Roman de l'Escoufle*, à
la version, certainement plus ancienne, d'après laquelle
c'est Brangien elle-même qui a fait boire la médecine
à Tristan, d'où vinrent tous les malheurs de celui-ci :

> *Mout ot il ore plus d'ahans,*   6356
> *Ains qu'il fu mors, pour la roïne,*
> *Car ce fu por la medecine*
> *Que Brangiens li dona a boire.*

Toutefois le poète anglais du *Sir Tristrem* semble encore
plus conforme à la version primitive que les deux *Folie
Tristan* et que Jean Renart quand il fait verser le philtre par Brangien d'abord à Iseult, qui passe ensuite la
coupe à Tristan : « Bringvain fut distraite; elle prit le
breuvage d'amour et l'offrit à l'aimable Isolt. »

Ernest Muret [1] a remarqué à ce propos que la *Saga*
norvégienne, en son chapitre LXXX, confirme la version du *Sir Tristrem* sur ce point important. Brangien
a tendu d'abord la coupe à Iseult et Tristan n'a bu le

---

1. *Romania*, XVI, p. 23.

philtre qu'en second lieu. De fait, dans l'épisode de la
« salle aux images », la *Saga* décrit l'image de la servante, d'une stature plus petite que celle de la reine :
« Bringvain tenait à la main un vase couvert, qu'elle
offrait d'un air riant à la reine Isolt; tout autour du
vase se trouvaient les paroles qu'elle avait prononcées :
*Reine Isolt, prends ce breuvage qui a été préparé en
Irlande pour le roi Marke.* »

Ce passage de la *Saga* a fort embarrassé Joseph Bédier
car c'est le seul texte ancien subsistant qui écarte la
thèse de la « méprise » et attribue à Brangien une
pleine conscience de son acte. Bédier en fut tellement
gêné que, contrairement aux principes qui lui furent
chers durant toute sa vie, il a rejeté *a priori* la *lectio
difficilior* du manuscrit norrois et a proposé une correction purement arbitraire : « Ce propos est absurde écrit
Bédier [1] : il est contraire, non seulement à toutes les
formes conservées de la légende, mais à toutes ses formes imaginables, que Bringvain ait volontairement offert
le philtre destiné au roi Marke et que les amants l'aient
bu tous deux à bon escient. Le passage est donc sus-
pect, et la moindre correction qu'on y doive apporter
est de lire : « Tout autour du vase se trouvaient les
« paroles qu'elle avait prononcées : *Reine Isolt, prends
« ce breuvage* ! Et c'était le breuvage qui avait été pré-
« paré en Irlande pour le roi Marke. »

Nous ferons remarquer d'abord que le texte cité de
la *Saga* suppose : 1° que Brangien a présenté sciem-
ment et volontairement le *vin herbé* à Iseult qui lui
demandait à boire; 2° qu'elle a prévenu Iseult, en lui
présentant le philtre, que ce breuvage avait été préparé
en Irlande à l'intention du roi Marc. Quant à Tristan,
il a évidemment entendu ce propos qui est resté gravé
dans sa mémoire, mais tout le contexte indique qu'il
n'en a pas saisi la portée à ce moment-là; le sens lui
en est apparu plus tard, après les aveux de Brangien.

---

1. Bédier, ouvrage cité, I, p. 144.

Bédier n'était donc pas fondé à écrire que, selon la
Saga, Tristan était, au même titre qu'Iseult, complice
de l'acte de Brangien. Nous pensons par contre que,
pour le compilateur norrois, la complicité d'Iseult ne
faisait aucun doute. Cela nous oblige à supposer que
Brangien avait, durant la traversée, mis Iseult au courant du secret du *boire herbé*. Si l'on se refusait à admettre cette confidence, les paroles de Brangien : « Reine
Isolt, prends ce breuvage qui a été préparé en Irlande
pour le roi Marke ! » ne se justifieraient pas puisqu'elles
auraient contenu une allusion qu'Iseult n'aurait pas pu
saisir.

Quelle avait été la réaction d'Iseult quand Brangien
lui avait révélé le secret du philtre ? Elle avait déclaré
assurément que, si Brangien lui présentait le *vin herbé*
au soir de ses noces avec le roi Marc, elle n'en boirait
pas une seule goutte et en verserait le contenu sur le
sol. Le motif de ce refus catégorique est clair : c'est
contre son gré qu'Iseult se voyait marier au roi Marc.
Tristan le héros, le vainqueur du dragon, était l'époux
qu'elle désirait, celui qu'elle aurait pris si elle n'avait
été soumise à l'autorité sans limites de son père.

De fait, même après avoir partagé de son plein gré
le *vin herbé* avec Tristan, Iseult refusera de partager
ce qu'il en restait avec le roi Marc. Sur ce point, la
version la plus ancienne est attestée par l'accord de la
Saga et de *Sir Tristrem* : « Quand Marc se fut endormi,
Brangien s'en alla et la reine s'étendit aux côtés du roi.
A son réveil, il demanda le vin et Brangien lui apporta
ce vin que la mère d'Iseult avait brassé en Irlande;
mais la reine n'en but pas cette fois. Quand Marc,
ayant bu, lui passa la coupe, elle en renversa le contenu
sans être aperçue du roi [1]. » Il est impossible de dire
plus clairement qu'Iseult avait bu le philtre de bon
gré quand il lui avait été présenté la première fois,
c'est-à-dire quand elle l'avait partagé avec Tristan,

---

1. Bédier, ouvrage cité, I, p. 157.

et qu'elle refusa de le boire quand le moment fut venu de le partager avec Marc. Ainsi parlait Thomas, qu'ont copié la *Saga* et *Sir Tristrem*; Gottfried au contraire a refusé de suivre ici Thomas, son modèle ordinaire. Il prétend que Brangien avait jeté le *coutret* à moitié vide dans la mer et qu'elle n'a pas pu verser au roi Marc et à Iseult le restant du *vin herbé*. Au lieu de cela, Gottfried imagine que Tristan lui-même a donné à boire aux deux époux une coupe d'un vin quelconque : « Tristan, dit le poète allemand, apporta à son oncle de la lumière et du vin. Le roi but de ce vin avec la reine. Plusieurs prétendent que c'était de ce *boire* qui avait fait choir Tristan et Iseult dans l'épreuve. Non, il ne restait plus de ce breuvage, Brangien l'avait jeté dans la mer [1]. » Dans sa reconstitution en français moderne, Bédier adopte la retouche arbitraire de Gottfried de Strasbourg d'après laquelle Brangien aurait jeté le reste du philtre dans les flots. Mais il est évident que la version de Thomas est antérieure à celle de Gottfried, qui présente lui-même la sienne comme une correction apportée aux récits qui circulaient de son temps. Pour nous, qui croyons avoir établi que Brangien a volontairement fait boire le philtre à Iseult et à Tristan, le fait qu'Iseult a refusé ensuite de partager avec Marc ce qui restait du philtre n'est nullement contraire au sens profond de la légende, tel que nous l'avons fait apparaître, mais en parfait accord avec lui.

Il reste à dire que, si Brangien a pris la lourde responsabilité de verser le philtre à Iseult, qui l'a offert ensuite à Tristan, on s'explique parfaitement que les amants aient obligé la servante à prendre la place de sa maîtresse dans le lit du roi au début de la nuit de noces : il fallait éviter à tout prix que le roi s'aperçût que sa jeune épouse avait été déflorée avant le mariage. Si Brangien se soumet à cette exigence, c'est qu'elle a conscience d'être seule en mesure d'éviter aux amants

---

1. **Bédier**, ouvrage cité, I, p. 167

les conséquences désastreuses de la faute qu'elle leur a fait commettre. De même, le fait que Brangien est seule au courant avec Iseult de toutes les circonstances de cette ténébreuse affaire — puisque Tristan est dupe du mensonge de Brangien et croit à sa prétendue « méprise » —, explique dans une certaine mesure la crainte panique qui saisit la reine peu de jours après les noces. Elle tremble de voir Brangien manquer de discrétion et révéler à des tiers, sous l'effet de la colère ou par suite d'une brouille, les terribles secrets qu'elle partage avec elle. De là le projet cruel qui germe dans l'esprit de la reine affolée : faire massacrer Brangien par des serfs dans une forêt et se faire apporter toute sanglante la langue qui aurait pu dire quelque chose de ce qu'elle devait taire.

Pour me résumer avec toute la clarté désirable, au terme d'un examen minutieux de toutes les variantes des textes conservés, j'en suis venu à me représenter comme suit le schéma des événements qui se sont déroulés depuis l'embarquement pour la Cornouailles jusqu'à la nuit des noces :

Iseult, indignée d'être livrée au roi Marc contre son gré, éprouve pour Tristan un violent ressentiment qui n'est, au fond, qu'une forme déguisée d'un amour encore inconscient. Tristan lui-même se comporte en vassal loyal et en neveu fidèle du roi Marc, sans donner aucune prise aux sentiments d'Iseult;

Brangien, pour apaiser l'amertume de sa maîtresse, lui révèle le secret du philtre, pensant ainsi la délivrer de toute inquiétude quant à son futur bonheur conjugal;

Iseult, loin d'en être apaisée, déclare à Brangien que, pour sa part, elle ne boira pas le philtre au soir des noces, car elle ne veut pas être liée à Marc par la force du sortilège;

Ce refus brutal éclaire définitivement Brangien sur la nature des sentiments d'Iseult à l'égard de Tristan;

Pour mettre fin aux tourments de sa maîtresse et incli-

ner de force vers elle le cœur de Tristan, elle n'hésite
pas, quand ils lui demandent à boire, à partager entre
eux, avec la complicité tacite d'Iseult, le *boire herbé*
qui avait été préparé en Irlande pour le roi Marc;

Quand le philtre a fait son œuvre et qu'Iseult est
devenue l'amante de Tristan, Brangien joue la comédie et feint de leur avoir versé par « méprise » le boire
dont elle avait reçu la garde; Tristan et Gorvenal sont
dupes de cette feinte;

Brangien recueille le flacon à moitié vide et le place
à nouveau dans son bagage, d'où elle l'avait retiré;

Les deux amants obligent la servante, pour expier sa
prétendue « méprise », à prendre la place d'Iseult
dans le lit du roi;

Quand Marc a pris son plaisir avec Brangien, il s'endort et Iseult en profite pour prendre la place laissée
vide par la servante; celle-ci apporte alors ce qui reste
du philtre et elle en fait boire à Marc, mais la reine
verse à la dérobée sur le sol le contenu de la coupe
qui lui était offerte.

Une question décisive se pose maintenant : pourquoi les conteurs ont-ils abandonné, les uns après les
autres, le scénario primitif que nous venons d'esquis-
ser ? Pourquoi ont-ils préféré prendre au sérieux l'alibi
donné par Brangien et ajouter foi à sa prétendue
« méprise » ? On aurait grand tort de croire que les
conteurs ont eu, à quelque degré que ce soit, le souci
d'innocenter Brangien : ce serait faire fausse route. C'est
Iseult elle-même qu'ils ont voulu décharger de sa responsabilité et du rôle cynique que la version primitive lui
faisait jouer dans toute cette aventure. Il faut croire
que le public du XIIe siècle était choqué de voir une
jeune fille prendre l'initiative dans une intrigue amoureuse
comme celle-là. Ce qui paraissait normal aux gens de
cette époque, c'est que l'amour fût représenté en quelque sorte comme une partie de chasse dans laquelle
l'homme était le veneur et la femme était la proie.
Cet ordre de choses leur paraissait naturel et même

légitime, tandis que l'inverse blessait profondément leur sens moral. Ils concevaient fort bien que l'amant courtois fît l'élection d'une dame et se soumît à elle, mais ils n'admettaient pas de voir l'homme poursuivi et traqué par une femme qui s'était éprise de lui et qui, par tous les moyens possibles, s'employait à le faire tomber dans ses filets et à le réduire à .sa merci. Or c'est bien cela qui se passait dans le *Tristan* primitif : le *vin herbé*, conçu par la reine d'Irlande pour subjuguer le roi Marc, avait été détourné de sa fin par Iseult, secondée par Brangien, en vue de faire naître en Tristan un amour irrésistible pour la femme de son oncle. On peut dire qu'Iseult a, en cette circonstance, changé le cours du destin par personne interposée.

Même quand le philtre aura cessé d'agir, après l'achèvement de la période de trois ans, Iseult, rentrée au château de son mari, n'en demeurera pas moins la seule arbitre du destin de Tristan, resté sous son emprise par l'action magique de l'anneau de jaspe vert. Grâce à cet anneau, elle empêchera Tristan de consommer son mariage avec Iseult aux blanches mains, tandis que Tristan est incapable de rien changer à la vie de luxe et de plaisir que mène son amante auprès de son mari.

Il semble que Tristan lui-même, dans un passage de *La Folie* de Berne, exprime le sentiment que les deux amants ne subissent pas également la force du sortilège. Alors que les philtres, tels que les concevait l'Antiquité classique, exerçaient surtout leur violence sur les femmes ou les jeunes filles, le *vin herbé* de la reine d'Irlande agit plus durement sur l'amant que sur l'amante. On dirait, en vérité, qu'il a été composé au rebours des autres philtres :

> *Et vos, Brangien, qui l'aportates,*   314
> *Certes, malemant esploitates.*
> *Cil boivres fu faiz a envers*
> *De plusors herbes mout divers :*

> *Je muir por li, ele nel sant.*
> *N'est pas parti oniemant,*
> *Car je sui Tristanz qui mar fu.*

« Et vous, Brangien, qui nous avez servi ce breuvage, vous avez mal agi, cela est sûr ! Il a été composé tout de travers, car on y a mêlé des herbes de natures très diverses. Je meurs de l'avoir bu; elle y est insensible. Le partage n'est pas équitable, je suis Tristan le malchanceux. »

Cette idée est reprise un peu plus loin :

> *Amis sui je, et ele amie.*   342
> *N'est pas l'amors a droit partie :*
> *Je sui a doble traveillié,*
> *Mais el n'an a nule pitié.*

« Je suis l'amant et elle est l'amante, mais l'amour n'est pas réparti avec justice; je suis tourmenté deux fois plus qu'elle, mais elle n'en a nulle pitié. » En des termes presque identiques, le Roman en prose dénonce la même inégalité des amants et la meilleure part faite à Iseult : « Le boire que vous et luy beüstes en la mer ne vous est pas si amer comme au fol Tristan. » Ces textes convergents rendent plausibles l'opinion de Mlle Renée L. Curtis[1], d'après laquelle le Tristan de la légende primitive subissait l'emprise d'Iseult et vivait une douloureuse passion tandis que son amante, moins passive que lui, ne connaissait pas les mêmes tourments.

Pour les conteurs de la fin du XII° siècle, aussi bien pour Béroul que pour Thomas, le *vin herbé* est un sortilège dont le pouvoir implacable, indépendant de la volonté de chacun des amants, les courbe pareillement, l'un comme l'autre et l'un autant que l'autre, sous une même domination : celle du dieu Amour. Il n'en allait

1. *Le philtre mal préparé : le thème de la réciprocité dans l'amour de Tristan et Iseult*, dans *Mélanges J. Frappier*, Genève-Paris, 1970, pp. 195 à 206.

pas ainsi dans les formes les plus anciennes du conte,
où le philtre était un instrument entre les mains de la
femme pour contraindre l'homme qu'elle aimait à l'aimer à son tour et pour le garder sous sa domination
alors même que le sortilège s'était évanoui. Nous rejoi-
gnons ainsi la conception proprement celtique de la *geis*
dans les *aitheda* irlandais que nous avons analysés plus
haut : Iseult, dans cette perspective archaïque, nous
apparaît comme une sœur très proche de Grainne,
altière et dominatrice comme elle, et Tristan, héros
invincible et tueur de monstres, n'atteint sa plus haute
beauté tragique qu'après avoir été vaincu et subjugué,
non par le destin mais par la femme à laquelle il sacri-
fiera sa vie.

Je serais heureux si cette interprétation nouvelle de la
légende pouvait restituer aux lecteurs d'aujourd'hui
une image plus fidèle de ce conte primitif, tout
imprégné de traditions celtiques, où l'intrépide Iseult,
conduisant le jeu, soumettait le fier Tristan par la force
de la magie et le liait pour jamais à son propre destin.

R.L.

Pas plus que ne l'a fait Joseph Bédier, je ne puis donner ici, épisode par épisode, les références à celles des ver-
sions des XIIe et XIIIe siècles que j'ai utilisées. Qu'il me suf-
fise de quelques indications sommaires. Pour les épisodes I et
II (Naissance et enfances de Tristan), j'ai utilisé surtout
Gottfried et la *Saga*. De l'épisode III (L'épieu empoisonné
du Morholt) jusqu'à l'épisode XI (Brangien livrée aux serfs),
j'ai suivi principalement Eilhart d'Oberg, mais aussi à
l'occasion Gottfried, la *Saga*, *Sir Tristrem* et le roman
en prose. Les deux épisodes XII et XIII sont redevables presque uniquement à Gottfried et à la *Saga*. L'épisode XIV
s'inspire librement du *Lai du chèvrefeuille* de Marie de
France. De l'épisode XV (Le grand pin) jusqu'à l'épisode
XXV (La Blanche Lande), j'utilise Béroul en le résumant,
mais sans m'interdire des recours à Eilhart. L'épisode XXVI
est redevable, dans sa première partie, à un poème épiso-
dique du XIIIe siècle, le *Domnei des Amanz*, le reste vient

d'Eilhart. Les épisodes XXVII à XXXI sont inspirés surtout
de Thomas, que je résume en le modifiant parfois d'après
Eilhart. L'épisode XXXII est surtout redevable aux deux
rédactions de *La Folie Tristan*. L'épisode XXXIII (La salle
aux images) s'inspire presque uniquement de la Saga. Pour
les deux derniers épisodes (L'ultime blessure et la mort des
amants), j'ai combiné des éléments pris dans Thomas, Eilhart
et le Roman en prose. Il me faut ajouter en terminant qu'il
n'est pas un seul épisode où je n'aie fait miennes quelques-
unes des heureuses trouvailles de style qui font le prix et le
charme impérissable du renouvellement de Joseph Bédier. Je
lui dois plus encore qu'à Béroul ou à Thomas, qu'à Eilhart
ou à Gottfried, et il m'est agréable de reconnaître ma
dette une fois de plus avant de mettre le point final à ce
petit livre.

TABLE DES MATIÈRES

IMPRIMÉ EN FRANCE PAR BRODARD ET TAUPIN
7, bd Romain-Rolland - Montrouge - Usine de La Flèche.
LE LIVRE DE POCHE - 12, rue François Iᵉʳ - Paris.

ISBN : 2 - 253 - 00436 - 7   30/1306/7